우리가 정말 알아야 할
우리 선비

초판 1쇄 발행 | 2002년 12월 10일
초판 12쇄 발행 | 2020년 2월 20일

지은이 | 정옥자
펴낸이 | 조미현

펴낸곳 | (주)현암사
등록일 | 1951년 12월 24일 · 제10-126호
주소 | 04029 서울시 마포구 동교로12안길 35
전화 | 365-5051 · 팩스 | 313-2729
전자우편 | editor@hyeonamsa.com
홈페이지 | www.hyeonamsa.com

글 ⓒ 정옥자 2002
사진(일부) ⓒ (주)현암사 2002

*지은이와 협의하여 인지를 생략합니다.
*잘못된 책은 바꾸어 드립니다.

ISBN 978-89-323-1369-6 03900

우리가 정말 알아야 할

우리 선비

우리가 정말 알아야 할

우리 선비

정옥자 지음

현암사

도판 자료를 협조해 주신 분들

간송미술관
서울대학교 규장각
강릉시오죽헌 · 시립박물관
국립중앙박물관
삼성출판박물관
한국정신문화연구원
한독의약박물관
호암미술관
건국대학교박물관
경남대학교박물관
고려대학교박물관
동국대학교박물관
동아대학교박물관
서울대학교박물관
성균관대학교박물관
경상북도 안동시청 유교문화개발과
전라남도 강진군청 문화관광과
전라남도 신안군청 문화관광과
전라남도 화순군청 문화관광과
남명학연구원
독립기념관
성호기념관
조선일보사 정보자료실
(주)코리아 비주얼스
박천수 선생
이원규 선생

미처 도판 소장자와 연락이 닿지 못한 경우가 있습니다.
별도로 감사의 말을 전할 기회를 얻고자 합니다.

머리말

돌이켜보니 지난 40여 년의 세월 동안 줄기차게 관심을 기울여 온 명제는 지식인의 시대적 역할 문제였다는 생각이 든다. 대학 졸업 논문인 「신사유람단고紳士遊覽團考」는 1880년대 초 개화 운동기에 당시의 지식인들이 서구화된 일본의 근대 문명을 살펴보고 무슨 생각을 하고 어떻게 수용하였는지 하는 대응 관계를 살피는 작업이었다. 그때가 1963년 대학 3학년 때였으니 올해로 꼭 40년이 된 셈이다.

1960년대는 미국 문화가 우리 사회 곳곳에 영향력을 강화하면서 양풍洋風이 거세게 불던 때였고, 학계에서는 근대화론이 힘을 얻던 시점이었다. 미국 유학 못 가면 사람 대접 못 받는 풍조가 생겨나던 시절이기도 하였다. 따라서 우리 근대사에 대한 평가도 당연히 개화파 위주로 되어 있어서 망국의 원인은 빨리 문호를 개방하지 않은 쇄국주의에 기인하는 것으로 되어 있었다. 필자 역시 이러한 학계의 흐름 속에서 개화 운동의 하나인 일본시찰단에 관심을 두게 되었던 것이다.

그러나 10여 년의 전업 주부 생활 끝에 다시 공부를 시작했을 땐 이미 개화 사상에 대한 환상을 버린 후였다. 19세기 서세동점西勢東漸 이전의 조선은 어떤 나라이고 그 문화의 정수는 무엇인가에 관심을 돌리게 되었다. 나이 탓도 있었겠지만 식민사관의 그늘에서 벗어나고자 하는 강렬한 욕망이 조선 문화의 정체성이라는 문제로 선회하는 동인이 되었다.

18세기 조선 고유 문화가 꽃핀 문예부흥기로 관심을 돌리면서 그 문화를 이루어 낸 주체들에 대하여 깊은 관심과 애정을 갖게 되었고, 그들이 바로 사대부士大夫라는 학자 관료들이라는 사실에 주목하였다. 선비를 지칭하는 사士와 관료를 지칭하는 대부大夫의 합성어인 사대부, 선비가 관료가 되기 위하여 피나는 수련 과정을 거치는 수기修己 단계는 학문을 연마하는 것은 물론이려니와 치열한 인격 수양을 병행하여야 한다는 점이 마음에 들었다. 수기의 과정을 제대로 거친 후에야 치인治人의 단계로 갈 수 있었으니 수기치인修己治人이야말로 사대부의 기본이었다.
　지적 능력이 출세의 지름길이 되는 것은 동·서양이 다를 것 없었지만, 서양의 지식인이 권력자의 참모 역할에 그친 반면에 동양의 지식인들은 사회를 이끌어 간 주체가 되었다는 사실이 오늘날의 지식인에게 주는 시사점이 크다는 사실도 알게 되었다. 조선의 지식인인 선비는 자신들의 학적·지적 능력을 국가 사회에 실현할 수 있는 여건이 조성되어 있었기에 보다 진지하고 적극적이지 않았나 싶다. 지식의 많고 적음보다 실천에 무게 중심을 두고 있었다는 사실도 흥미를 끄는 대목이었다.
　특히 선비의 청빈淸貧 정신, 목에 칼이 들어와도 할말은 하고야마는 서릿발 같은 기개, 일관된 지조 지킴과 종교적이라고 할 만한 엄숙주의, 그 속에 간직한 유머와 여유로움, 탁월한 자기 제어력과 타인에 대한 배려를 우선하는 생활 태도 등은 탐구하면 할수록 나도 모르게 그 정신 세계 속으로 빠져 들어가는 느낌이 들고, 파고들면 들수록 그 세계는 새롭고 맑은 느낌으로 다가왔다. 그러한 선비의 삶과 선비 정신은 오늘날의 지식인에게 주는 경종임을 새삼 느꼈다.

그래서 그들이 남긴 정신 세계의 편린들이 반짝이는 문집 등의 자료를 보면서 혼자 기뻐하고 행복해 하였다. 요즘의 왜소한 지식인들이 넘볼 수 없는 고차원의 삶이 거기 있었다. 그리하여 그 선비 정신의 실체를 더듬기 시작하였고, 그것을 쉬운 언어로 현대적으로 설명하고 싶었다.

그 결과가 부족한 대로 하나의 책으로 묶이게 되었다. 우선 선비가 무엇인가 하는 총론을 앞에 하고, 다음에 조선시대를 대표할 만한 선비를 시대순으로 분야별로 선별하였다. 여기 수록된 인물들은 조선 선비의 전형이라 할 만한 이들이다. 또한 중인 출신 지식인인 조희룡, 망국기의 김윤식 같은 이도 포함하여 19세기 중인층 선비의 출현과 선비의 좌절·변절의 문제까지 다루어 보았다. 그들의 체취를 느끼고 삶의 모습을 재현하기 위하여 가능한 시각 자료들을 활용하였다.

끝으로 이 책이 나오기까지 애쓴 분들에게 감사 드린다. 먼저 책의 출판을 기꺼이 맡아 주신 현암사 조근태 사장님과 형난옥 전무께 감사 드린다. 그리고 책의 완성도를 높이기 위하여 시각 자료를 수집·배열하고 설명을 붙이는 일과 교정 작업을 도와준 규장각의 신병주 박사와 이희중 동학同學, 편집을 맡아 처음부터 끝까지 정성을 쏟은 현암사 김영화 님에게 고마운 마음을 전한다.

2002년 11월
서울대학교 감골 규장각에서 정옥자

차례

머리말 5

선비, 학예 일치의 이상형 인간

선비란 무엇인가? 12
선비가 이룩한 조선 후기 사회 60

선비의 삶 – 단아한 내면, 시대와의 길항

정암 조광조 성리학적 이상 사회를 향한 꿈과 좌절 92
퇴계 이황 조선성리학의 기초를 세운 선비, 나아감과 물러남의 의미 104
남명 조식 경(敬)으로서 나를 밝히고 의(義)로서 나를 던진 선비 116
율곡 이이 조선성리학을 구축한 성심(誠心)의 사대부 132
사계 김장생 전란 후 혼란기에 다시 예(禮)를 세운 학행지사 146
백사 이항복 해학으로 절망의 시대를, 청빈으로 재상의 길을 걸은 오성대감 158
청음 김상헌 전란의 치욕 속에 피어난 이상주의자의 절개 170
미수 허목 육경학에서 실학의 근거를 제시한 도덕주의자 182
삼학사 목숨으로 지킨 충절 194
우암 송시열 도덕적 카리스마로 문화 국가의 방향을 잡은 선비 212
도곡 이의현 전환기의 처세, 정변기의 입지 228
사천 이병연 진경 문화 시대의 조선적 시인 240

겸재 정선 조선의 금수강산이 붓끝에서 완성되다 254
성호 이익 새로운 학풍을 세운 재야 실학자 270
연암 박지원 세계화의 기치 올린 비범한 선각자 282
다산 정약용 『여유당전서』에 담은 격변기의 삶 294
추사 김정희 시·서·화에 능했던 천부적 학자 308
호산 조희룡 불우한 처지를 예술로 승화한 위항시인 322
화서 이항로 위정척사의 정신으로 조선의 정체성을 지킨 재야 선비 334
면암 최익현 치열한 저항 정신, 목숨을 건 구국의 실천 346
운양 김윤식 불가불가(不可不可), 번뇌한 망국대부 360
의암 유인석 의병 정신을 독립 정신으로 물려준 의병장 370
운미 민영익 세계사적 격변기 비운의 세도가 380

선비의 실상

선비의 하루 397

선비의 독서 398

선비의 사랑방 400

선비가 사용하던 물품들 402

찾아보기 409

선비, 학예 일치의 이상형 인간

선비란 무엇인가?

조선 왕조는 세계에 그 유래가 없는 장수 국가로서 500년 이상 지속된 나라이다. 그 장수의 주 요인에 '성리학적 명분 사회'가 있다. 패도覇道 즉 힘에 의한 폭력적 지배가 아니라, 왕도王道 즉 명분과 의리를 밝혀 국민을 설득하고 포용하는 정치를 지향하고, 법치보다는 덕치를 우선하는 성리학적 통치 철학이 조선 왕조를 500년 이상 지속시킨 힘인 것이다. 법치의 패도 정치가 강제적인 법의 집행에 의지하는 것이라면 덕치의 왕도 정치는 인간의 자율성에 크게 의지하는 정치다. 그러므로 왕도 정치와 덕치의 장에서는 교화를 통한 전 국민의 인간화 작업을 중요시하게 된다.

명분과 의리로써 국민을 설득하고 덕치로써 국민을 포용하려는 조선 왕조가 인간화 작업의 과정에서 설정한 모범 인간형은 어떤 것일까. 조선 왕조가 설정한 이상형 인간은 학예 일치學藝一致(학문과 예술을 일치시킴)를 이룬 자였다. 학문 즉 문文·사史·철哲을 전공 필수로 하여 이성 훈련을 체득하고, 예술 즉 시詩·서書·화畵를 교양 필수로 하여 감성 훈련을 체질화한 자, 즉 이성과 감성이 균형 있게 잘 조화된 인격체, 그것이 조선 왕조가 설정한 학예 일치의 이상 인간형이었다.

조선 왕조를 장수하게 한 덕목 중에서 빼놓을 수 없는 것이 최고 통

학예 일치의 이상적인 인간이 되기 위한 다양한 수업 내용

강희언, 「사인휘호」,(「사인삼경」중), 종이에 엷은 채색, 26×21cm, 개인 소장.

강희언, 「사인시음」,(「사인삼경」중), 종이에 엷은 채색, 26×21cm, 개인 소장.

강희언, 「사인사예」,(「사인삼경」중), 종이에 엷은 채색, 26×21cm, 개인 소장.

이인상, 「송하수업」, 종이에 엷은 채색, 28.7×27.5cm, 개인 소장.

치자인 왕도 인간화 작업에서 제외될 수 없었다는 점이다. 조선 왕조에서는 최고 통치자인 왕에게도 인간화 작업이 강도 높게 요구되었다. 왕의 의무 사항에는 신하들로부터 교육받는 제왕학이 있었다. 최고 통치자의 자질을 함양하기 위해서는 왕도 공부를 해야 한다는 것이었고, 이에 소홀한 왕은 반정反正의 대상이 되기도 하였다. 그 결과 18세기에 이르러서는 학문적 능력과 군주의 자질을 겸비한 이상적인 학자 군주들이 탄생하게 되었다.

최고 통치자인 왕도 비켜 갈 수 없었던, 조선 왕조의 인간화 작업이 탄생시킨 인간형, 그것이 선비士다.

일반적으로 조선시대 지식인은 선비로 이해되고 있다. 선비는 오늘날의 왜소한 지식인과 곧잘 비교된다. 특히 꼿꼿한 지조와 목에 칼이 들어와도 두려워 않는 강인한 기개, 옳은 일을 위해서는 사약賜藥 등 죽음도 불사하던 불요 불굴의 정신력, 항상 깨어 있는 청청한 마음가짐으로 특징지어진 선비상은 아직도 많은 이들의 공감을 불러일으키고 있다. 일제강점기와 광복 후 현대사의 전개 과정에서 지식인들이 보여주었던 체질적 한계와 현실 타협적 처신은 전통 시대 지식인인 선비와 비교되면서 선비 정신에 대한 재조명이 요청되고 있다.

옛 것에서 새 것을 찾는다

동양의 지식인들은 통시대적으로 사회적, 정치적 중심 역할을 수행했다. 춘추전국시대에 형성된 제자 백가 사상의 논리들은 인류가 생각해 낼 수 있는 제사상의 원론을 기본적으로 제시하고 있다. 그 사상들의 다양성에도 불구하고 유가 사상이 중국의 통치 이데올로기로 자리잡을 수 있었던 것은 그 사상이 갖고 있는 여러 가지 특징적 면모에 기인한다. 우선 생각해 볼 수 있는 것이 온고이지신溫故而知新의 정신이다. '옛 것을 제대로 알고서 새로운 것을 안다'는 기본적인 태도야말로 안정성의 기초이다.

인류의 삶은 시행착오의 연속선 상에서 전개되고 있다. 같은 실수를 되풀이하지 않기 위해서는 지나간 일을 제대로 알아야 할 필요성이 제기된다. 역사에 대한 중시였고, 거기서 강조된 것이 경경위사經經緯史 정신이다. 경전의 진리를 영원히 불변하는 것으로 전제하여 날줄로 인식하고, 시대에 따라 그 양상이 변화하는 역사를 씨줄로 인식함으로써 경전과 역사를 날줄과 씨줄의 관계로 엮은 것이 경경위사의 정신이다. 예컨대 진선미眞善美라든가 효도와 같은 인류 보편적인 진리는 아무리 세상이 바뀌어도 변함이 없는 것이지만 그것을 추구하는 방법은 시대에 따라 달라질 수밖에 없다는 것이다.

철학(경학)과 역사를 상호 보완하여 인간사를 파악하는 경경위사의 정신은 동양 사회가 면면하게 지켜 온 인문 정신이며 동양의 정신 문화를 고양시킨 토대가 된다. 새로운 시대가 열릴 때마다 이 정신은 조금씩 논리를 보강하면서 새 시대의 대응 논리로 기능한 것이다. 우리나라의 경우만 살펴보더라도 18세기 박지원에 의해 제창된 법고창신法古創新의 논리라든가 19세기 동도서기론東道西器論, 1894년 갑오경장 후 제기된 구본신참舊本新參의 논리가 모두 그러한 인식에 근거한다. 그러나 이러한 서세동점의 대응책들은 20세기 제국주의의 틀 속에 함몰되거나 근대화의 거센 물결에 휩쓸리게 되고, 동양 사회는 1세기 이상 서구 이념의 각축장이 되어 표류하게 된다.

서세동점의 길고도 긴 터널에서 동양 사회가 빠져 나오려는 현시점

학예를 겸하여 철저하게 제왕학을 익혀야 했던 조선시대 국왕들의 글씨

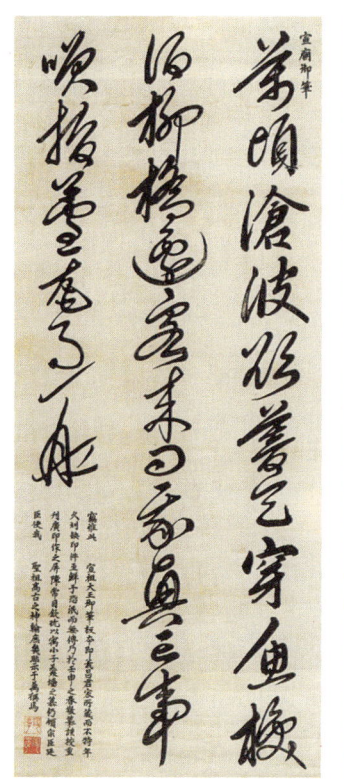

선조, 「칠언절구」, 목판, 135.2×61cm,
강릉시오죽헌·시립박물관 소장.

인조, 「오언절구」, 23.5×22cm.

현종, 「칠언절구」,
종이에 먹, 25×49cm.

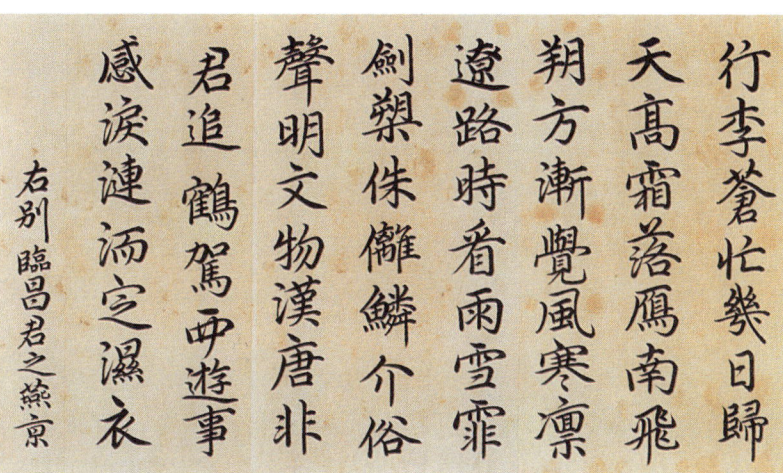

숙종, 「사밀풍군」, 종이에 먹, 26×17·14cm, 개인 소장.

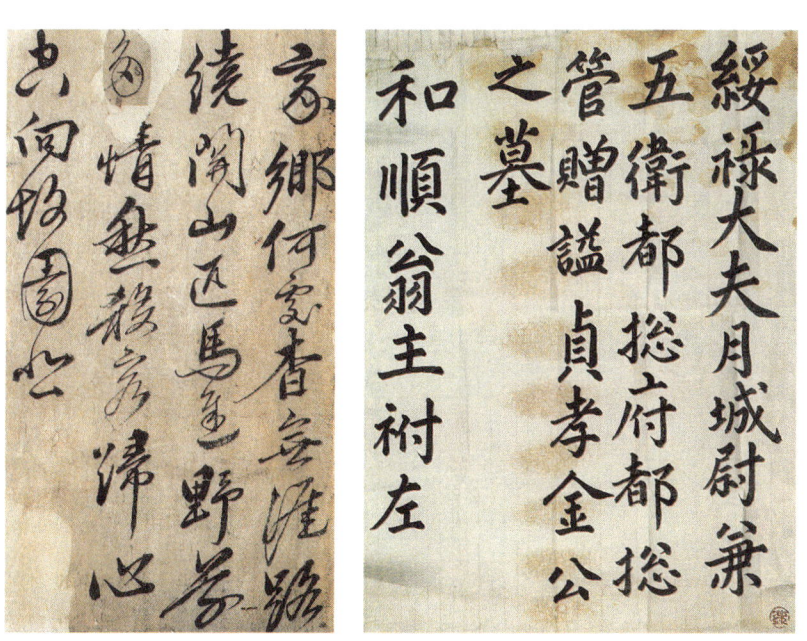

효종, 「추사」, 종이에 먹, 22.5×12.5cm.

영조, 「김한신부화순옹주묘갈」, 종이에 먹, 110×77cm.

강도 높은 인간화 작업을 통해 학문적 능력까지 겸비한 이상적인 학자 군주로서의 정조

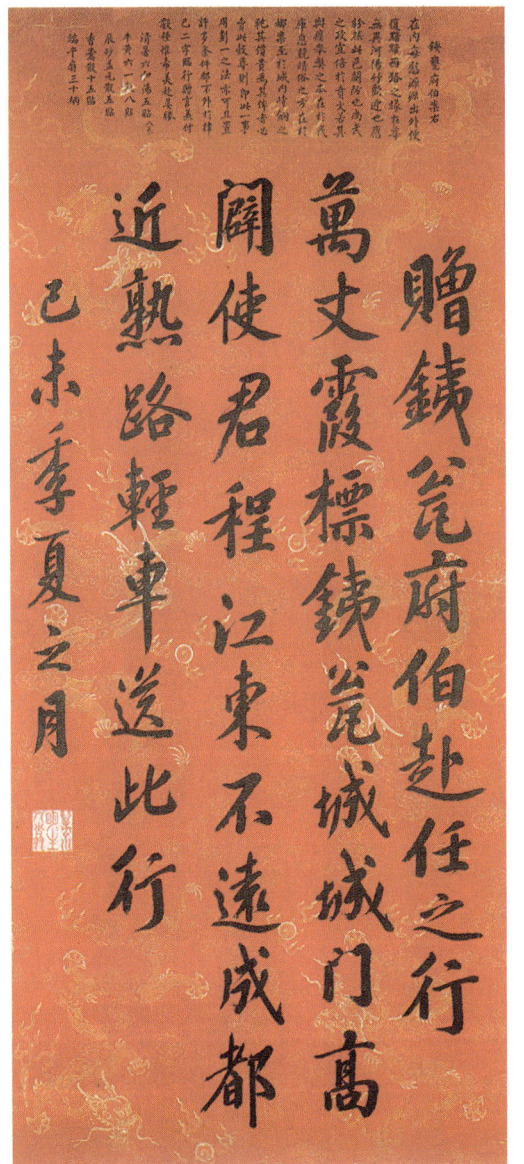

정조, 「증철옹부백부임지행」, 1799년, 종이에 먹, 202.5×88cm, 국립중앙박물관 소장.

정조 초상(『선원보감』중)

『홍재전서』, 규장각 소장. 학통과 왕통을 일치시킨 정조의 군사(君師)로서의 학문적 면모를 보여 주는 문집이다. 『송자대전』에 버금갈 정도로 내용이 방대하다.

정조, 「파초」, 18세기, 종이에 수묵, 84.2×51.3cm, 동국대학교박물관 소장.

전 박팽년, 「설죽도」, 종이에 수묵, 84.8×53cm, 국립중앙박물관 소장.
꿋꿋한 지조와 강인한 기개로 죽음을 불사한 선비 정신을 보여 준다.

에서 우리가 다시 살려 내야 하는 정신 중의 하나가 경경위사의 정신이다. 식민지화 이전 시대인 조선시대의 역사를 진지하게 탐구하는 일과, 그 시대 사상인 유학, 구체적으로 말하자면 성리학에 대한 성찰이 요구되는 것이다.

수기치인의 사대부

성리학을 공부한 조선시대 지식인의 대명사가 선비라는 것은 널리 알려진 사실이다. 선비란 신분적으로는 양인이고 경제적으로는 중소지주층이다. 선비에게는 밟아야 할 몇 개의 단계가 있다. 주 전공인 성리학의 이념을 실천하는 학인인 사士의 단계에서는 수기修己(자신의 인격과 학문을 닦음)를 하여 치인治人(남을 다스림)하는 대부大夫의 단계로 나아가고, 수기치인修己治人을 바탕으로 학자 관료인 사대부士大夫가 되는 것이 최종 목표였다. 수기치인의 선비 정신은 맑음의 미학에 기초한다.

  선비의 수기는 『소학小學』에서 시작한다. 『소학』은 청소하는 법과 어른을 모시는 법, 나가고 들어가는 법 등 사람으로서 행해야 할 가장 기초적인 행위 규범부터 가르치고 있다. 적어도 자신이 자고 난 이부자리는 자신이 개고 자신이 흘린 찌꺼기는 자신이 치워야 한다는 것이다. 이것은 신분을 초월한 것으로서 양반 가문에서 더욱 철저하게 요구되었다. 어른에 대한 예절을 강조하는 구체적 행위로서 어른의 부르심에 공손히 대답하고, 쫓아가 가르치심을 받들고, 손님이 오시면 나아가 공손히 맞고 자리에 모시며, 나가고 들어갈 때의 행동거지를 단계별로 규정하여 가르쳤던 것이다. 성리학을 국학으로 한 조선 사회에서 『소학』을 어린아이의 수신 교과서로 한 것은 당연한 일이었다.

성리학적 인간의 양성

성리학이 조선에 토착화한 16세기 후반에 이르러서는 당시의 조선 현실에 맞는 어린아이의 수신 교과서가 출현하게 된다. 『격몽요결擊蒙要訣』이 그것이다. 율곡 이이栗谷 李珥(1536~84년)가 지은 이 책의 특징은, 뜻을 세우라는 입지立志에서부터 시작한다는 점이다. 아울러 이 책은 몸가짐의 자세를 구체적으로 설명한 구용九容(손·발·이목구비 등 신체 부위의 바람직한 모습을 아홉 가지 조목으로 설명함)과 생각하는 방법을 제시한 구사九思(일상 생활에서 겪게 되는 사안에 따라 그때그때 생각하여야 할 아홉 가지 조목) 등의 항목을 갖추고 있다. 『격몽요결』에는 그 당시 지식인들이 받은 교육의 내용이 손에 잡힐 듯이 분명하게 제시되어 있다.

성리학이 조선에서 토착하는 조짐은 『대학大學』의 조선적 변용에서도 나타난다. 『성학집요聖學輯要』의 출현이 그것이다. 성리학도의 기본 교과서인 사서삼경四書三經 등 경전들은 『대학』의 주요 강령인 수신修身, 제가齊家, 치국治國, 평천하平天下를 실현하기 위한 이념서이자 지침서라 할 수 있다. 특히 『대학』은 통치자의 학문이라 할 수 있는데, 그것이 『소학』에 이어 조선적 변용인 『성학집요』로 나타나게 된 것이다. 외래 사상으로서의 성리학이 조선의 현실에 맞게 토착화한 신호탄이라고 할 수 있다. 16세기 후반 율곡 이이에 의하여 조선화한 성리학을 조선성리학이라고 하는 이유가 여기에 있다. 이후 조선 사회의 전개 과

성리학의 수신 교과서인 『소학』과 이를 조선화한 『격몽요결』,
성리학적 통치 이념의 지침서인 『대학』과 이를 조선화한 『성학집요』.

정은 그 이념의 실현 과정이라 해도 별 무리가 없다.

  이상에서 이 시대 지식인들인 사림士林(선비의 복수 개념)이 기본적으로 경학과 역사를 학문의 중심으로 삼았음을 확인했지만, 그들은 그것을 표현하는 매체로서 문장학 역시 소홀히 하지 않았다. 경학과 역사의 메시지를 도道로 인식하고, 그것을 담는 그릇으로 문장학의 중요성을 인식한 것이다. 문장은 경학에서 추구하는 이념과 역사에서 제시하는 진리를 담아 내는 그릇으로서, 그 관계는 도기론道器論으로 규정된다. 시대에 따라서는 내용보다 포장이라 할 수 있는 문장학이 성행하여 부박하고 화려한 문사文辭만을 나열하는 문제가 생기기도 했지만 통시대적으로 볼 때 문·사·철은 같은 비중으로 추구되는 전공 필수였다.

  이러한 교육이 이성 훈련의 극대화라고 볼 때, 그 방법이 격물치지格物致知였다. 격물格物이란 사물의 이치를 알기 위하여 관찰하고 실험하는 단계로서 앎의 기초가 되는 것이다. 격물의 결과로서 이르게 되는 경지가 치지致知다. 그리고 격물에서 치지에 이르는 과정을 궁리窮理라고 한다. 격물·치지·궁리를 통하여 세상 만물의 이치에 통달하고 명정한 자기 성찰이 가능하게 됐다 해서 완전한 인간이 되는 것은 아니었다. 완벽한 인격체라는 합리성만으로는 완전한 인간이 될 수 없다는 인식 하에서 중요시된 것이 시詩·서書·화畵를 통한 감성 훈련이었다. 시사詩社를 조직하여 정기적으로 시회詩會를 열고 한시를 짓고 글씨를 써서 남기고 그림을 그려 서로 돌아가며 감상하는 등 일련의 예술 행위를 했다. 풍부한 정서 생활을 영위함으로써 메마르기 쉬운 학자 생활에 윤기를 더했던 것이다.

  문·사·철의 전공 필수 과목을 체득하고 시·서·화의 교양 필수 과목을 체질화함으로써 이성과 감성이 잘 조화된 인간, 그것이 조선 왕조

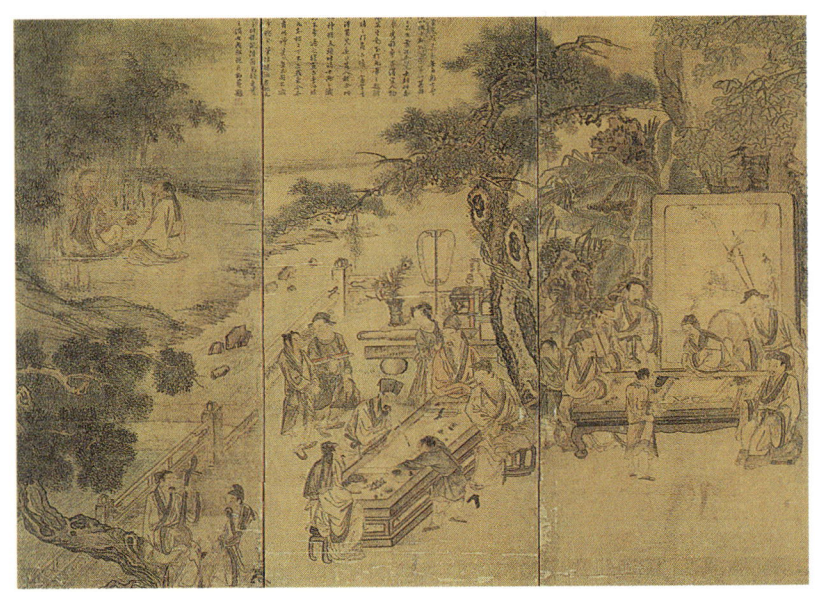

김홍도, 「서원아집도」(부분), 1778년, 비단에 엷은 채색, 122.7×287.4cm, 국립중앙박물관 소장.
선비들의 아취 있는 모임의 중국적 이상형을 소재로 한 그림이다.

김홍도, 「송석원시사야연도」, 1791년경, 종이에 엷은 채색, 25.6×31.8cm, 한독의약박물관 소장.
송석원시사는 조선 후기 중인 계층 선비들의 대표적인 시사 중 하나였다.

가 추구한 이상형 인간인 선비였다. 따라서 조선시대 지식인들이 추구한 이상적 인간형은 감성의 발현인 인정과 인간으로서 지켜야 할 도리인 의리를 잘 조화시키는 사람이었다. 너무 인정에 치우치면 기준이 모호해져 부패하기 쉽고, 의리만 따지다 보면 세상살이가 삭막해져 살맛이 나지 않게 마련이다. 두 가지를 잘 조화시켜서 부드러우면서도 기준이 있고, 따질 일은 분명하게 따지면서도 따뜻한 심성을 가진, 균형 감각이 있는 인간이 바람직하다는 인식에서 나온 것이 중용中庸적 인성론이다. 오늘날의 지식인들이 신봉하는 합리주의의 기준에서 볼 때 분명하지 못하다고 생각될지 모르지만, 양극적 흑백 논리를 지양하는 당시대 가치관의 표출이 중용인 것이다. 우리는 흔히 조선 선비를, 꼬장꼬장하고 깐깐하다거나 꽁생원이라고 표현하는데, 그것은 조선 말에 망국 지식인이 된 열악한 상황에서 자신감을 상실하고 자기 방어적으로 편향한 지식인의 상이다.

선비의 선택

조선 선비의 사회 진출은 크게 두 가지 경우로 나눌 수 있다. 과거에 급제하여 관리가 되는 방법과, 평생을 초야에서 공부에만 전념하다가 산림山林으로서 특채되는 경우이다.

과거는 크게 소과小科와 대과大科로 분류된다. 생원 진사 시험이 소과로 불리는 자격 시험이라면 문과 시험은 대과로서, 여기에 합격해야 비로소 관직에 나아갈 수 있다.

소과, 대과의 경로를 밟지 않고 특채되는 산림은 학파=정파의 구도로 전개된 조선 왕조 정치 구조의 특수한 산물이었다. 조선시대 학문

김홍도, 「삼일유가」(「평생도」 중), 비단에 채색, 53.9×35.2cm, 국립중앙박물관 소장.

적, 정치적 상황에서는 한 학파의 영수가 한 정파의 중심 인물이 되었다. 학파이기도 한 어떤 정파가 새롭게 집권을 하면 자기네 정파 혹은 학파의 정치적 이념을 국정에 구현하기 위해 자기네 정파 혹은 학파의 인물을 널리 등용하게 된다. 이런 경우에 통속적인 과거의 길을 접고 평생을 학문에 종사하다가 정계에 등장한 이들이 있으니 특채 산림이다. 산림이 적극적으로 정치 일선에 등장하기 시작한 것은 임진왜란과 병자호란의 후유증을 심각하게 앓던 17세기 비상 시국이었다. 임진왜란과 병자호란의 양란을 겪은 조선은 해이해진 국가 기강을 확립하여 분열된 국론을 단합하고 황폐해진 국가를 재건해야 했다. 이때 국민 단합과 국가 기강 확립을 위해 정부가 내놓은 인적 카드가 재야 산림이었다. 이들은 국란의 책임으로부터 자유로웠을 뿐 아니라 신선하다

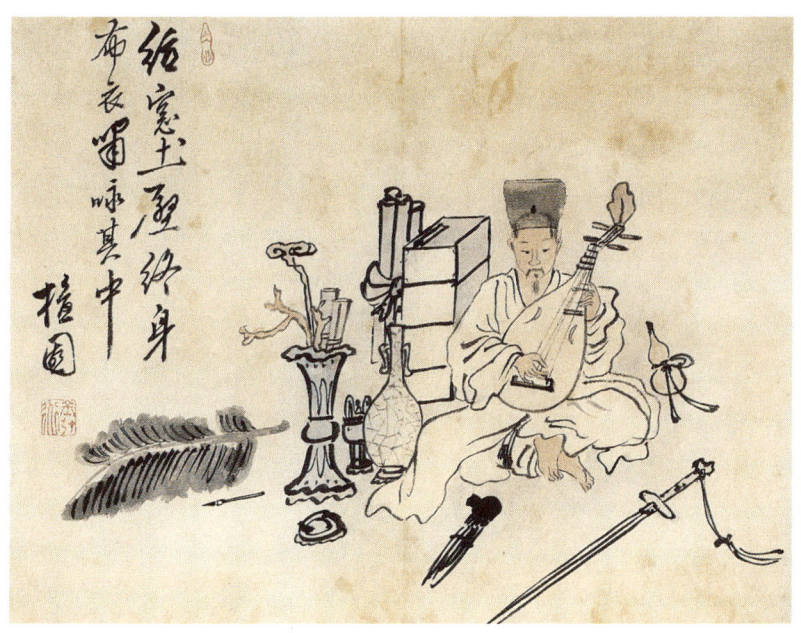

김홍도, 「포의풍류도」, 종이에 옅은 채색, 27.9×37.0cm, 개인 소장.

는 이점이 있었고, 재야에서 갈고 닦은 학행에 대한 기대까지도 모을 수 있었다. 17세기는 산림의 시대라 할 수 있을 만큼 산림이 국가의 중추 역할을 했고, 그만큼 대접도 받은 시대였다. 국란 후유증의 극복과 국민 단합, 그리고 국가 재건의 기본 방향을 설정하는 데 구심점 역할을 수행했던 것이다.

관료를 지향하는 조선 선비의 진로에는 음직蔭職도 있다. 과거를 거치지 않고 조상의 덕으로 얻는 벼슬을 음직이라고 한다. 덕망 높은 인사가 죽은 뒤에, 혹은 반정 등으로 새 정부가 들어선 뒤에 과거 정권에서 핍박받아 죽은 인사의 후사를 묻다가 그 자손이 초야에 묻혀 있다고 하면, 그 조상에 그 자손일 거라 하여 벼슬을 내리는 것이다. 그러나 조선시대의 음직은 고려시대의 음직과 달리 대부분 미관말직인데다 당사자들이 음직을 떳떳치 않게 여겼고, 음직으로 출발했더라도 다시 과거에 응시하는 것을 상식으로 여겼다.

조선 선비의 마지막 선택은 은일隱逸이다. 은일은 자신의 시대를 난세로 인식할 때 취하는 길이다. 무도한 시대의 정치판에서 자신의 머리와 지식이 난세를 연장시키는 데 일조하게 되거나 악용될 소지를 아예 만들지 않겠다는 의지의 표현이 은일, 즉 정치 일선으로부터 거리를 두고 스스로 몸을 숨기는 것이었다.

과거에 급제하여 입사하든, 산림으로서 특채가 되든, 음직을 받든, 은일을 하든 간에 조선시대 지식인들에게는 기본적으로 정치 지향적이라는 공통 분모가 있다. 그들은 정치를 통해 자기 성취를 하고 국가 사회에 기여하겠다는 의지를 상징적으로 가지고 있었던 것이다.

조선 선비가 가장 강조한 것은 책임 의식이었다. 사회 주도층이라는 그들의 자의식은 그들이 봉착한 어떤 사안에도 냉소하거나 책임 회피를 할 수 없게 하였다. 그래서 그들의 삶은 매사에 진지하고 치열할 수밖에 없었다.

조선 선비의 최대 관심은 공의公義의 실현에 있었다. 개인적인 욕망을 이겨내고, 나와 타인이 다 함께 이 세상에서 생을 실현할 수 있는 공동의 선인 공적 의로움, 즉 공의를 실현하는 일이야말로 이 세상을 살기 좋은 세상으로 만드는 지름길이라 생각했기 때문이다. 공의, 그것을 실현하기 위한 잣대는 인정과 의리라는 두 가지 기준이었다. 조선 선비들은 인정과 의리의 두 기준이 평형을 이루는 사회가 모든 사람이 소외감 없이 공평하게 삶을 누릴 수 있는 사회라는 인식을 하였다.

선비의 조건

조선 선비의 실천은 학행 일치로 시작한다. 배운 것은 행동으로 옮길 때 의미가 있는 것이므로, 입으로 아무리 거룩한 말을 해도 그것을 실천하지 못하면 비판하고 매도했다. 배운 것을 행동으로 옮기지 못하고, 교묘한 말과 좋은 얼굴색을 지어 남을 속이고 자신을 속이는 짓을 '교언영색巧言令色'으로 매도한 것이 학행 일치의 조선 선비 사회였다.

또한 조선 선비는 남에게는 후하고 자신에게는 박하게 하는 박기후인薄己厚人의 정신을 체질화하여 청빈하고 검약한 생활 방식을 자연스럽게 몸에 익혔다. 이 세상에 쓰고 싶은 대로 다 쓰고 남는 여유란 있을 수 없으므로 자신을 위해서는 아끼고 절약해야 남에게 베풀 수 있다는 것이다. 이러한 청렴 정신이 청백리의 바탕이 된다. 청렴 정신을 관직 생활에서 실천하면 청백리가 되는 것이다. 조선 왕조는 수많은 청백리를 배출하였다.

우리 역사상 가장 진취적이며 창조적인 시대로서 사회 정의가 구현되었다고 평가되는 세종대는 청백리가 많이 배출된 시기로도 유명하다. 이들 청백리가 있었기에 세종 같은 성군이 나올 수 있었다고 말할 수도 있는데, 그 대표적인 인물은 황희黃喜, 맹사성孟思誠, 유관柳寬이다. 이 세 사람은 우정도 돈독했을 뿐만 아니라 실천에서도 똑같은 지향을 보이면서 세종대의 태평성대를 이루어 냈다.

황희는 40대 후반부터 50대 전반까지 십여 년 동안 육조판서를 모두 역임하고 18년 간이나 영의정의 자리에 있으면서 청백리의 귀감을 보여 주었다. 그가 영의정으로 있을 때 공조판서로 있던 김종서가 자기 소속 관아인 공조로 하여금 약간의 술과 유과를 마련하여 정승과 판서를 대접하게 했다. 이에 황희는 엄격히 문책했다.

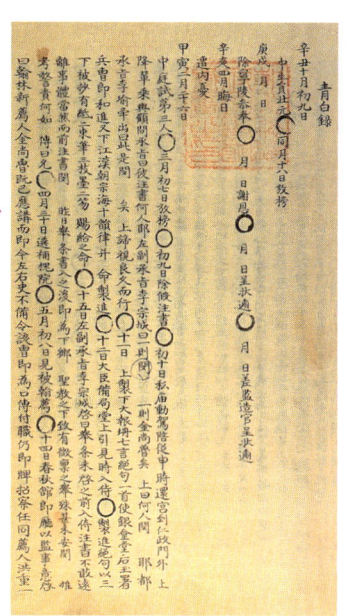

『청백록』, 국립중앙도서관 소장.
(사진 한국정신문화연구원 제공)

"국가에서 예빈시禮賓寺를 설치한 것은 접대를 위한 것이니 만약 시장하다면 예빈시로 하여금 음식물을 마련해 오도록 할 것이지 어찌 사사로이 음식물을 제공한단 말이오?"

예산 외의 경비 지출로 인한 부작용을 경계했던 것이다. 어느 날 조회에 모든 대신이 비단으로 지은 새 옷을 입고 나왔는데 황희 정승만 거친 베로 만든 관복을 기워 입고 나왔다. 그러자 그 다음 날부터 모든 대신이 헌 관복으로 갈아입고 출근했다는 일화도 전해진다. 상징적인 인물의 일거수 일

작자 미상, 「황희 초상」, 37×28cm, 비단에 채색, 개인 소장.   황희, 「명현간독」, 34.8×22.4cm, 경남대학교박물관 소장.

투족이 미치는 영향력을 말해 준다. 그만한 인품과 인격을 평가받는 인물이기에 사치를 좋아하는 관료들을 감화시킬 수 있었던 것이다.

맹사성은 부인이 햅쌀밥을 해 올리니 어디서 햅쌀을 구했느냐고 물었다. 녹봉으로 받은 쌀이 너무 묵어서 먹을 수 없을 지경이므로 이웃집에서 꾸어 왔다고 하자 부인을 나무랐다.

"이미 국가에서 녹미祿米를 받았으면 그것을 먹을 일이지 이웃집에서 꾸어 와서야 쓰겠소?"

공사 구별 없이 똑같이 엄격한 기준을 적용함을 확인할 수 있는 예화이다. 당시의 병조판서가 좌의정인 그를 찾아갔다가 자신의 행랑채와 방불한 그의 집을 보고 충격을 받았다는 기록도 있다.

우의정을 지낸 유관은 비가 새는 단칸 초가집에서 베옷과 짚신으로 청빈한 생활을 했다. 어느 여름, 한 달 이상 내린 비로 지붕이 줄줄이

맹씨행단. 최영 장군이 살던 고택으로 손녀사위인 맹사성이 물려받았다. 충청남도 아산시 배방면 중리 소재.

새자 유관이 우산을 들고 부인에게 말했다.

"우산도 없는 집은 어떻게 견디겠소?"

그러자 부인이 대답했다.

"우산이 없는 집엔 다른 마련이 있답니다."

대부분의 관리가 우산 걱정 같은 것은 할 필요조차 없는 집에서 살고 있는 줄 그 부부가 모를 리 없건만 시침을 떼고 대화하는 모습이 유머러스하다. 그 남편에 그 부인이다.

이들 세 사람이 모여 대화하며 우정을 다지던 곳이 지금 온양에 남아 있는 맹씨행단이다. 아마도 평생의 지기로 서로에게 버팀목이 되고 격려했을 것이다. 나아가 누가 더 청렴할 수 있는지 내기라도 걸었을지 모른다. 세 사람 모두 여유 만만하고 너그러우며 해학을 좋아했으므로 충분히 가능성이 있다. 그러나 무엇보다도 중요한 요인은 상호 간에 교감된 투철한 사명 의식일 것이다. 속이 꽉 찬 사람에게는 허기증이란 있을 수 없기 때문이다. 청빈은 부귀와 영화를 누릴 만한 충분한 권력과 지위를 가진 위치에 있는 이들에게 요구되던 미덕인 것이다.

선비의 인간형

선비 정신에는 선공후사先公後私와 억강부약抑强扶弱의 정신이 있다. 공적인 일을 우선하고 개인적인 일은 뒤로 하는 것을 선공후사라 하고, 강한 자를 누르고 약한 자를 부추기는 것을 억강부약이라고 한다.

외유내강外柔內剛의 개성은 선비 인간형의 전형이다. 겉으로는 부드러워 누구에게나 잘 대해 주고 예의 바르지만 속으로는 강하고 심지 깊은 유형을 외유내강형이라고 한다. 위기에 처해서는 지조와 절개를 지키는 투철한 기개와 강인함을 갖고 있지만 사생활에서는 한없이 부드럽고 온화한 사람, 이것이 선비의 인간형이었다.

조선 선비가 지향하는 최종의 목표는 극기복례克己復禮, 즉 이기심과 욕망을 이겨내고 예로 돌아가서 모든 사람이 공존하고 공생하자는 것이다. 자신의 욕망을 극대화시킬 때 인간은 남을 괴롭히거나 남의 생을 파괴하게 된다. 자신을 이기는 극기의 길이 곧 남을 존중하는 길이다. 최종 목표를 극기복례로 설정했다는 것은 예로서 서로 애경愛敬하는 상호 존중의 인간 사회가 바로 선비의 사회라는 설명이 된다.

조선 선비는 최종 목표인 극기복례를 달성하면 천인합일天人合一의 경지에 도달할 수 있다는 확신을 가지고 있었다. 여기에서 하늘이란 오늘날에 말하는 절대자를 지칭하는 것이 아니라 자연의 질서를 말하는 것이며, 천인합일이란 사람과 자연이 하나의 질서로 조화되는 경지를 말하는 것이다. 나와 남이 조화되고 사람과 하늘이 조화되는 대동

사회大同社會. 조선 선비는 그것을 꿈꾸고, 그것을 확신하고, 그 실현을 위하여 끊임없이 노력한 이상주의자들이었다.

조선 선비들은 이상주의자였던 만큼이나 좌절 또한 컸다. 살벌하다고밖에 표현할 수 없는 명분 사회에서 자기 정합성을 잃어버리거나 정당성을 상실하게 되면 언관言官들의 맹렬한 비판과 사림 사회의 외면을 받게 되고, 귀양을 가거나 사약을 받는 극한 상황에 몰리기도 했다.

사대부는 사직을 하는 경우 자신의 사회적, 경제적 기반이 있는 고향으로 낙향하는 것이 상례였다. 그것을 재충전의 기회로 삼고, 수기에서부터 다시 시작했던 것이다. 그리고 관료 생활을 하느라 소홀히 했던 학문을 연구하고 자기 수양을 하는 한편 제자 양성을 하게 되는데, 이를 통해 자신의 위상과 역할을 새롭게 했다.

유배되었을 경우의 사대부는 귀양 간 지방의 문화적, 학문적 활성화에 기여했다. 유배지에서 그동안 소홀히 했던 학문을 연구하는 한

다산초당. 정약용이 강진에 유배 가 있던 시절에 외가인 해남 윤씨댁의 도움으로 저술에 몰두했던 곳이다.
전라남도 강진군 도암면 만덕리 소재.

편 현지에서 제자를 양성하고 현지의 문화적, 학문적 잠재력을 일깨웠던 것이다.

선비들의 학행은 고행에 가까운 것으로서 초인적인 인내심을 보여주는 예화가 많다. 사약을 받을 경우에도 흔들림 없이 의연한 자세를 갖춤으로써 입신入神의 경지까지 엿보게 하는데, 어려서부터 수양한 인격체로서의 자기 확신이 없이는 불가능한 일인 것이다.

선비의 풍류

조선 선비의 길은 오로지 인내와 고행의 연속이었을까. 조선 선비는 세간의 즐거움을 외면한 채 삭막한 명분 따지기에만 골몰했을까. 그들

조영석, 「현이도」, 비단에 채색, 31.5×43.3cm, 간송미술관 소장.
동네 어귀 소나무 밑에서 장기를 두며 한여름 더위를 식히는 선비의 여유로운 모습을 엿볼 수 있다.

조선시대 사대부의 사랑방(재현한 모습).

서석지. 병자호란 이후 낙향해 은거한 선비 정영방의 연못과 정자이다. 경상북도 영양군 입암면 연당리 소재.

에게도 오락이 있었고 낭만이 있었다. 그들은 사랑채라는 독자적인 생활 공간을 보장받았다. 사랑채는 선비가 학문에 침잠할 수 있고 뜻이 맞는 벗과 교유할 수 있는 문화적 생활 공간으로서, 대체로 간결하고 담백한 품위를 유지했다. 실용적인 목가구로 문방사우를 아우르고 선비 정신의 발로인 백자로 생활 기구를 삼는 이 공간에서 묻어나는 것은 은은한 묵향이었다. 좀더 조건이 좋은 경우에는 연못과 초당을 갖춘 후원이 있어서 풍요롭고 아취 있는 풍류 생활의 여유도 누렸지만, 마음에 맞는 벗을 초치하여 시를 읊고 그림을 그리고 글씨를 쓰는 것은 간결하고 담백한 선비의 사랑방 기풍이나 다를 바가 없었다.

조선 선비 풍류 생활의 기본 자세는 학문과 예술을 일치하려는 학예일치 정신에서 나왔다. 그들은 그림이나 글씨를 손끝의 잔재주에서 나오는 것이라고 생각하지 않았다. 가슴속에 만 권의 독서량이 쌓여서 피어나는 문자향文字香(글자에서 나오는 향기)과 서권기書卷氣(책에서 나오는 기운)가 흘러 넘쳐야 비로소 좋은 그림과 좋은 글씨가 나온다고 생각했다. 이러한 인식은 글을 쓰는 기본 자세인 도문일치론道文一致論과 같다. 문장이란 화려한 수식의 나열이 아니라 사상성인 도道를 표현하는 매체이므로 도와 문장은 일치하여야 한다는 것이다.

조선 선비의 풍류 생활에서는 지극한 국토애를 엿볼 수 있다. 조선 초기의 학자 김종직金宗直(1431~92년)은 지리산 탐방기인 『유두류록游頭流錄』을 남겼고, 그의 제자인 김일손金馹孫(1464~98년)과 정여창鄭汝昌(1450~1504년)도 『속두류록』과 『유두류록』을 남겼다. 국토 사랑의 정신은 조선 후기에 이르러 더욱 지극해졌다. 조선 후기 지식인인 사대부는 전국을 누비며 국토애를 다졌는데, 작은 구도에 얽매여 큰 구도를 못 보는 협소한 인간이 되지 않기 위해, 문·사·철의 전공 필수와 시·

서·화의 교양 필수 이외에 호연지기를 기를 필요가 있다는 판단에서였다. 진경산수화는 산천 유람의 결과물로서 조국 산천에 대한 애정의 표현이었다. '삼천리 금수강산'이라는 국토 사랑의 표어도 여기서 비롯한 것이다. 이러한 사조는 조선 문화 제일주의와도 관련이 있다. 임진왜란과 병자호란 이후, 17세기 조선 사회 재건의 견인차 역할을 했던 조선중화주의(문화 중심국이라는 자존의식)는 18세기에 이르러 내 문화가 최고라는 자부심이 된다.

국토애를 엿볼 수 있는 김종직의 지리산 탐방기 『유두류록』(『점필재집』 중).

조선중화주의 운동의 중심 축이 된 사대부는 자긍심으로 우리 문화를 지키고 고양하였을 뿐만 아니라 18세기 중반 조선 문화 전성기의 극점에서 선진 문화 도입의 논리까지 만들어 내게 된다. 북학 운동이 그것이다. 조선성리학의 성과를 발전적으로 계승하고 조선 문화의 한계성을 보완하기 위해, 새로이 부상하는 청의 기술 문명을 적극 도입하자는 것이었다. 조선이 자급 자족하는 농경 사회에서 상공업 사회로 전환하는 시점에서 일어난 북학 운동은 조선의 진로를 모색하는 작업인 동시에 세계화 운동이었다. 의리지학義理之學(사람으로서 지켜야 할 옳은 도리)을 추구하는 조선성리학의 장점을 살리되 방법론으로서 신학문인 청의 고증학과 기술 문명을 도입하자는 생존의 논리였던 것이다. 자기 정체성을 지키면서 세계화하자는 것으로서 오늘날의 알맹이 없는 세계화 구호와 비교가 된다.

선비의 사상, 성리학

지금까지 조선시대 선비의 삶과 선비 정신을 대략적으로 조명해 보았다. 그러면 선비는 어디서 왔는가. 선비는 성리학적 명분의 소산이다. 성리학이 조선에 뿌리를 내리게 되는 과정을 알아보기 위해 그 원천인 유학의 역사 속으로 들어가 보자.

유학과 유교는 거의 구별 없이 동의어로 쓰이지만, 전자가 학문적 측면을 강조하는 데 비해 후자는 종교적 의미가 강하다. 여기서는 학문적 접근을 시도하므로 유학이라 전제한다.

춘추전국시대 공자孔子에 의해 요·순, 삼대가 민본주의적 이상 사회의 모델로 제시되면서 성립된 원시유학은 시대가 진전됨에 따라 사상 체계가 심화·발전되고, 연구 방법이나 접근 방법도 변화하였다.

공자는 기존 질서가 붕괴하고 새로운 질서가 탄생하는 과도기의 사회 위기를 천하무도天下無道로 파악하고 주대周代의 질서인 주례周禮의 회복을 희구했다. 즉 현실 문제의 해결을 사회·경제적 개선에서가 아니라 인간의 주관적·윤리적 측면에서 찾았고, 지식인 관료층인 사士에 의한 통치를 지향함으로써 군주에 대한 도덕성의 제고를 강조했다. 군자의 통치와 백성의 생산이라는, 주례에 합당한 사회적 분업을 하늘이 부여한 자연 질서로 파악했고, 혼란한 사회 질서를 바로잡으려면 법치法治보다도

공자 초상

덕치德治를 해야 한다고 주장한 것이다. 다시 말하면 수기치인을 강조하고 왕도 정치를 주장함으로써 군주권을 견제하고 사士의 역할을 강조했다고 할 수 있는데, 사민士農工商 체제라는 신분 사회를 구상하여 안정된 사회 체제의 확립을 지향한 것이다.

중국에서 지배 사상으로 뿌리내린 유학이 우리 나라에 언제 전래되었는가에 대한 정확한 기록은 없다. 기자동래설箕子東來說에 연결하는 것은 신빙성이 적고, 한사군 중 낙랑을 경유했으리라는 설이 있으나, 한문의 전래가 곧 유학의 전래라고 보는 것이 타당하다.

삼국시대 유학의 수용은 고구려가 372년(소수림왕 2년) 태학을 건립함으로써 본격화한다. 한대漢代 태학의 영향을 받은 것일 터인데 자세한

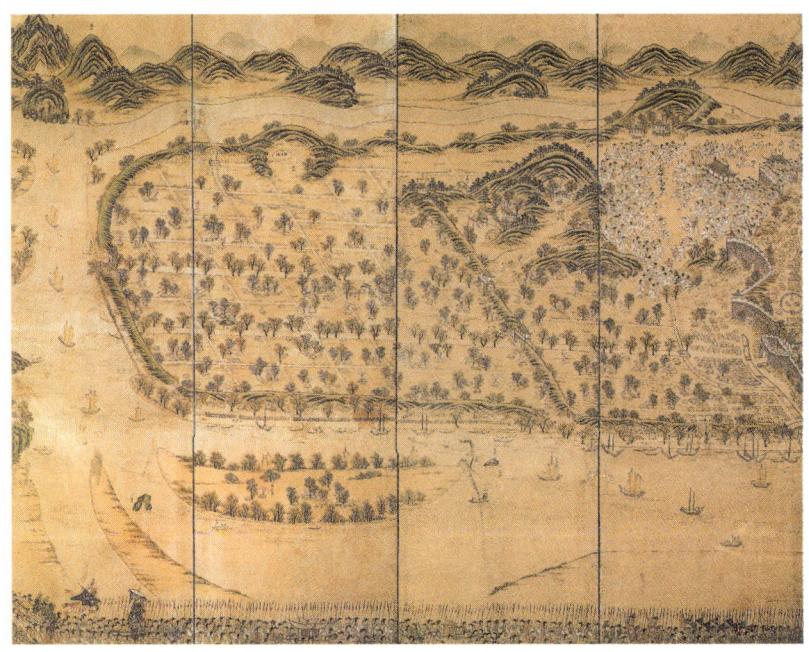

작자 미상, 「평양도」(10폭 병풍 중), 종이에 채색, 각 131×39cm, 서울대학교박물관 소장.
공자 이전 원시 유학이 우리 나라에 전래된 증거로 즐겨 인용되는 평양의 기자 정전 유허가 나타나 있다.

교과는 알려져 있지 않다. 한에서 오경박사를 두어 오경五經을 교수했다 하므로 미루어 알 수 있을 뿐이다. 백제는 4, 5세기경 고흥高興의 『서기書記』 편찬과, 왕인王仁의 활약에서 유학의 편린이 엿보인다. 신라의 경우, 초기에는 경전의 문장을 차용하는 수준에 불과했으나, 7세기 중반에는 당의 국학에 유학생을 파견했고, 648년 김춘추가 석전釋奠과 강론講論에 참관했다. 국학을 설치한 것은 이 무렵이다. 유학의 담당자로서는 6두품이 두각을 나타냈는데 강수强首·설총薛聰 등이 대표적 유자로서 탁월한 문장가로도 활동했다. 중대까지 골품제 구조 속에서 사회 이념화하지 못했던 유학은 하대에 와서 정치 개혁의 사상적 기반으로 역할을 수행했는데 최치원崔致遠 등 도당渡唐 유학생의 활약이 컸다. 최치원이 시무時務 10여 조를 건의한 일이 대표적 예증이다. 왕실에서 유학을 사상적 측면보다 시문 등 문장 수업의 방편으로 인식함에 따라 6두품 출신 유자들은 견훤·궁예·왕건의 휘하에 모여들어 고려 건국에 일익을 담당했다.

고려는 종교적 측면을 불교, 치세 이념을 유학에 의지했는데, 초기에는 신라 6두품 출신의 활약이 두드러졌다. 이때의 학풍은 한당유학풍漢唐儒學風으로 명경明經보다는 제술製述을 중시했으나, 광종대에 이르러 유가의 합리적·실제적 사고를 중시하면서 고대의 잔재를 청산하게 되었다. 고려시대 전 시기를 통해 사상적 근거는 불교로서 불교 문화의 극성을 이룩했지만, 행정 제도와 문물 제도 정비 등 국가 통치를 위한 치국화민治國化民은 유학의 소양을 훈련하는 교육 제도와 과거 제도에 의존했다. 무신 집권기에는 문무의 지위가 바뀌어 문인·유자는 심산이나 궁곡에 피신하여 석자釋子로 전신하고, 일부는 죽림칠현竹林七賢으로 표현되듯이 은둔했다. 무신정권의 최씨 일가가 문인들을 막료로 기

작자 미상, 「최치원 초상」, 비단에 채색, 123×74.3cm.

「청자상감포류수금문판」, 고려, 12세기, 14.9×20.4×0.5cm, 일본 오사카 시립동양도자미술관 소장.
무신 집권을 전후하여 침체된 유풍(儒風)과 문풍(文風)으로 인해 고려의 선비들은 죽림칠현처럼 세상을 피해 은둔하기도 했다.

신라 진성여왕 때 함양태수로 왔던 최치원이 방수림으로 조성한 인공 숲인 상림. 천연기념물 154호로 지정되었으며, 최치원 신도비가 있다. 경상남도 함양군 함양읍 대덕동 소재.

용하자 일부 문사가 거기에 종사하지만 유풍儒風이나 문풍文風은 침체를 면치 못했다. 그러나 고려 유학의 수준은 원나라에서도 높이 평가되었다. 원元에 강남 문화가 대대적으로 수용된 것은 원 세조가 남송을 평정하면서부터다. 강남 문화의 근간은 신유학新儒學이었고, 원에 수용된 신유학은 제국의 행정 조직을 통해 고려로 들어왔다. 신유학은 북송에서 처음 형성하던 시기에는 고려 귀족층에게 큰 관심을 불러일으키지 못했다. 신유학의 핵심인 주자성리학이 원 복속기의 고려에서 적극 수용이 된 것은 지방 향리 출신 신지식층에 의해서였다.

신유학의 핵심인 성리학의 이론 체계를 정립한 사람은 남송의 주희朱熹(호는 晦庵, 1130~1200년)이다. 북송의 오자五子라고 일컬어지는 주돈이周敦頤(1017~73년), 소옹邵雍(1011~77년), 장재張載(1020~77년)와 정호程顥(1032~85년), 정이程頤(1033~1107년) 형제를 거쳐 남송의 주희에 이르러 이론 체계의 정립을 보게 된 것이다.

중화 사상의 창출

남송의 주희가 중국의 중세적 민족주의라 할 수 있는 중화 사상中華思想을 창출하게 된 것은 북방족(여진족의 금, 몽고족의 원)의 침입에 시달리며 남으로 쫓겨 내려가는 조국 송나라가 처한 현실의 대응 논리로서였다. 불변의 원리인 이理를 중국(송)에, 가변적 변화 요인인 기氣를 침입군인 북방족에 대비하여, 불변의 원리인 이는 엄존하되 가변적 변화 요인인 기의 작용에 따라 일시적으로 변화한다는 이기론理氣論을 주장했는데, 일시적이며 가변적인 기의 작용으로 북방족의 침입을 받고 있지만 불변의 원리로서의 이인 중화 문화는 결코 꺾이지 않는다는 중화 문화의 우월성을 강조한 것이다.

주자의 사상 체계로서 이기론 이외에 핵심이 되는 것이 성리설性理說이다. 성리설은 성즉리性卽理와 심통성정心統性情으로 요약할 수 있다. 심心이 아직 발하지 않은 상태가 성性으로서 도덕적 본성이고, 이미 발한 이후는 정情이니 개인적 욕망이다. 성은 본연지성本然之性〔각 개체에 부여되기 이전의, 기질과 섞이지 않은 순수한 이(理)〕과 기질지성氣質之性〔각 개체에 부여된 기질과 섞인 이(理), 다시 말하면 개별화한 성(性)〕으로 나뉘고, 미발未發된 성에 이가 갖추어져 있으므로 성性=이理라는 성즉리설性卽理說이 성립하는 것이다. 정은 사단칠정四端七情으로 나타난다. 사단四端〔『맹자(孟子)』「공손추(公孫丑)」장에 나오는 심성론(心性論)의 원형을 가리킨다. 측은지심(惻隱之心) 인지단야(仁之端也), 수오지심(羞惡之心) 의지단야(義之端也), 사양지심(辭讓之心) 예지단야(禮之端也), 시비지심(是非之心) 지지단야(智之端也), 인지유시사단야(人之有是四端也) 유기

진정배, 「주자 초상」, 종이에 엷은 채색, 27.5×89.6cm, 간송미술관 소장.

유사체야(猶其有四體也)]이 도덕적 감정인 데 대하여, 칠정은 희喜·노怒·애哀·락樂·애愛·오惡·욕欲 등 일반적 감정을 일컫는다. 심통성정心統性情이란 심이 성과 정을 통섭하는 주재자로 양자 사이에서 선택하는 주체라는 것이다. 사람의 마음에는 도덕적 의무감인 천리天理와 인간적 욕망인 인욕人慾이 갈등 구조를 이루는데, 행위 주체로서 선택하는 것이 심이므로 심을 수양하여 존천리거인욕存天理去人慾(천리를 보존하고 인욕을 제거한다)해야 한다는 것이다. 천리의 구체적 내용은 삼강三綱〔군위신강(君爲臣綱), 부위자강(父爲子綱), 부위부강(夫爲婦綱)〕과 오상五常〔오륜(五倫). 군신유의(君臣有義), 부자유친(父子有親), 부부유별(夫婦有別), 장유유서(長幼有序), 붕우유신(朋友有信)〕으로 표현된다. 따라서 마음의 수양을 궁극 목적으로 하는 인성론人性論이 발달하는 것은 성리학 발전의 당연한 귀결이다.

심성의 수양 이론은 거경궁리居敬窮理로 요약되고, 궁리는 성찰궁리

주희기념관. 중국 복건성 소재.

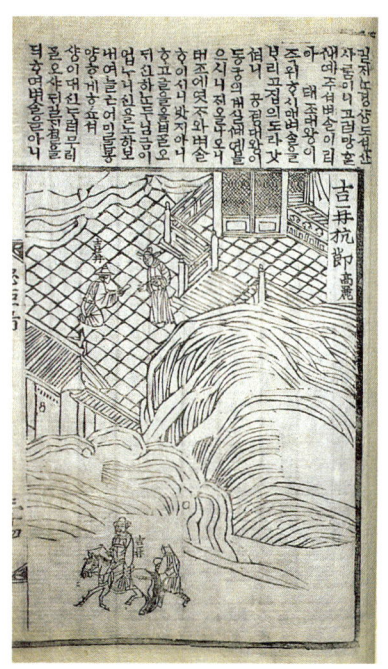

『삼강행실도』, 규장각 소장. 성리학 심성론은 천리를 보존하고 인욕을 제거하는 것이 핵심이요, 보존해야 할 천리의 구체적 내용은 바로 삼강오륜이었다.

省察窮理로서 격물치지格物致知와 통한다. 선비가 격물·궁리·치지의 소산이란 것은 앞서 밝힌 바 있다.

원시유학에서 발전한 신유학의 핵심인 주자성리학이 원 복속기 고려 신지식층의 지적 호기심을 사로잡은 원인에는, 원의 부용국附庸國으로 전락한 고려의 현실이 있었다. 북방족에게 쫓기는 남송이 중화주의를 표방한 주자성리학에 민족적 자존심을 걸었던 것처럼 남송과 비슷한 처지의 고려도 자아 상실의 방지책으로서 주자성리학을 껴안은 것이다.

성리학의 정착

고려 말의 주자성리학은 상징적인 두 인물을 등장시켰다. 고려 왕조의 체제를 그대로 유지하면서 국정을 성리학적 이념으로 개량하려는 정몽주鄭夢周(1337~92년)와, 고려 왕조를 전복하고 성리학적 이념으로 무장한 새 시대를 건설하자는 정도전鄭道傳(1342~98년)이다. 정몽주를 중심으로 한 온건개량파와 정도전을 중심으로 한 급진개혁파, 그 두 세력 중 승리자는 정도전 중심의 급진개혁파였다.

성리학의 이념을 혁명적으로 현실 정치에 구현하려는 정도전 계열

고려 말, 조선 초의 성리학자들

이들은 고려를 성리학적으로 개량할 것인가, 성리학적 이념에 의한 새로운 국가를 건설할 것인가 하는 갈림길에 서 있었다.

정도전 초상

이한철, 「정몽주 초상」, 1880년, 종이에 채색, 61×35.2cm, 국립중앙박물관 소장.

「정도전 시비」, 서울특별시 종로구 소재.

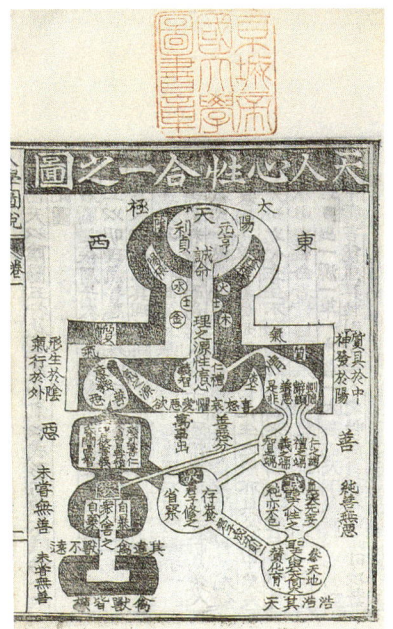

권근, 『입학도설』. 조선 전기 성리학 이해의 기준을 제시했다.

선비란 무엇인가? 47

의 급진개혁파가 이성계李成桂와 연계하여 혁명을 성공시켰다. 그리고 조선 왕조가 개창하자 주자성리학은 국학으로서의 위치를 굳히게 되었다. 조선의 성리학이 가진 관학풍官學風은 정도전이 정쟁에 밀려 제거되고 난 뒤 권근權近(1352~1409년)에 의해 조성되었다. 권근은 성리학 도입에 결정적인 역할을 한 이제현李齊賢(1287~1367년)과 그 제자 이색李穡(1328~96년)의 학통을 계승하고 있는 만큼 사장詞章에 깊은 조예를 갖고 있었다. 그는 조선 왕조 개창기에 문형文衡의 자리에 있으면서 사대事大·교린交隣 등 대외 관계의 정립과 문물 제도의 정비 과정인 전장典章의 찬수에 절대적으로 공헌을 하는 한편, 『사서오경구결四書五經口訣』, 『오경천견록五經淺見錄』, 『입학도설入學圖說』 등을 저술함으로써 성리학에도 일가를 이루었다. 권근은 그야말로 도문일치道文一致에 충실했던 인물이다.

그러나 권근의 제자대에 이르러서는 학계가 관학풍과 사학풍私學風으로 대별된다. 문장으로 문한文翰의 책임을 담당하던 권우權遇(1363~1419년)·변계량卞季良(1369~1430년) 등과 정법政法에 밝아 국무에 공헌한 맹사성·허조許稠(1369~1439년) 등 사장 중심의 관학풍이 주류를 이루는 가운데서, 길재吉再(1353~1419년 : 권근의 제자이면서 정몽주의 제자이기도 함)가 영남 지방에 은거하면서 제자를 양성하여 사학풍私學風을 조성한 것이다. 그 후 관학풍은 그 문사文詞에 대한 조예로 국초 문화에 공헌한 반면 사학풍은 정몽주의 적통이라는 자부심을 키우면서 의리지학으로서의 성리학 연구에 깊이 침잠함으로써 그 이해의 밀도를 깊게 하였다.

조선시대 사대부는 문·사·철을 겸수하여 각자의 소질과 소양에 따라 문승文勝한 문인文人, 이승理勝한 학인學人으로 성향을 달리하기도 했지만 학문과 문장은 같은 뿌리에서 나온다는 도문일치론을 문장론의 원칙으로 삼았기 때문에 기본적으로는 학자이면서 문인이었고 문인이면서 학자였다. 도문일치론은 도道(학문)와 문文(문장(文章) 내지 사장(詞章)]이 일치하여야 한다는 문학 이론으로서 양자는 표리의 관계로 그 한계는 모호해지며 문장이란 도를 담는 그릇으로 파악되고 성정性情을 표현하는 수단으로 인식되었다. 따라서 학문과 문장이 둘이 아니듯이 양자를 겸전한 인간형을 추구하였고, 그러한 이념이 만들어 낸 모범 인간형이 바로 성리학적 이상형인 선비였다. 그것은 그대로 전인 교육이라는 말로 근대화하게 되었다.

사림의 등장

사림士林은 사士의 복수 개념이다. 사림이란 성리학을 전공함으로써 그 진수를 터득하여 체질화한 학자를 일컫는 말이다. 사림의 상대 개념에 훈구勳舊 세력이 있다.

경복궁 수정전. 원래 집현전이 있던 자리이다. 서울특별시 종로구 소재.

사림이 대거 배출된 시기는 16세기다. 사림이 대거 배출되기까지 조선의 성리학이 걸어온 길을 살펴보자. 조선 왕조 창건에 기여한 급진개혁파 정도전 계열은 성리학을 국학으로 선포하고

사육신묘. 집현전에서 성리학을 익혔던 학자들 중 다수는 명분을 위해 자신의 목숨을 던졌다. 서울특별시 동작구 노량진동 소재.

사림의 글씨

사림은 사화라는 정치적 위기를 겪을 때마다 학문을 심화시키며 성리학적 이상 사회 실현을 위해 한 걸음씩 나아갔다.

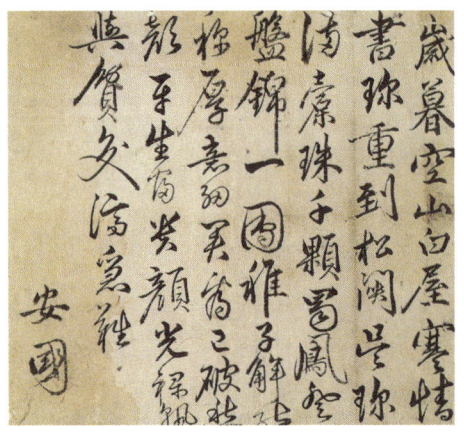

김안국, 「시고」, 27×31.7cm, 성균관대학교박물관 소장.

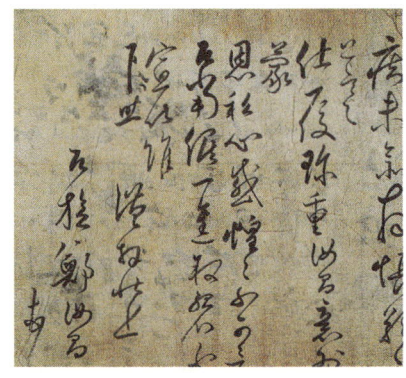

정여창, 「서간」, 26.4×31.2cm, 성균관대학교박물관 소장.

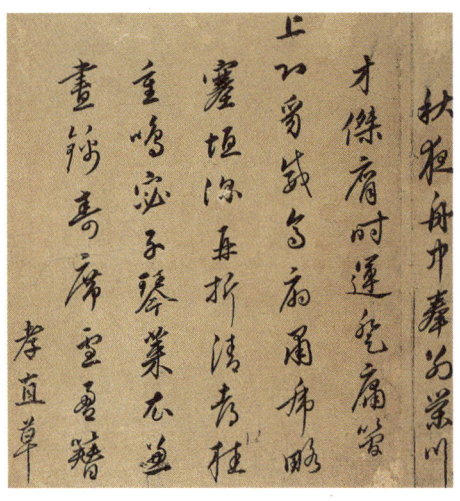

조광조, 「송별시」, 종이에 먹, 22×21.6cm.

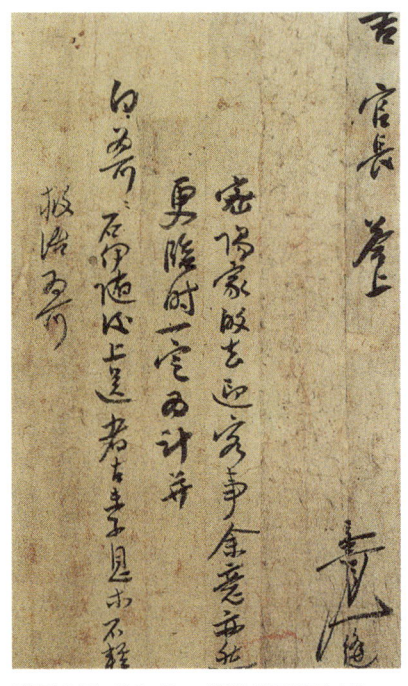

김종직, 「서간」, 24.5×15cm, 성균관대학교박물관 소장.

고려의 국교인 불교와 고려의 잔존 세력을 재기 불가능할 정도로 숙청함으로써 국가 기반을 확고히 하였다. 문물 제도를 정비하는 창업기에는 사변적이고 형이상학적인 철학 체계의 탐구보다 전장 제도典章制度 및 사대 교린의 외교 활동에 필요한 사장詞章이 중요시되고, 송대 유학의 한 흐름인 육학陸學·여학呂學과 유서학類書學도 원용이 된다. 국정이 안정된 시기에 왕이 된 세종은 집현전集賢殿을 설치하였다. 본격적으로 성리학을 학습·연찬하고 고제古制 연구를 독려하여 성리학 이념에 합당한 체제 정비를 하기 위해서였다. 그 후 집현전에서 육성된 성리학자군은 세조의 왕위 찬탈을 결사 반대하다가 사육신 등 핵심 세력이 숙청을 당하였다. 왕위 찬탈로 인해 성리학적 명분이 취약한 세조는 공리주의적 통치 방식을 전개하였다. 성리학 발전은 일시적으로 둔화한 반면에 왕권 강화와 중앙 집권 체제의 확립에는 성공한 시기였다.

국가와 국정이 안정되면 학예 진흥 정책이 나오게 마련이다. 15세기 말 성종대에 이르러서는 학예 진흥 정책에 힘입어 학문 연구가 다시 활기를 띠게 되고, 지방에서 성장한 성리학자들의 중앙 진출이 현저해졌다. 개국과 문물 제도 정비, 여러 차례의 변란으로 이미 8차의 공신을 배출한 바 있어 조정은 국가에 공훈을 세운 구舊정치 세력인 훈구파로 가득한데, 오로지 성리학의 이념으로 무장한 무명 소장파들이 입성을 하게 되었다. 국가와 왕의 오늘이 있게 한 공로를 내세우며 국정을 장악한 훈구파 앞에 성리학적 명분에 투철한 신진 사림이 등장한 것이다. 그러한 구도는 최고 통치권자인 왕의 입장에서 바람직한 것이었다. 왕도 어쩌지 못할 정도로 세력을 형성한 훈구파를 견제하기 위해 신진 성리학자인 사림의 존재 가치를 인정하게 된 것이다.

김종직의 제자인 김굉필金宏弼(1454~1504년)·김일손·정여창을 중심으로 전개된 초기 사림의 활동은 훈구 세력의 견제, 문물 제도 완성 사업의 협찬 등 일익을 담당하지만, 성종이 죽고 연산군이 즉위하자 훈구 세력의 강력한 도전을 받게 되었다. 이 신구 세력의 정쟁은 연산군의 광기를 부추겨 1498년(연산군 4년) 무오사화, 1504년(연산군 10년) 갑자사화를 불러일으켜 양파 모두 대량으로 도륙되고 1506년 중종반정中宗反正으로 귀결되었다.

16세기는 사림의 성장기라고 할 수 있다. 양적으로 팽창하여 학파를 형성하면서 중앙 정계에 등장한 것이다. 그러나 이 시기의 권력 중심축은 기성 훈구 세력이어서 사림은 그들 구세력과 대립하게 되는데, 결과는 신진 사림 세력의 숙청이었다. 사림의 특징 중에는 그 생명이 끈질기다는 점도 있다. 숙청을 당하면 퇴거했다가 학문을 심화한 뒤에 다시 등장하는 것이다. 퇴장에서부터 재등장까지의 기간은 대체로 30년이 소요되었다. 30년을 1주기로 부침한 것이 되는데, 30년이면 1세대로서 인재 양성의 기간이기도 하므로 선배의 좌절을 후배가 딛고 일어서는 시간성의 반영인 셈이다. 그리고 어느 시기든 사림의 등장은 시대적 요청의 부응이기도 했다. 시대가 끝없이 사림의 등장을 요청하였던 것이다.

학파의 형성

16세기 초, 중종 집권 초기에 등장한 사림은 기묘사림己卯士林으로 별칭된다. 조광조趙光祖(1482~1519년)를 위시하여 김안국金安國(1478~1543년), 김정국金正國(1484~1541년), 김식金湜, 김정金淨, 박상朴祥 등이 중심 인물이다. 이 연소한 신진 기예 사류들은 지치至治(조광조가 주장한 지치주의(至

治主義)는 '숭도의(崇道義), 정인심(正人心), 법성현(法聖賢), 흥지치(興至治)'로 요약된 다]를 주장하여 군주에게 철저한 수신을 요구하는 철인정치哲人政治의 이상을 추구하려 하였다. 성리학적 이념을 현실 정치에 남김없이 구현하고자 한 조광조 등의 이상주의적 경향은 방법이 지나치게 과격하고 급진적이어서 1519년(중종 14년) 기묘사화로 숙청되고 말았다. 이들 기묘명현己卯名賢의 수는 30여 명에 이른다.

중종대 후기에는 권습權習·성수침成守琛·조성趙晟·조식曺植·서경덕徐敬德 등이 활동하였고, 인종대에는 이언적李彦迪이 신진 사류로 떠올랐지만 괄목할 만한 활동을 벌이기에는 연소하였다. 명종대에 이르러 퇴계 이황退溪 李滉(1501~70년)이 등장하면서 본격적인 사림 활동이 전개되었다. 이 시대에 활동한 사림은 이언적, 조욱趙昱, 기대승奇大升(1527~

도봉서원. 1573년(선조 6년) 조광조의 학문과 덕행을 추모하기 위해 세운 서원으로 기호사림의 상징이었다.
서울특별시 도봉구 도봉동 소재.

선비란 무엇인가? 53

16세기 사림의 학문 기준을 상징하는 주자의 성리학 입문서인 『근사록』, 성리학적 심학의 진수가 담긴 『심경』, 주자의 문집인 『주자대전』.

72년) 등 113명에 이른다. 이들은 『소학』, 『근사록近思錄』에서 나아가 『심경心經〔성리학의 핵심이 되는 책으로서 주자의 제자인 진덕수(眞德秀)가 성현의 격언과 심학(心學)에 관한 조항을 뽑아 놓은 책〕』을 탐구하는 단계까지 진전하였다. 이 무렵 『주자대전朱子大全』이 수입되어 본격적 연구에 박차를 더하였다.

이황은 사제 관계로 학문을 전승했다기보다 독학으로 대성한 학자이다. 만물 생성의 원리인 이理와 변화 원인인 기氣가 호발互發한다는 이기호발설理氣互發說을 주장하면서 이와 기를 병존하는 존재로 파악하였다. 이·기를 우주 생성의 2대 요소로 보는 이기이원론理氣二元論을 주장함으로써 주자성리학을 완벽하게 이해한 것이다. 그의 주장은 기대승과의 사단칠정四端七情 논쟁에서 확연히 드러났는데, 이를 주리론主理論으로 규정하기도 한다. 그를 조종祖宗으로 하고, 영남 지방에서 성장한 사림을 주축으로 한 학자군을 영남학파嶺南學派라고 한다.

선조대에 이르러 이황보다 한 세대 후배라고 할 수 있는 율곡 이이栗谷 李珥(1536~84년)가 출현하여 이황의 단계에서 못 다한 성리학 연구를 심화, 보완하였다. 우주 생성의 근본은 이일 뿐이며, 원인인 능동적 기가 작용하면 원리인 부동의 이는 거기에 항상 내재되어 있게 마련이라는 이기일원론理氣一元論을 주장했는데, 이를 주기론主氣論으로 규정하기도 한다. 그의 논리는 실천적 행동 철학으로 발전하였는데, 이이를 중심으로 기호 지방에 확산된 사림을 기호학파畿湖學派라고 지칭한다.

이이가 활동한 선조대에 이르러 주자성리학의 이해는 저작, 소화의 단계를 거쳐 뿌리를 내리고 중국성리학의 수준을 능가하는 단계가 되었다. 따라서 조선 중·후기의 사상적 전개는 조선화의 특징을 보인다 하여 토착화 내지 조선성리학으로의 발전이라고 평가된다.

사림의 요건

조선성리학의 성립 이후 수기치인修己治人의 근본 이념에 따라 수기의 단계에서 학문과 인격을 도야한 사士가 치인의 단계로 넘어가 대부大夫가 되고, 사대부士大夫라는 학자 관료의 역할에 충실한 사림의 시대가 열리게 된다. 사림이 중앙 정계에서 폭넓게 활동하면서 학문적 차이가 정치 노선의 차이로 나타나게 된다. 영남학파가 동인, 기호학파가 서인으로 형성되고, 학파가 점차 정파로 전환하게 된 것이다.

그러면 사림은 어떤 사람인가. 기존의 사림 연구에서 미흡한 점을 몇 가지로 요약할 수 있다.

첫째, 당시가 신분제 사회였다는 선입견으로 사림이 되는 1차 요건을 가문에 결부하여 파악하려 한 점이다. 물론 사림 가문이 없었던 것은 아니지만, 그것도 학문 성격에 의해 구분지어졌고, 16세기를 전후한 시기에는 신분적 한계를 뛰어넘어 사림으로 성장하는 예가 많으며, 반대로 훈구 가문 출신의 사림도 있다는 것이다. 따라서 사림이 되는 1차 요건은 학문적인 것이며, 순정성리학자가 곧 사림인 것이다.

둘째, 정몽주에서 출발하여 김종직을 계승하는 영남사림[정몽주-길재-김숙자-김종직-김굉필-조광조-(이언적)-이황] 중심의 도통론道統論을 성립하여 사림의 학풍을 지나치게 단선적으로 이해해 왔다는 점이다.

셋째, 조광조로 대표되는 사림의 과격성을 부각함으로써 피비린내 나는 대량 살육의 사화에서 그 의미를 찾고 있는 것이다. 사실상 전제군주 시대이므로 왕의 광기나 정치력 부족이 이를 가속화한 점은 있으나, 사화의 전개 과정을 역사적 의미로서 살펴볼 필요가 있다. 기득권을 향유하는 기성 세력과 그들의 체질적 한계성을 비판·견제하는 신진 세력의 대립과 갈등이 역사 발전에 어떠한 추진력이 되었는가, 부정적인 측면과 긍정적인 측면을 아울러 추출해 내야 할 것이다.

선비 정신

선비 정신은 의리와 지조를 중요시한다. 어떻게 인간으로서 떳떳한 도리인 의리를 지키고, 그 신념을 흔들림 없이 지켜내는 지조를 일이관지一以貫之하게 간직할 수 있느냐가 최대 관심사였다. 인간이 무절제한 욕망이라는 짐승의 차원에서 벗어나 인간다운 삶을 영위하기 위한 방법론으로서의 인성론人性論을 발전시킨 것도 그러한 맥락에서 이해된다. 조선 전기의 인심도심설人心道心說이나 후기의 인물성동이론人物性同異論은 인간학에 대한 이론적 심화 과정이며 정신적 가치에 대한 인식 체계였다.

인간의 본능과 물질을 최고 가치로 인정하는 현대와 극명하게 대비되는 것이 조선시대이다. 제2차 세계 대전 후 전세계가 미국을 중심으로 하는 자본주의 체제와 소련을 주도국으로 하는 공산주의 체제로 양분되었다고 하지만, 자본주의든 공산주의든 물적 기초를 우선 가치로 인정한다는 점에서는 유물주의唯物主義와 공통점이 있다. 특히 자본주의는 인간의 욕망을 극대화하고 그에 따른 경쟁을 부추김으로써 성장해 왔던 것이다. 바로 이러한 체제의 유지 논리인 공리주의나 실용주의에서 도출한 실리주의實利主義가 현대인의 삶의 기준이라면 조선 후기 사회는 명분을 최우선으로 하는 명분주의名分主義 사회였다. 이것이 나나 내 가족, 내가 속해 있는 집단이나 조직에 이득이 되느냐 해로우냐가 현대적 판단의 기준이라면, 이것이 명분에 맞느냐 안 맞느냐가 조선시대 사람들의 판단 기준이었다. 명분을 잃느냐 얻느냐에 그 지식인의 사활이 달려 있었다.

  현대의 실리주의적 가치관은 조선시대의 가치 덕목들을 하나같이 평가 절하한다. 명분은 핑계로, 의리는 깡패용어로, 선비의 기개를 뜻하는 사기士氣는 군대용어로 전락해 버렸다. 소비가 미덕이 되고 청빈淸貧은 낡아빠진 구시대의 덕목으로 조소의 대상이 되고 말았다. 동기나 과정보다는 결과만 중요시하는 결과주의가 판을 치고 있다.

  선비 정신은 시대적 사명감과 책임 의식으로 대변되는 정신이다. 또한 선비 정신은 청렴과 청빈을 우선 가치로 삼으면서 일상 생활에서 검약과 절제를 미덕으로 삼은 정신이다. 선비는 시류에 영합하는 것을 비루하게 여겼고, 역사 의식에서 시시비비是是非非의 춘추春秋 정신을 신봉했다. 그들은 '청淸' 자를 선호하여 청의淸議, 청백리淸白吏, 청요직淸要職, 청명淸名, 청류淸流 등의 용어를 즐겨 썼다. 이러한 가치관은 지식인 사회에만 유효한 것이 아니고 사회 저변에 확산되어 일반 백성도 '염치 없는 놈'이란 말을 최악의 욕으로 인식했고, 예의와 염치는 인간으로서 갖추어야 할 기본 덕목이 되었던 것이다. 또한 상부 상조와 평화 공존의 성리학적 이념은 개인 생활이나 농촌 공동체뿐만 아니라 국가 간에도 적용되어야 한다고 믿었다. 따라서 동아시아 국제 질서를

명에 대한 의리를 내세워 중화 문화 질서를 수호하려는 조선 후기 선비들의 의식을 보여 주는 조종암 유적. 명나라 마지막 황제의 필적(思無邪), 임진왜란 때 지켜 준 은혜를 기리는 선조의 필적(萬折必東 再造藩邦), 북벌에 대한 안타까운 의지를 피력한 효종의 뜻을 새긴 송시열의 필적(日暮途遠 至痛在心) 등을 볼 수 있다. 경기도 가평군 하면 대보리 소재.

무력으로 흔들어 놓은 일본이나 여진족의 청淸을 '오랑캐'라고 폄하한 것은 지극히 당연한 일이었다. '재조지은再造之恩'이라 하여 명나라가 망하고 난 뒤에도 임진왜란 때 도와준 은혜를 잊지 않은 것은 국가 간의 의리도 지켜야 한다는 그들의 세계관 때문이었다. 이러한 의리는 문화 가치, 특히 유교적 문화 질서인 중화 문화 질서를 지키려는 의지로 표현되었고, 조선이 명을 계승하여 그 문화의 정수를 담지한다는 자부심으로 나타났다.

한국적 지식인상으로서의 선비

19세기의 세계 질서가 서세동점西勢東漸으로 재편할 때 서양 중심의 국제 질서를 인정하고 거기에 적극 편입한 개화 운동이 결국 친일파의 양산으로 종결하였다면, 중화 문화 보존 논리인 위정척사衛正斥邪 운동은 시대의 흐름에 민첩하게 대응하지 못했다는 비판을 받지만 일관된 자긍성으로 민족의 정체성을 지켰다. 조선이 미개하다는 암시를 깔고 있는 개화 사상은 일제강점기뿐 아니라 광복 후에도 서양 편향의 근대화 이론과 맞물려 대표적인 근대 사상으로 각광받고 있다.

지금은 세계가 제국주의적 힘의 논리에 회의를 품고 새로운 시대 정신을 모색하는 시점이다. 시급한 일은 손상된 국민의 자존심을 회복하여 한국인의 정체성을 분명히 하고, 그것을 토대로 민족 문화를 선양하는 것이다.

21세기를 문화의 세기라고 한다. 문화가 상품이 되고 돈이 되고 산업이 되는 세기라는 뜻이다. 이때 상정해 볼 수 있는 문화적 캐릭터로 선비를 꼽을 수 있지 않을까? 부패하고 부정한 세상에 끝없이 도전한 성리학적 명분의 독특한 캐릭터, 끊임없이 수행함으로써 일상 생활을 종교 이상의 엄숙한 경지로 이끌어 올리고 청렴·청빈·절제·검약의 정신으로 삶 자체를 이상화한 특별한 캐릭터 '조선 선비'는 국적國籍이 무색해져 가는 세계화 시대에 제시할 수 있는 한국적 지식인상으로서 충분한 상품 가치를 발휘할 수 있을 것이다.

선비가 이룩한
조선 후기 사회

조선 후기는 우리의 현재와 맞닿아 있는 전통의 뿌리다. 여기서는 '조선 후기'를 1623년 인조반정仁祖反正 이후 1894년 갑오경장甲午更張까지로 설정한다. 종래는 임진왜란과 병자호란 이후를 조선 후기로 설정하고, 이때를 조선 왕조가 와해되어 무너져 내리는 시기라고 해석했다. 역사 변화의 요인으로서 전쟁은 주요 변수가 될 수 있지만, 외래 사건으로 우리 역사의 시대를 구분하는 식민사관의 틀은 하루바삐 청산해야 한다. 조선 후기를 조선 왕조가 와해되어 무너져 내리는 시기라고 해석한 것도 어처구니없는 식민사관의 안목이다. 세상의 그 어떤 왕조가 250년 이상의 세월을 무너져 내렸단 말인가. 200년 청 왕조의 역사보다 더 오랜 세월 동안 무너져 내렸다는 해석은 도무지 설득력이 없다. 더구나 조선 후기에는 영·정조대의 찬란한 문화 전성기가 있는 것이다.

조선 후기의 기점, 인조반정

인조반정은 서인이 주도하고 남인이 동조하여 일으킨 정변으로서 역성 혁명이 아닌 '반정'(성리학적 기준에서, 옳은 정치로 돌이킨다는 뜻)이었다.

임진왜란 이후 출범한 광해군대의 북인北人 정권(1608~23년)은 몇 가지 문제점을 갖고 있었다. 먼저, 의병 활동으로 왜군 격퇴에 큰 공을 세움으로써 정권을 잡을 수 있었으나 그 성향이 순수 성리학자들과는 다른 정치 노선이었고, 학문적 다양성으로 인해 정권의 결집력도 취약했다. 전쟁의 폐허를 복구해야 하는 일과 기아와 질병에 시달리는 민생을 해결해야 하는 문제에 짓눌려 있는데다, 임란을 틈타 만주에서 흥기한 여진과의 외교 관계도 버거운 짐이었다. 그리고 무엇보다도 큰 북인 정권의 짐은 영창대군永昌大君의 존재였다. 비록 나이는 어리지만 영창대군은 선조의 적자嫡子로서 광해군의 정통성에 걸림돌이 되었던 것이다. 이 걸림돌의 제거가 북인 정권의 돌이킬 수 없는 실수였다. 선조의 계비인 인목대비를 서궁西宮(오늘날의 덕수궁)에 유폐하고 영창대군을 귀양 보낸 뒤에 죽여 버린 것이다. 강상윤리綱常倫理를 폐기하는 폐모살제廢母殺弟(어머니를 폐하고 동생을 죽임)의 죄는 성리학적 입장이 아니라도 용서받을 수 없는 것이었다. 결과는 1623년의 인조반정이었다.

인조반정은 율곡 이이의 학문을 계승한 서인西人이 주도하고 퇴계

세검정의 현재 모습. 인조반정 때 반정에 참여한 이괄, 이귀, 김자점 등이 광해군의 폐위를 논하고 칼을 씻었다는 일화가 전해 온다. 서울특별시 종로구 신영동 소재.

인목대비가 유폐되어 있던 서궁(경운궁). 지금의 덕수궁이다. 서울특별시 중구 소재.

이황의 학문을 계승한 남인南人이 동조하여 일으킨 정변이다. 이 정변을 통해서 집권한 사림 정권에게는 전쟁의 후유증으로 타락한 윤리와 기강을 바로잡고 도덕 국가를 건설해야 하는 책임이 있었다. 성리학적 이념을 국가 사회에 구현하여 문화 국가를 이룩해야 하는 것이다. 서인의 조종인 율곡 이이는 이미 16세기 후반에 경장更張이 필요하다고 역설하며 구체제의 대대적인 개혁을 주장한 바 있었다. 이러한 서인이 정권의 주도권을 장악했다는 사실에서 조선 후기 사회의 방향은 예견이 되는 일이었다. 그러나 이들이 혁명의 과업을 이룩하기도 전에 조선 사회는 또 한 번 전쟁에 휩쓸리게 되었다. 1636년의 병자호란이다.

북벌론과 존주론

만주에서 나라를 세운 여진女眞은 국호를 청淸이라 하고 중원中原의 명明을 넘보았다. 마침 명의 국운은 기울고 명의 동맹국인 조선은 왜란의 후유증을 앓고 있었다. 청은 명을 치기 전에 조선을 선제 공격하였다. 병자호란이었다.

50여 일 단기간의 전쟁이었지만 국체國體의 상징인 왕仁祖이 여진이라는 북방 오랑캐의 청에게 무릎을 꿇었다는 사실은 임진왜란보다 깊은 정신적 상처였다. 남한산성에서 포위된 채 척화론斥和論과 주화론主和論으로 치열한 이념 투쟁을 하던 조정은 현실론인 주화론을 받아들여서 청에 항복했고 이때 입은 치욕과 패전의 상처는 조선 후기 사회가 극복해야 할 주요 과제가 되었다.

불과 40여 년의 시차를 두고 두 번의 전쟁을 겪은 조선 사회는 황폐해질 대로 황폐해졌고, 중원의 새로운 주인이 된 청과의 관계 설정도 당면 과제였다. 비록 주화론으로 전쟁을 종결지었지만, 이때까지 조선의 기본적인 국론은 척화론이었다. 성리학적 명분론인 화이론華夷論으로 볼 때 이적夷狄인 청에게 굴복한 현실을 받아들이기란 쉬운 일이 아니었다.

1644년 명이 망하고 청이 중원을 완전 장악하게 되자 호란 때 인질로 잡혀 가 심양에 억류되어 있던 소현세자昭顯世子와 봉림대군鳳林大君 일행이 귀국하였다. 그리고 소현세자가 귀국 후 급서하자 봉림대군이 인조의 뒤를 이어 왕위에 올랐다. 효종(재위 1649~59년)이다.

효종에게는 와신상담臥薪嘗膽의 뜻이 있었다. 청에게 당한 수모를 반드시 되돌려 주어야 한다는 결심이었다. 왕위에 오른 효종은 신담대의薪膽大義를 내세우고, 산야에서 독서하던 산림山林을 대거 정계에 등용했다. 이때 등용된 대표적인 인물이 송시열宋時烈(1607~89년)이다. 효종은 왕자 시절의 스승이기도 했던 그에게 세도世道를 위촉하고 자신이 품고 있던 와신상담의 뜻을 전달했다. 또한 상처받은 국민의 자부심을

남한산성 수어장대. 인조는 강화도로 가는 피난길이 막힌 탓에 뜻하지 않게 들어간 남한산성에서 45일 간 농성을 하였으나 결국에는 삼전도에 내려와 청 태종 앞에서 직접 항복 의식을 치러야만 했다. 경기도 광주시 중부면 산성리 소재.

삼전도의 굴욕을 새긴 부조. 병자호란 때 인조는 청 태종 앞에 죄인 복장을 하고 나아가 전쟁의 모든 책임을 자인하는 수모를 당하였다. 서울특별시 송파구 송파동 소재.

회복하는 방안을 강구하고 명·청 교체로 뒤바뀐 대對중국 관계의 정당한 자리매김을 촉구했다.

효종의 와신상담 속에서 제기된 것이 대청복수론對淸復讐論과 대명의리론對明義理論이다. 대청복수론은 북벌론北伐論으로, 대명의리론은 존주론尊周論으로 이론의 틀을 형성하였다. 무력으로 국제 질서를 파괴한 청을 쳐서 조선과 명의 원수를 갚고, 오랑캐가 와해시킨 동북아시아의 평화 공존의 중화 문화 질서를 회복해야 할 사명을 가지고 있다는 인식 하에서 설정한 이론이요, 목표였다.

예송과 붕당 정치

효종대의 북벌대의北伐大義는 효종이 즉위 10년 만인 1659년 승하하고, 그의 복제服制 문제가 정치 문제화한 예송禮訟이 일어나면서 뒷전으로 밀리게 되었다. 제1차 예송인 1659년의 기해예송己亥禮訟에 이어 1674년 제2차 예송인 갑인예송甲寅禮訟까지의 기간은 서인과 남인의 치열한 이념 투쟁의 시기로서 예송이 정치 투쟁의 잣대가 되었다. 그 와중인 1662년 남천南遷(청에게 수도 북경을 내주고 남쪽으로 밀려남)하여 명의 명맥을 유지하고 있던 삼황三皇(홍광(弘光), 융무(隆武), 영력(永曆))이 멸절함에 따라 중원의 회복 가능성에 회의가 제기되면서 예송이 북벌대의를 대체하는 시무時務가 되었던 것이다. 이미 붕당 간의 합의로 설정된 외치外治의 이데올로기였던 북벌론과 내치內治의 기본 방향이었던 예치禮治의 정치 노선 중 전자의 실현 가능성이 희박해짐에 따라 후자로 그 중심추가 옮겨진 것이었다. 바꾸어 말하면, 전자에 의한 대외 관계 설정이 확고해지자 내치 문제가 본격화되었다고 할 수 있다.

예송은 정권 교체에까지 이르고, 이후 환국換局으로 지칭되는 계속적인 정권 교체가 17세기 말의 정치 상황이었다. 1674년 제2차 예송에서는 남인이 승리하여 정권을 잡았고, 1680년에는 경신환국庚申換局으로 서인이, 1689년에는 기사환국己巳換局으로 남인이, 1694년에는 갑술환국甲戌換局으로 다시 서인이 정권을 잡았다. 당쟁의 극성기로서 정권을 잡으려는 붕당 간의 치열한 정쟁이 초래한 정변의 연속이었다. 인현왕후와 장희빈이 왕비의 자리를 뺏고 빼앗기다가 죽음으로 끝난 사건도 이 환국의 과정에서 일어난 일이다. 갑술환국으로 정권을 잡은 서인은 이미 노론老論과 소론少論으로 분파된 상황이었지만, 기본적인 정치 노선에서 큰 차별성은 보이지 않았고, 18세기 초 숙종 후반기 이후는 이들이 정치의 주역이 되었다.

국왕의 침전이었던 창덕궁 대조전. 당쟁의 극성기에 계속된 정변은 인현왕후 민씨와 희빈 장씨 사이의 왕실 비극과 왕위 계승 다툼으로까지 이어졌다. 서울특별시 종로구 소재.

이 당쟁을 두고 식민사관은 '조선은 당쟁 때문에 망했다'고 평가한다. 당쟁을 이전투구식 힘의 논리로 해석하기 때문에 생긴 오류이다. 이러한 오류는 당파이기 이전에 학파였다는 사실을 간과한 탓이기도 하다. 이때의 당쟁은 정치 이념과, 시무를 다루는 시각의 충돌이었지 오로지 집권욕만으로 이전투구하는 충돌이 아니었다. 또한 사색 당파가 얽히고 설켜 싸웠다고 하는데, 네 개의 당파가 얽히고 설켜 싸운 적은 한 번도 없다. 조선의 붕당 정치는 기본적으로 1여당 1야당의 양당 체제였다.

17세기 말 환국기에는 붕당 정치가 극성하여 정권이 교체할 때마다 생사가 갈리는 비극이 일어났다. 그래서 대두된 것이 탕평론蕩平論이다. 숙종대 전반기 붕당 정치 운영 과정에서 첨예한 대립을 보였던 왕권王權과 신권臣權의 문제는 강력한 왕권을 위한 탕평론의 대두를 초래하였다. '탕평'은 왕을 철인 군주로 전제하고 성립한 것이지 무조건 전제 군주를 인정하는 왕권 강화론은 아니었다. 숙종대에 제기된 탕평론은 영조대에 탕평책으로 정책화하여 정조대까지 계승되었으므로 18세기 정치 형태는 탕평 정치의 기본 구도였다.

조선성리학의 완성

1704년(숙종 30년) 1월에 대보단大報壇〔창덕궁 후원에 명나라의 신종(神宗)과 의종(毅宗)을 제사 지내기 위해 세운 제단〕에서 첫 제의를 행하면서 숙종은 자부심에 찬 목소리로 제문을 낭독했다. 조선이야말로 명나라의 유일한 후계자이므로 조선이 바로 중화임을 내외에 천명한 것이다. 조선이 더 이상 '변경'이 아니라 중화 문화의 적통이 됨으로써 명실공히 유교 문

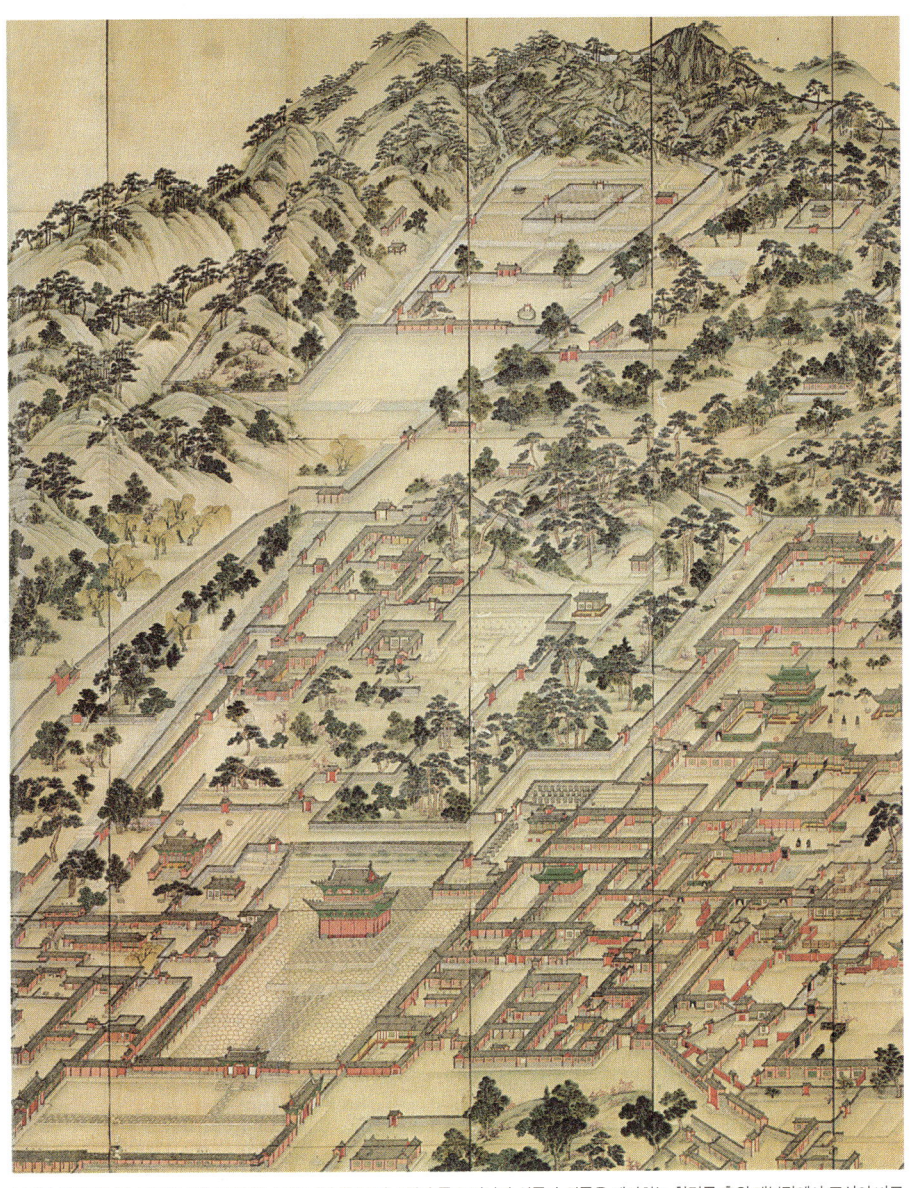

동궐도 중의 대보단 부분(맨 위쪽 가운데). 1704년(숙종 30년) 1월 숙종은 명나라 신종과 의종을 제사하는 창덕궁 후원 대보단에서 조선이 바로 중화임을 천명하였다.

화의 중심이 되었다는 자각이었다. 단종의 복위와 문묘文廟의 이정釐正(바로 정리함), 숙종대 전반에 걸쳐 전국적으로 확산 현상을 보인 서원書院과 사우祠宇의 설치 등은 그러한 자신에 찬 성리학 이념의 보급 현상이었다.

성균관의 중심인 문묘에 제향하던 대상 인물들도 성리학 이념의 실천 여부로 승사陞祀하거나 출사黜祀했다. 이미 제향한 인물 외에 새로운 인물을 종사從祀하기도 했다. 그 기준은 절의와 지조를 지켰느냐 아니냐의 실천이 우선적이었다. 문묘에 종사된다는 것은 만인에게서 절 받는 대상이므로 당대인의 사표가 될 수 있는 인물이 아니면 곤란하다는 의식의 표출이었다.

서원은 제사 기능과 교육 기능을 함께 수행하는 지방 문화의 중심지였다. 사우는 학행으로 지방민의 존경을 받은 인물이나 임진왜란과 병자호란 때 목숨을 바쳐 향촌 사회에서 '충忠'으로 귀감이 된 충신과 열사를 제사 지내는 장소였다. 양자 모두 지방 교화 기능을 담당했던 것이다. 숙종대에 절정을 이룬 서원·사우의 설치는 17세기에 전개된 붕당 정치의 토대이자 성리학적 이념 국가의 완성을 의미한다.

치열하게 이념 투쟁을 한 17세기 붕당 정치는 성리학 이념의 전국적 뿌리내림이라는 성과를 거두었다. 그리고 18세기에 영조·정조 등 영주英主들을 중심으로 한 강력한 왕권을 성립시키고, 조선성리학에 기초한 조선 고유 문화를 이룩하게 되었다. 영조대에는 조선 초에 이룩한 전장典章 제도를 다시 정리하는 작업을 진행시켜『속대전續大典』등 속續 자가 붙은 책들이 출간되었다. 2세기 동안 조선 사회의 변화가 새로운 제도의 정리를 필요로 하게 되었고, 조선 고유 문화 창달에 따르는 새로운 가치관과 사회 규범의 정립이 요구된 것이다.

「문묘향사배열도」, 조선, 19세기, 종이에 엷은 채색, 78.8×128cm, 성균관대학교박물관 소장.
성균관의 문묘 향사 배열도. 절의와 지조 여부에 따라 문묘에 제향된 인물들을 올리거나 내쳤는데 이는 조선 중화주의에 따라 조선이 유교 문화의 중심이 되었다는 자신감의 표현이다.

진경시대

조선 고유 문화는 영조대에 활동한 겸재 정선謙齋 鄭敾(1676~1759년)의 진경산수화眞景山水畵로 대변된다. 조선성리학화의 과정을 밟던 조선 중기에 이미 조선화한 그림이나 글씨는 이 시기에 와서 중국 화보의 모사나 모방 단계에서 탈피하여 조선의 산하, 조선 강토의 사생을 통해 국토애를 표현해 내기에 이르렀다. 조선의 강토는 당시 세계 최고의 문명국이 된 조선 문화의 토대이자 이상 국가 건설의 토대였다. 따라서 전국 어디에서나 볼 수 있는 바위산을 음양의 대비로서 표현해 낸다든가 수직 준법皴法으로 억세게 과장하는 따위의 조선 산수화에 꼭 필요한 진경산수 화법을 개발하였다.

조국 산천에 대한 강렬한 국토애는 내 문화가 최고라는 조선중화주의에서 조선의 의관衣冠·문물文物 제도에 대한 자부심과 관심으로 연결되었다. 그것은 이미 더 이상 변방의 촌스러움이 아니었다. 진경산수화는 풍속화로까지 확대되었다. 철학이나 사상이 뿌리라면 예술은 꽃이나 열매에 해당하는 것이다.

중국 그림의 아류에서 벗어난 조선 고유화가 출현했다는 사실은 조선 문화가 고유화했다는 증거가 된다. 글씨에서 동국진체東國眞體의 성립도 같은 현상이었다.

현재 남아 있는 이 시대 진경산수화와 풍속화는 쾌적한 공원 도시인 서울 장안의 실제와 한강을 통한 왕성한 상행위, 농경 사회의 안정된 자급 자족 사회의 변모, 왕과 백성이 경호 없이 함께 어우러진 민본 정치의 실상을 손에 잡힐 듯이 보여 준다.

진경 문화의 다양한 면모

영조와 정조 때의 조선 고유 문화 창달은 진경 산수화의 국토애, 상업적 도시, 서민 계층의 변화된 생활에 대한 관심을 담은 풍속화, 동국진체라는 고유의 서체 등 다양한 모습으로 전개되었다.

정선, 「인왕제색도」, 1751년, 종이에 수묵담채, 79.2×138.2cm, 호암미술관 소장.

작자 미상, 「성시도」(부분), 18세기 후반, 비단에 채색, 국립중앙박물관 소장.

조영석, 「수공선거도」, 종이에 엷은 채색, 28×20.7cm, 개인 소장.

이광사, 「서결」, 비단에 먹, 9.0×22.6cm, 간송미술관 소장.

선비 군주, 정조

정조는 즉위 초에 '계지술사繼志述事(선왕의 뜻을 계승하여 정사를 펴나가겠다)'와 '숭유중도崇儒重道(유학을 숭상하고 도학을 중히 한다)'라는 2대 시정 지침을 내세웠다. '계지술사'의 명분 아래 1776년 즉위하자마자 설립한 기관이 규장각이었다. 규장각은 숙종대에 역대 국왕의 글이나 글씨, 또는 초상을 보관하는 소각小閣으로 종정시宗正寺에 부설되었다. 어려운 정치 상황 속에서 즉위한 정조는 새로 기구를 창설하는 데 따른 위험을 극소화하기 위해 규장각을 원용하였던 것이다.

요절한 영조의 큰아들 진종眞宗의 후사로 왕위에 오른 정조는 세손 시절부터 위험한 고비를 여러 번 넘겼다. 그 고난의 시절을 오직 독서를 통한 경명행수經明行修로써 이겨 낸 정조는 즉위하고 나서 그 감회를 다음과 같이 피력했다.

"내가 밤잠을 안 자고 독서하다가 새벽닭이 울고 나서야 잠자리에 든 것이 몇 날 몇 밤이던가."

암살의 위험에서 벗어나기 위해서도 새벽까지 잠을 줄여 가며 독서하였던 것이다. 그는 학문 정진의 방안으로 '독서기'를 만들었다. 어려서부터 읽은 책을 경사자집經史子集으로 분류하여 각각의 책 아래 편찬자와 의례를 적어 넣고 자신이 읽은 해와 독후감을 써넣은 것이다. 그는 24세에 왕위에 오르고 나서도 계속 독서하면서 틈이 날 때마다 '독서기'를 들여다보며 즐거움을 삼았으며 또한 경계하여 반성하는 바도 많았다고 스스로 회고했다.

"매양 눈오는 밤이면 달빛에 비추고 언 붓을 입김으로 녹이며 공부하는 한사寒士나 궁유窮儒를 생각하고는 스스로를 일깨웠다."

그의 학구 생활은 고행에 가까웠으며 진실한 '선비士'의 전형이었다.

김홍도, 「규장각도」, 1776년경, 비단에 채색, 144.4×115.6cm, 국립중앙박물관 소장.

현재의 규장각 서고(왼쪽)와 국보실(오른쪽)

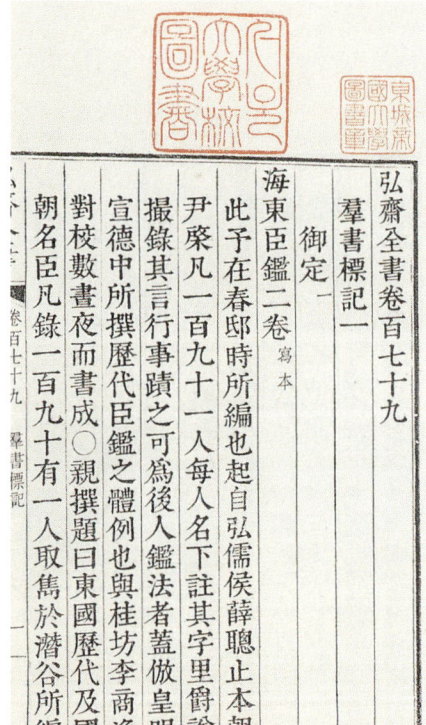

규장각 소장 활자. 목활자, 동활자, 철활자가 각각 두 종류씩 모두 6종의 활자가 전해진다.

『군서표기』. 조잡해진 청나라 서적 수입을 금지하면서 새로운 활자를 만들고 국가 차원의 지식 보급을 위해 정조 때에 간행한 서적들의 목록이다.

규장각은 정조 초 정치 권력 기구로서 정조의 친정 체제 구축에 한 몫을 다했다. 고립 무원한 처지를 규장각을 통해 극복한 정조는 1782년경 '우문지치 작인지화右文之治 作人之化'라는 규장각 설립의 이념에 접근하는 방향으로 선회하기 시작했다. '우문지치'가 문치주의 내지 문화 국가의 방향성을 제고하는 것이라면 '작인지화'는 인재 양성의 목적성을 내포하고 있었다.

'우문지치'의 구체적 방안으로 서적 출판을 들 수 있다. 정조는 이미 세손 시절부터 연행사를 통해 수많은 서적을 수입하여 자신의 도서실을 갖고 있었는데 규장각에 열고관閱古觀·개유와皆有窩·서향각書香閣·서고西庫 등의 서고를 갖추고 도서를 수장했다. 건륭 문화를 이룩해 낸 청나라가 강남의 한족 문사들을 등용하여 『사고전서四庫全書』를 간행하는 등 대대적인 문화 사업을 하고 있을 때였다.

청으로부터의 서적 수입이 선진 문화의 수입이자 지식의 도입이라면 규장각을 통한 서적 간행은 국가 차원의 지식 보급을 의미한다. 질 좋은 닥종이에 새로 개발한 정유자丁酉字·한구자韓構字·생생자生生字·정리자整理字 등 활자를 써서 수많은 서적을 간행했다. 이러한 노력의 소산이 『군서표기群書標記』로 결집되었다.

그 결과 정조 후반기에 이르러서는 청나라 서적의 수입을 금지했다. 이제 조선에서 가장 수준 높은 책을 만들어 낼 수 있는데 조잡스러운 당서唐書(중국책)를 사들일 필요가 없다는 자신감의 표현이었다. 한글 소설의 대중화에 따른 문맹률의 감소, 전국적인 서원과 서당의 확산에 따른 문자 해독률의 확대, 서적의 보급에 의한 지식의 보급, 삼강오륜에 의한 질서와 충·효·열을 최고 가치로 삼은 교육과 교화가 이룩해 낸 민심의 순화, 평화롭게 자급 자족하는 대동사회大同社會의 이상이

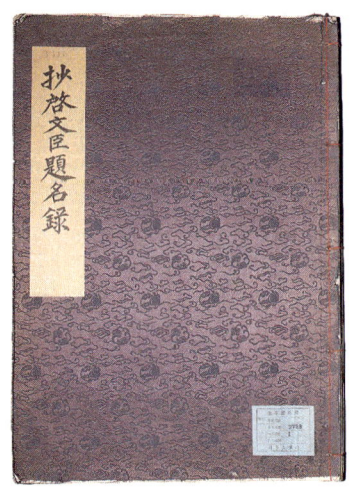

『초계문신제명록』, 규장각 소장. 규장각에 선발된 초계문신의 명단을 기록한 책이다.

실현되고 있었던 것이다.

'작인지화'의 구체적 장치로는 초계문신抄啓文臣 제도를 들 수 있다. 37세 이하의 연소한 문신들을 의정부에서 뽑아 규장각에 위탁 교육하는 재교육 제도였다. 정조는 이들의 교육을 직접 담당하여 교육 장소에 직접 나아가고親臨, 직접 강의하고親講, 직접 시험을 보였다親試. 잦은 접촉을 통하여 인간적인 친밀을 도모하였을 뿐만 아니라, 풍부한 학식과 교양을 통하여 교육에 정성을 쏟음으로써 친위부대로 양성했던 것이다. 조선 왕조의 역대 군주가 세자 때는 서연書筵, 왕위에 오른 후에는 경연經筵을 통하여 신하들로부터 교육을 받고 교양을 쌓았지만, 이제 그것이 필요치 않은 군왕, 반대로 신하들을 교육할 정도의 학문적 축적을 심화시킨 통치자가 출현한 것이다. 조선 왕조가 지향한 '우문정치', '문치주의'의 구현기에 선초鮮初부터 기대하던 수기치인修己治人의 전형이 되는 철인哲人 군주가 탄생했다 할 수 있다. 그는 『홍재전서弘齋全書』(184권 100책)라는 어느 사대부 못지 않은 방대한 문집을 남겼다.

북학 운동과 북학 사상

18세기 중반 홍대용洪大容(1731~83년), 박지원朴趾源(1737~1805년) 등 노론 집권층의 젊은이들이 제기한 북학 운동은 집권층 내부에서 배태된 개혁 운동이었다. 사상적 기초는 18세기 초 노론학계의 인성 논쟁인 호락논쟁湖洛論爭에 의한 사유 체계의 분화 과정에 있었고, 외부적 요인은 청나라의 건륭 문화에 의한 충격이었다. 청은 이미 야만의 북방 오랑캐가 아니었다. 강남 문화를 적극 수용하여 기술 문명 국가가 되어 있었던 것이다.

호락시비 문제는 노론학계가 호론湖論과 낙론洛論으로 분립되어, 호론은 인물성이론人物性異論을 주장하고 낙론은 인물성동론人物性同論을 주장함으로써 사물의 본질에 대한 이해를 달리한 데서 비롯하였다. 충청도 지방 학자 중심의 호론이 주장한 인물성이론은, 사람의 본성과 사물의 본성은 본질적으로 다르다는 인식론으로서 기존의 화이론적 사유 체계를 그대로 계승한 것이다. 이에 대하여 서울 지방 학자 중심의 낙론이 주장한 인물성동론은 사람의 본성인 인성과 사물의 본성인 물성은 본질적으로 같다는 이론으로서 화이론의 극복 논리였다.

이러한 사상의 분화 현상은 조선 사회의 변화와 더불어 사물에 대한 인식도 변화하고 있다는 사실의 입증으로서 서울 지방 학자들의 구각 탈피 현상이기도 했다. 이들은 집권층인 노론계에서도 직접 정치에 몸담고 있는 계열이라는 사실이 주목된다. 인성과 물성이 동일하다는 논리에서 볼 때 중화와 이적의 분별은 무의미해질 수밖에 없었다. 북벌론을 극복하는 대체 논리가 곧 북학 사상의 철학적 토대였다.

18세기 후반 북학 운동은 기존의 조선성리학을 완전 부정한 것이 아니었다. 그 가치 체계는 인정하되 부국강병하기 위해서는 청의 기술 문명을 도입해야 한다는 논리였다. 중세 농경 사회에서 근대 상공업 사회로 변화하는 현상을 감지하고 그 대응 논리를 제시한 것이다. 이는 조선성리학의 내재적 자기 극복의 논리이자 집권층인 노론의 혁신

운동이라는 의미를 가진다.

　북학 운동이 '실학實學'이라 불리던 근기남인近畿南人 학파의 주장과 다른 점은 농업 사회의 유지가 아니라 상공업 사회에 대한 전망이 있었다는 점이다. 그들은 토지 제도나 지방 행정의 개혁보다는 상공업 사회로의 대전환이라는 전제 하에서 기술 문명을 발전시켜야 한다는 의지를 가지고 있었고, 상업의 활성화를 통한 부국을 꿈꾸고 있었다. 이들을 중상학파重商學派라고 부르는 이유가 거기에 있다.

　원시유학인 육경고학六經古學에 학문적 기초를 두었던 근기남인 실학파는 육경고학의 복고성에 한계를 느끼고 '서학西學' 내지 '서교西敎'를 대안으로 삼아서 그 쪽으로 경도되었다. 그에 비해서 북학론자들은 조선성리학에다 사상적 기반을 두되 기술 문명은 청에서 받아들인다는 입장을 취함으로써 전환기 지식인의 선견적 대응 자세를 보여주었다.

　"옛 것을 본받는 법고法古는 때문을 병폐가 있고 새로이 창조하는 창신創新은 상도에서 어그러지는 병폐가 있다. 법고하되 변화를 알고 창신하되 전거에 능해야 한다."

　위의 어록은 박지원이 문장론으로 제시한 것이지만 전환기에 있어서 창조의 바탕은 기존의 가치 체계임을 강조한 것이다. 그는 과거를 통하여 관계에 진출하는 전형적인 사대부의 길을 일찌감치 포기했다. 산야에서 경명행수를 깊이 있게 실천하여 학계의 영수가 되는 산림에의 길도 마다했다. 사대부에의 길과 산림에의 길. 그 두 가지의 길은 조선 선비들의 기본적인 선택 범위였고 상보적인 것이었다.

　그러나 박지원의 시대인 18세기 후반의 사회는 도처에서 사대부 사회의 모순과 역기능을 내보이고 있었다. 박지원이 선택한 길은 전혀 새로운 선비의 길이었다. 그는 전형적인 벌열 '교목세가喬木世家' 출신임에도 가문의 배경과 순응적 삶을 거부한 채 자신이 깨달은 시대 사명 속으로 걸어 들어갔다. 박지원이 인식한 시대적 사명은 서얼庶孼(양반의 첩자) 출신의 제자들을 규장각의 실무진으로 진출시켜 북학을 국가 차원에서 확산하는 것이었다. 그 사명은 성공적으로 수행되었다. 그가 배출한 학단의 영향력이 19세기 전반의 시대 사상으로 뿌리내리게 된 것이다.

박제가,『북학의』. 북학의 세밀한 방법론을 제시하였다.

박지원의『열하일기熱河日記』가 북학 운동의 기폭제였다면, 그의 제자 박제가朴齊家(1750~1805년)가 쓴『북학의北學議』는 북학 운동의 세밀한 방법론이었다. 박제가와 함께 규장각 검서관에 등용된 이덕무李德懋(1741~93년), 유득공柳得恭(1748~1807년) 등은 규장각 사검서四檢書〔서이수(徐履修)가 여기에 포함됨〕로서 스승인 박지원의 가르침을 충실히 이행했다.

이들 서얼의 규장각 임용은, 서얼들의 통청 운동이라는 사회적 요청에 부응하면서 북학을 국가 차원에서 수용해 가려는 정조의 의지가 반영된 것이었다. 정조는 즉위 다음해인 1777년丁酉年에 '정유서얼허통절목丁酉庶孼許通節目'을 선포함으로써 부분적으로나마 허통의지를 보였다. 이후 허통의 문은 점차 확대되어 19세기에 가서는 시대의 흐름에 힘입어 대세화했다.

박제가, 「목우도」, 25.5×33.7cm, 종이에 옅은 채색, 개인 소장. 청장관 이덕무의 화의(畫意)를 풍속화 기법으로 그린 그림이다.

박제가, 「어락」, 종이에 옅은 채색, 26.7×33.7cm, 개인 소장. 물고기를 생동감 있는 필치로 그린 그림이다.

정조가 서얼인 박제가·이덕무·유득공을 총애하여 규장각에서 실무진으로 가까이하자 어느날 박제가에 대한 탄핵이 들어왔다. 박제가가 주요한 국가 행사장에서 당상관만이 앉게 되어 있는 의자에 앉는 등 오만방자하게 행동했다는 것이다. 정조는 이 탄핵안을 무마한다.

"내가 그들을 배우로서 기르고 있는 것뿐이니 너무 문제 삼지 말라."

그리고 정조는 박제가·이덕무·유득공을 불러 우스갯소리를 한다.

"박제가 자네 이름자의 '쩨' 자는 무슨 쩨 자며, 이덕무 자네 이름의 '덩' 자는 무슨 덩 자며, 유득공 자네 이름의 '꽁' 자는 무슨 꽁 자인가?"

그들을 달래 주려는 의도였겠지만 군신 간의 친밀도를 미루어 짐작할 수 있는 대목이다.

운동 차원의 북학이 학문 심화의 북학 사상으로 완결된 것은 19세기 전반 박제가의 제자 추사 김정희秋史 金正喜(1786~1856년)의 단계에 이르러서였다. 김정희는 청의 고증학考證學을 적극 받아들여 '실사구시實事求是(실사에서 진리를 구한다)', '무징불신無徵不信(징험하지 않고는 믿지 않는다)'의 학문 정신으로 실사와 징험의 방법으로 금석학金石學을 발전시켰다. 돌이나 쇠에 새긴 글은 변개할 수 없다는 인식을 가지고 한나라 비문을 깊이 연구한 끝에 한송불분론漢宋不分論을 주장한 것이다. 한나라 시대의 훈고학訓詁學과 송나라의 성리학性理學은 따로 떼어서 할 것이 아니라 함께 해야 한다는 것인데, 훈고학이 청나라의 고증학으로 발전한 것이므로 조선성리학과 고증학을 함께 해야 한다는 논리였다. 정신적인 논리로서의 성리학과 학문 연구 방법으로서의 고증학은 상반되는 것이 아니라 상호 보완되므로 함께 해 나갈 때 오히려 바람직한 결과에 도달할 수 있다는 것이다. 김정희의 고증학 연구는 『금석과안록金石

진흥왕순수비 중 북한산비. 김정희의 고증학을 바탕으로 그 존재가 알려졌다. 국립중앙박물관 소장.

過眼錄』으로 결집되었다. 조선성리학을 토대로 하여 형성된 북학 사상은, 성리학의 기능과 고증학의 기능은 각기 정신적 지주와 방법론으로서 상호 보완하는 관계라는 결론까지 도출해 냈다.

실학의 의미

실학이라는 용어는 우리 나라뿐 아니라 중국과 일본에 이르기까지 동양 삼국에서 통시대적으로 사용되었다. 우리 나라에만 한정시켜 보더라도 고려시대에는 불교에 대응하여 유학을 실학이라 했고, 여말 선초에는 사장詞章에 대하여 성리학을, 조선 중·후기에 걸쳐서는 강경講經 중심의 경학經學을 지칭하기도 했다. 그러므로 실학이란 그 시대의 사상이나 학문 경향이 말폐화해서 부화하고 공허해질 때 대안으로 제시되는 학풍을 일컫는 것이며, 시대에 따라 실학의 내용과 실체는 다른 것이라고 할 수 있다.

유학 체계를 사장지학詞章之學·의리지학義理之學·경세지학經世之學·고거지학考據之學으로 분류해 본다면, 실학은 성리학에서 강조하는 의리지학보다는 경세지학 내지 고거지학의 측면을 강화하려는 개신유학改新儒學이라 할 수 있고, 형이상학形而上學에서 형이하학形而下學으로의 전환으로 볼 수 있다.

실학은 시기적으로 18·19세기, 지역적으로는 서울 내지 근기 지방에서 발생한 개신유학적 사상 체계로서, 성리학적 학문 체계와 사유 방식을 자발적으로 극복한 사회 개혁 사상이며, 지배층 자체 내의 비판 학풍이므로 개량주의적 성격을 지닌 학풍이라 규정할 수 있다.

18세기 전반 경기도 지방을 중심으로 성립된 중농학파, 즉 근기남인 재야 학파는 17세기 후반 남인 학계의 허목이나 유형원 등을 계승하면

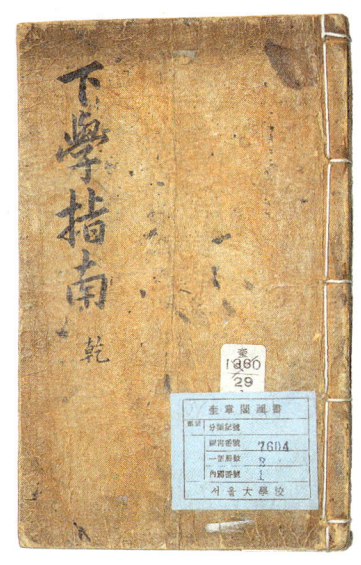

안정복, 『하학지남』. 자신이 힘쓰는 바가 형이하학임을 밝혀 사회와 자연 과학, 실학으로 학문의 관심이 옮겨가는 것을 천명한 저술이다.

서 성호 이익星湖 李瀷(1681~1763년) 일문의 집단적 가학家學에 의해 학파로서의 존재 가치를 얻는다. 아들 이맹휴李孟休의 지리학, 조카 이병휴李秉休의 경학, 이용휴李用休의 문학과 손자 이구환李九煥의 지리학, 족손 이삼환李森煥의 경학, 이중환李重煥의 지리학, 이가환李家煥의 서학 및 수학 등이 그것인데, 전공 분야가 분명하고 국학 전반에 대한 시야가 확대된 것이 특징이다.

이후 성호 이익의 학풍은 실세한 근기남인의 정신적 지주로서 18세기 중·후반에는 그 문하에 많은 제자를 배출했는데, 그들의 학문과 체질적 차이로 두 개의 노선으로 갈렸다. 안정복 계열의 우파와, 서학으로 경도되는 좌파가 그것이다. 우파의 맹장이며 적통인 순암 안정복順菴 安鼎福(1712~91년)은 『하학지남下學指南』이라는 저서에서 자신이 힘쓰

고 있는 바가 하학 즉 형이하학에 있음을 밝히고 있는데, 이는 성리학의 형이상학적 관념론에서 사회 과학·자연 과학으로의 선회를 의미하며, 명분론에서 실리론으로의 시각 조정이라 여겨진다.

우파에 속하는 학자는 경학과 역사를 주 전공으로 하는 안정복을 필두로 조선어학의 신경준申景濬·윤동규尹東奎, 지리학의 정상기鄭尙驥, 수학의 신후담愼後聃을 들 수 있는데, 민족 문화 및 내 언어와 내 산하에 대한 애정과 관심을 고조시키고 있어서 일종의 국학 연구 붐으로 해석할 수 있다.

좌파에 속하는 이벽李檗, 권철신權哲身·권일신權日身 형제, 이기양李基讓, 이승훈李承薰, 정약전丁若銓·정약종丁若鍾·정약용丁若鏞 형제 등은 중

천주교 양화진 새남터 순교기념관. 성호 좌파라 불리는 일군은 새로운 학문적 돌파구를 찾아 서학으로 변신하기도 하였다. 서울특별시 마포구 합정동 소재.

국을 통해 전파·수용된 천주교에 경도되어 서학 즉 천학天學을 전공하는 새로운 흐름을 이루었다. 이들이 서학으로 변신하는 계기는 정권에서 소외되어 재야 학파로 존재하면서 새로운 학문적 돌파구를 찾으려는 현실적 위상 외에 하느님 앞에 만민이 평등하다는 교리가 원시유학적 민본 사상과 연계되면서 합치점을 찾게 된 것이 아닌가 한다.

북학과 개화 사상

1873년 탄생한 척족 민씨 중심의 개화 정권은 운양호사건을 계기로 1876년 병자수호조약丙子修好條約을 체결하고 문호 개방의 단초를 열었

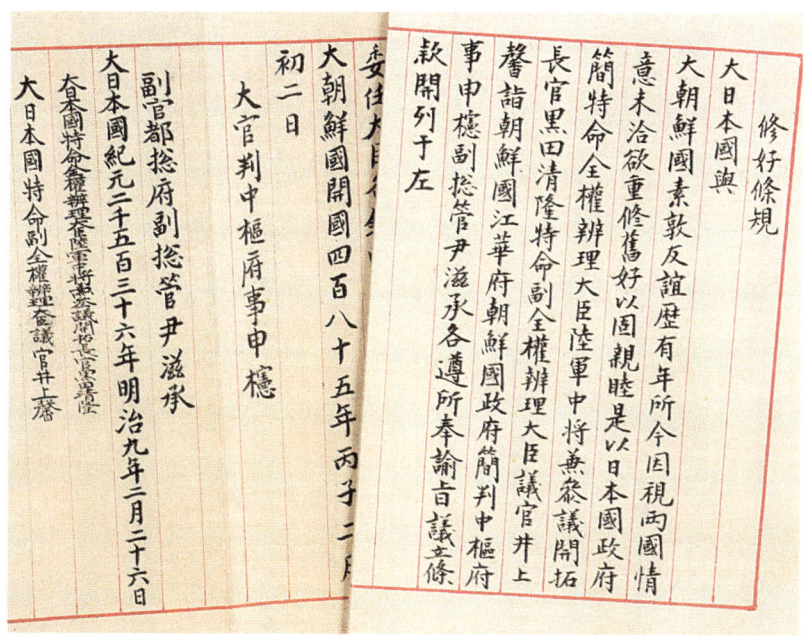

강화도조약. 1876년에 일본의 강요에 의해 맺어진 전문 12개 조의 기만적인 불평등 조약으로 조선은 이를 계기로 개항하게 되었다.

작자 미상, 「신헌 초상」, 종이에 옅은 채색, 70×62cm, 서울대학교박물관 소장.
신헌은 강화도조약의 접견 대관으로 참석한 인물로 김정희의 제자였으며 북학파였다.

안동 김씨인 김옥균 등 북촌의 집권 핵심 가문의 젊은 자제들로서 개화 운동에 앞장섰다.
왼쪽부터 김옥균, 서광범, 박영효, 홍영식.

다. 이때의 접견대관 신헌申櫶(구명 申觀浩)은 김정희의 문하로서 북학파이고, 조정에서 적극 개화 정책을 추진한 박규수朴珪壽는 박지원의 손자로서 가학의 전통으로 북학을 한 인물이다. 이 두 사람 사이를 왕래하면서 연락책 내지 참모의 역할을 수행한 인물이 강위姜瑋로서 역시 김정희의 제자로 북학파이다.

이즈음부터 기술 문명을 도입하여 부국강병을 이룩하려는 시무의 해결 통로를 청으로부터 일본 내지 구미 열강으로 선회하였다. 일본이 메이지유신明治維新 이후 빠른 변신을 통해 서양제국주의 대열에 편입되어 있다는 인식의 결과였다. 강위 같은 인물은 바로 이 북학 사상에서 개화 사상으로 전환하는 의식의 변화를 분명히 보여 준다. 결국 개화 사상은 북학 사상에 뿌리를 두되 선진 문화를 받아들이는 통로를 일본과 구미 제국으로 바꾼 것이다.

'추사문하삼천사秋史門下三千士'라는 강위의 과장적 시구에서 보이듯이 김정희 문하에서 길러진 많은 북학자들은 19세기 후반 개화 사상으로 전환했고, 이들은 초기 개화 운동의 추진력이 되었다. 새로운 시민 사회의 주축이 될 중인 계층에 확산된 북학은 강위·오경석吳慶錫·유홍기劉鴻基 등을 매개로 북촌의 집권 핵심 가문의 젊은 자제들인 김옥균金玉均·홍영식洪英植·박영효朴泳孝·서재필徐載弼·서광범徐光範 등에게 계승되고, 개화 사상으로 변모하면서 더 이상의 사상적 심화를 하지 못하게 되었다. 그리고 자생적이며 주체적인 근대화 운동의 사상적 기반이 되어야 할 북학은 그 시대적 사명을 다하기도 전에 일본제국주의에 의해 좌절되고 말았다.

선비의 삶

탄식한 내면, 시대와의 길항

정암 조광조(靜庵 趙光祖) 1482년(성종 13)~1519년(중종 14)

성리학적 이상 사회를 향한 꿈과 좌절

역사에는 언제나 보수와 개혁의 진통이 따르는 시대가 있다. 정암 조광조靜庵 趙光祖(1482~1519년)가 등장한 16세기 초반도 바로 보수와 개혁의 흐름이 서로 충돌한 시대였다. 16세기 조선의 역사는 훈구파와 사림파의 정치적 대립 과정에서 사림파 선비들이 화를 입은 사화士禍의 시대가 전개되었다. 무오년(1498년(연산군 4년))·갑자년(1504년(연산군 10년))·기묘년(1519년(중종 14년))·을사년(1545년(인종 1년))에 일어난 사화는 새로운 이념과 의욕을 갖고 정계에 막 진출한 사림파의 의지를 꺾어 놓았다. 그 중에서도 조광조가 정계의 핵심에 등장하여 적극적인 개혁 정치를 실시하다가 훈구파의 반격을 받아 좌초한 기묘사화는 개혁과 보수의 갈림길에 섰던 시대상과 함께 개혁파 선비 조광조의 꿈과 좌절을 선명하게 보여 준다.

영남사림의 핵심 김굉필과의 운명적 만남

조광조는 1506년 중종반정으로 조선 왕조가 개혁을 요구하던 시대적

조광조 초상

당위에 직면하여 그 역할을 온몸으로 감당하다가 38세의 젊음을 사약으로 마감한 혁명적 지식인이다. 16세기는 조선 왕조의 건국 체제가 1세기 동안 계속되면서 야기된 여러 문제점이 노출되어 초기의 여러 제도를 재검증해야 할 시점이었다. 더구나 연산군의 난정으로 혼란해진 국정을 바로잡는다는 명분으로 중종반정이라는 정변이 발발하여 개혁은 신정부가 추진해야 할 의무였다.

조광조는 바로 이러한 국가적 여망에 부응하여 젊은 사림의 기수로 정계에 등장하였다. 조광조는 개국공신 조온趙溫(1347~1417년)의 5대 손으로 훈구 가문 출신이지만 자신의 처지에 안주하지 않고 치열한 학행을 통하여 구악舊惡을 일소하고 한 시대의 흐름을 바꾸어 놓으려는 이상에 불탔고 개혁 의지가 충만하였다.

그는 17세에 어천찰방으로 부임하는 아버지 조원강趙元綱을 따라감으로써 희천에서 귀양 살던 김굉필金宏弼에게 수학

조광조의 글씨(사진 한국정신문화연구원 제공)

할 기회를 얻었다. 김굉필은 정몽주鄭夢周-길재吉再-김종직金宗直을 계승하는 영남사림의 핵심 인물로서 무오사화로 유배중이었다. 이 만남은 개국공신의 후예인 조광조의 인생을 바꾸어 놓을 만큼 운명적인 것이었다. 무오사화 직후 그 사화로 화를 입은 김종직의 문하에 들어간 것도 예사롭지 않거니와 사화의 뿌리인 성리학적 이념을 공부하겠다는 결심도 범상한 일은 아니었다.

조광조는 어려서부터 행실이 바르고 아이답지 않게 근엄하며 남의 실수를

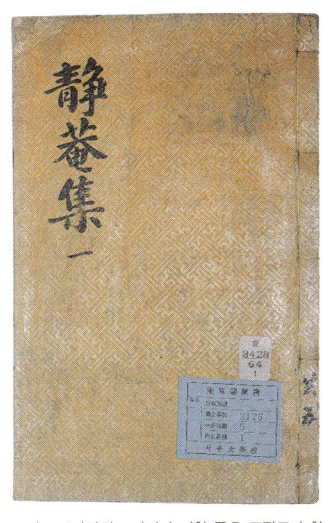

조광조, 『정암집』. 이이나 이황 등은 조광조가 학문이 익기 전에 나간 탓에 실패하였다고 했지만 조광조의 사상은 사림의 모범으로 추앙되었다.

용서하지 않는 엄격성을 보였다. 보통 사람과 비교할 수 없을 정도로 뜻을 높이 세우고 학문에 열중하는 그를 가리켜 사람들은 '미친 사람狂人', '화의 태반禍胎'이라고 할 정도였다. 상식을 뛰어넘는 행동으로 친구들과의 교유 관계도 끊어질 정도였지만 그는 개의치 않고 학문에만 전념하였다. 항상 의관을 단정히 하고 언행이 절제가 있어서 품행이 방정하다는 말이 꼭 들어맞았다.

급격한 개혁, 훈구파의 탄핵으로 좌절

1510년(중종 5년) 진사시에 합격하고 성균관에 입학하여 공부하던 중 동료 유생들의 성망에 힘입어 이조판서 안당安瑭(1460~1521년)의 추천으로 1515년(중종 10년) 28세에 조지서사지造紙署司紙에 초임되었다. 그 해

소격서 터. 서울특별시 종로구 소격동 소재.

가을 증광문과 을과에 급제하여 이후 주로 언관직을 수행하였다.

그는 혁신의 시대 분위기와 중종의 신임을 업고 대대적인 정치 개혁을 시도하였다. 정치의 기본 방향을 왕도王道 정치로 설정하고 이를 실현하기 위하여 도의道義의 기치를 높이 세워 사람의 마음을 바로잡고 성현聖賢(성인과 현인)을 본받아서 지치至治(성리학 이념을 구현하여 지극한 경지에 도달한 정치)를 일으키겠다는 의지를 불태웠다. 향촌 사회에 서로 돕는 기풍을 일으키기 위하여 여씨향약呂氏鄕約을 전국적으로 실시하였으며, 소격서昭格署를 혁파하여 미신을 타파하고 유학儒學에 입각한 중세 합리주의를 표방하였다. 또한 반정으로 공신이 되어 기득권을 고수하려는 반정공신들을 이해 관계만 따지는 소인배라 하여 맹렬하게 비판하였다.

그는 문물 제도 정비와 외교 관계 수립에 필수적인 문장력을 우선시하던 왕조 초기의 문풍文風을 성리학에서 핵심이 되는 의리지학義理之學(사람이 사람답기 위하여 추구하는 떳떳하고 옳은 도리에 대하여 탐구하는 학문) 중심의 도학道學으로 돌리기 위하여 기존의 학풍을 비판하였다. 인간이 제대로 되어야 정치가 제대로 된다는 근본주의에 입각한 것으로 방법론의 성격이 짙은 문장학이 중요시되는 경향을 경계한 것이다.

이것은 성종대 이래 구정치 세력인 훈구파가 주축이 된 사장파詞章派와 새로이 등장한 신정치 세력인 사림파가 중심이 된 도학파道學派의 대립 구도에서 도학파가 주도권을 잡으려는 시도였다. 인재 등용시 문장력을 우선시하는 풍토이므로 현명한 인재를 확보하기 위해서는 새로운 인재 등용의 길을 열어야 한다는 판단에서 현량과賢良科를 특설하였다. 이는 추천 제도로 경직된 과거 제도에 대한 보완 장치였다. 기존의 연공과 문장력이 우선시되는 인재 등용의 풍토에서 개혁을 추진할 인물을 구하기 어렵다는 판단 하에 강구한 현실 타개책이었다.

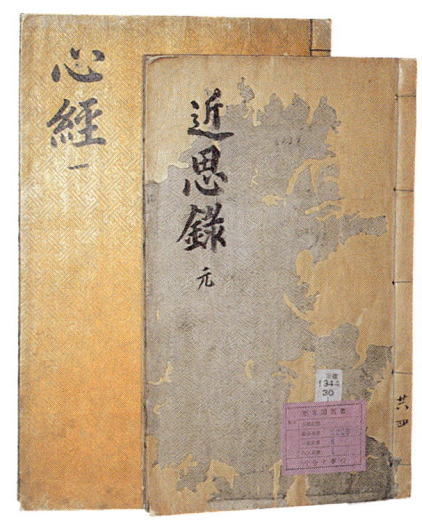

『심경』과 『근사록』. 조광조는 문장력을 위주로 한 문풍을 의리지학 중심으로 돌리고, 『소학』의 실천을 강조하며 성리학 이해의 기준으로 『심경』과 『근사록』의 중요성을 제기하였다.

그 결과 개혁 성향의 젊은 사람이 대거 정계에 등장하는 계기를 마련하여 조광조의 지지 기반이 형성되었다. 김식金湜·김정金淨·박상朴祥·김구金絿·기준奇遵 등 젊은 사림이 대거 요직에 진출하였다. 그러나 조광조를 둘러싼 젊은 관료들의 도덕 정치에 대한 신념과 옳은 방향성에도 불구하고 조급한 과격성과 방법상의 미숙성은 조광조의 개혁을 실패로 돌아가게 한 원인이 되었다. 조광조의 몰락을 초래한 직접적인 원인은 중종반정의 공신들에 대한 공격으로 일어난 분쟁에 있었다. 1519년(중종 14년, 기묘년) 사림 출신의 소장 관료들이 중종반정 공신들에 대한 논공행상이 과다하다는 사실을 들어 위훈삭제僞勳削除(거짓 공훈을 삭제함)를 요구하여 반정 공신의 4분의 3에 해당하는 76인의 훈작을 삭탈하고자 하였다.

당시 이미 기득권 세력화하여 강력한 권력을 쥐고 있던 반정 공신 세력인 훈구파는 이들을 제거하기 위하여 칼을 갈고 있었다. 조광조의 지지자였던 중종 역시 자신을 왕위에 올린 훈구파를 공격하는 조광조 일파의 과격성과, 자신에게 끊임없는 수기修己를 통하여 성인聖人이 될 것을 요구하는 급진성에 염증을 내고 있었다. 홍경주洪景舟·남곤南袞·심정沈貞 등 훈구파는

「정암조선생적려유허추모비」. 조광조가 생을 마친 유배지 화순에는 유허비와 함께 그를 기리는 죽수서원이 세워졌다. 전라남도 화순군 능주면 남정리 소재.

후궁인 경빈敬嬪 박씨로 하여금 중종에게 무고하도록 하고, 궁녀를 시켜 나뭇잎에 과일즙으로 '주초위왕走肖爲王(走자와 肖자를 합하면 趙가 되므로 조씨인 조광조가 왕이 되려 한다는 의미)'이라 써서 벌레들이 파먹게 한 다음 왕에게 바치는 등 주변 상황이 조광조에게 불리하게 돌아갔다. 또한 훈구 대신들은 밤에 신무문神武門을 통하여 왕궁에 잠입하여 중종을 만나 조광조 일파가 당파를 만들어 조정을 문란하게 한다고 비방하였다. 중종은 드디어 훈구 대신들의 탄핵을 받아들여 조광조 일파를 처벌하였는데 이 사건이 기묘년에 일어났다 하여 기묘사화라고 한다.

이 사화로 조광조를 비롯하여 김정·김식·김구·윤자임尹自任·박세

희朴世熹 등 대부분의 개혁 세력은 투옥되어 사약을 받거나 유배되었다. 조광조는 김정·김식·김구와 함께 사사賜死의 명을 받았으나 영의정으로 있던 정광필鄭光弼(1462~1538년)의 적극적인 비호로 목숨을 건지고 전라도 능주에 유배되었다. 그러나 훈구파인 김전金詮·남곤·이유청李惟淸 등이 각각 영의정·좌의정·우의정이 된 후 그들에 의하여 기묘년 12월에 사사되었다. 조광조는 사약을 받고 다음과 같은 시를 지어 자신의 감회를 피력하였다.

임금을 어버이처럼 사랑하고愛君如愛父
나라 걱정을 내 집 걱정하듯 하였노라憂國如憂家
밝은 해가 이 세상을 내려다보니白日臨下土
나의 붉은 마음 환히 비추리昭昭照丹衷

조광조는 사약을 가져 온 의금부 도사에게서 조정에서 자신을 한나라 때의 왕망王莽에 비유한다는 말을 듣고 "왕망은 사사로운 욕심을 취한 자가 아니더냐" 하면서 크게 웃었다고 한다. 힘으로 백성을 억압하여 다스리는 패도 정치霸道政治를 지양하고 교화를 통한 개개인의 자율성을 제고하려는 왕도 정치를 지향한 그의 정치 노선이 몰이해를 넘어 왜곡되었던 것이다. 개인의 욕심을 누르고 도덕적 심성을 길러 모든 구성원이 더불어 함께 살아가는 이상적인 세상을 만들고자 최선을 다하다가 죽음을 앞에 놓고 자신이 가장 경멸하는 개인적인 이득과 권력욕을 충족시킨 왕망에 비유된다는 사실에 일종의 허망감을 느낀 것은 아닐는지. 아니 그보다는 자신들의 거울과 잣대로밖에 남을 평가할 수 없는 훈구 관료들의 소인배적 언행에 차라리 웃고 만 것이리라.

후대에 복권되어 사림의 모범으로 추앙

기묘사화(1519년)는 연산군대에 일어난 무오사화(1498년)와 갑자사화(1504년)에 이어 세 번째로 일어난 대규모 사화였다. 이 사화들은 16세기에 성리학을 주 전공으로 하고 그 이념을 정치 현실에 실현하고자 한 이상주의적인 사림이 정계에서 주도 세력화하는 과정에서 구정치 세력에 의하여 숙청당한 정변이었다. 그 중에서도 기묘사화는 사림에게 가장 충격적이었다. 사림 세력이 성장하여 개혁을 눈앞에 두고 물거품이 되었다는 좌절감과 함께 희생된 숫자가 가장 많은 사화였기 때문이다. 이 사화로 희생된 중요 인물들의 기록인 『기묘명현록己卯名賢錄』이 전해 온다.

이들의 시행착오는 후대 사람들에게 하나의 시금석이 되었다. 다행

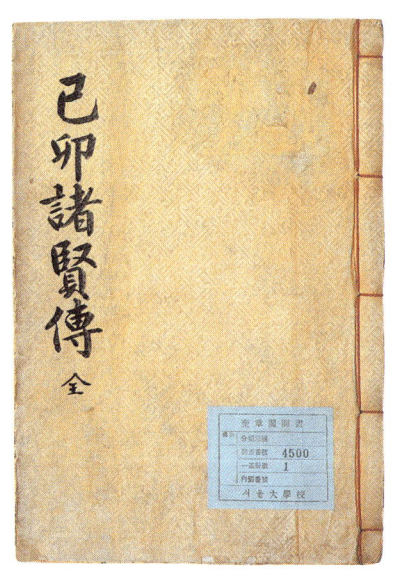 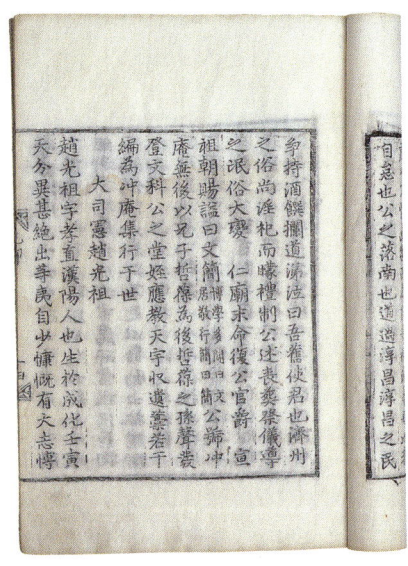

김육, 『기묘제현전』, 규장각 소장. 기묘사화는 이후 조선시대 선비들에게 가장 중요한 정치적 명분이었다. 따라서 김정국의 『기묘당적』을 시작으로 김식의 후손 김육의 『기묘제현전』에 이르기까지 기묘사화의 의미를 드러내기 위한 서적 편찬이 계속되었다.

히 목숨을 부지한 사림은 낙향하여 제자를 키우면서 후일을 도모하였다. 체제의 보호를 받는 학문이나 예술은 부박하고 화려하며, 박해를 받는 학문이야말로 그 깊이와 경세적 대안 창출에 철저해지게 마련이다. 이렇게 은둔한 사림은 선배의 전철을 밟지 않기 위하여 자신의 정체성을 확고히 하고자 주 전공인 성리학 연구에 박차를 가하였다. 그들의 노력이 헛되지 않아 다음 세대인 16세기 후반에는 사림이 전국적으로 확산되었고, 퇴계 이황退溪 李滉(1501~70년)과 율곡 이이栗谷 李珥(1536~84년)의 단계에 이르러서는 외래 사상인 성리학이 토착화되고 조선성리학이 성립되었다.

이러한 시대적 분위기에 힘입어 조광조의 복권이 이루어짐으로써 사림이 대세화하고 그들에게서 교육받은 선조가 즉위하고 나서 영의

심곡서원. 부근에는 조광조의 무덤, 절명시를 새긴 시비도 있다. 경기도 용인시 수지읍 상현리 소재.

작자 미상,「도봉서원」, 18세기 후반, 비단에 엷은 채색, 28,7×29,5cm, 건국대학교박물관 소장.
1573년(선조 6년) 세워진 도봉서원의 옛 모습을 짐작할 수 있다. 뒷날 송시열의 도봉서원 배향을 둘러싸고
붕당 간에 치열한 논란이 벌어지기도 했다.

정에 추증되고 문묘에 배향되었다. 조광조는 이때부터 본격적으로 사림의 모범으로 추앙되고 후배들은 지속적으로 그의 추모 사업을 벌였다. 그가 유배되어 사사된 능주의 죽수서원竹樹書院, 양주의 도봉서원道峯書院, 김굉필을 만난 희천의 상현서원象賢書院 등 그의 연고지에 있는 서원을 비롯하여 전국 20여 곳에서 그의 제향을 모셨다.

조광조를 사숙하고 계승한 이이는 "옛사람들은 반드시 학문이 이루어진 뒤에나 이론을 실천하였다. 그는 어질고 밝은 자질과 나라 다스릴 재주를 타고났음에도 학문이 이루어지기 전에 정치 일선에 나간 결과 위로는 왕의 잘못을 시정하지 못하고 아래로는 구세력의 비방도 막지 못하고 말았다."고 평가하였다. 학문이 익어서 타인을 설득할 만한 논리적 토대가 확실해야 성공 가능성이 있는데 그렇지 못한 상태였기 때문이라는 분석이었다.

그러나 그보다는 아직 그들의 이야기가 설득력을 가질 만한 시대가 되지 못하였던 것이 아닐까? 개혁이 성공하려면 많은 지식인이 동의할 만한 시간과 국민적 공감대 형성이 필요한 법이다. 그런데 조광조 일파는 그러한 분위기가 성숙되지 못한 상황에서 과격하게 개혁을 추진하다가 기득권 세력에 당한 것이다.

후세에 조광조의 치治(政治), 이황의 도道(道學), 이이의 학學(學問), 김장생의 예禮(禮學), 송시열의 의義(義理)를 조선 선비의 이상으로 삼고 이들 다섯 사람을 조선 오현五賢이라 하였다. 조광조는 성종 13년 8월 10일 서울에서 출생하였고 어머니는 여흥 민씨이다. 본관은 한양, 자는 효직孝直, 호는 정암靜庵, 시호는 문정文正이다. 유배당할 때 대사헌의 자리에 있었다.

퇴계 이황(退溪 李滉) 1501년(연산군 7)~1570년(선조 3)

조선성리학의 기초를 세운 선비,
　　　나아감과 물러남의 의미

퇴계 이황退溪 李滉(1501~70년)이 살아간 16세기는 조선 지성사에서 볼 때 사림士林의 성장기로 규정할 수 있다. 계속적인 사화를 겪는 과정에서 사림의 학문은 성숙하고, 학문하는 과정의 치열성은 사림의 세를 전국적으로 확장하게 만든 것이다. 사士란 성리학을 전공하여 그 이념을 자기화하고 실천하는 선비이며, 사림이란 선비의 복수 개념이다. 이들은 선비로서 수기修己하고 학자 관료인 사대부가 되어 치인治人하는 것을 정로正路로 삼았다. 그러나 이황이 19세 되던 해에 일어난 기묘사화는 그의 평생을 소극적인 처세로 나아가게 하는 계기가 된다.

　이황의 처세를 파악하고 그 학문의 세계를 들여다보기 위해서는 성리학이 조선에서 자리잡는 과정부터 살펴보아야 한다. 조선 왕조는 신유학인 성리학을 국학國學으로 삼고 성리학적 이념을 국시國是로 천명했지만 새로운 외래 사상인 성리학을 소화하여 자기화하기까지는 상당한 시간의 경과를 필요로 했다.

　호학好學의 군주인 세종대왕은 부왕인 태종이 반석 위에 올려놓은 안정된 왕권을 기초로 문치文治를 하기 위한 연구소, 즉 집현전集賢殿을

이유태, 「이황 초상」, 1974년.

설치했다. 국가에서 학문을 진작하고 학자를 양성하기 위한 조치였다. 그러나 세종 사후 단종을 폐위하고 수양대군이 세조로 즉위하는 사실에서 보이듯이, 아직 학문적인 이해가 미흡한 상태에서 이질적인 사상 간의 갈등이 표출되었다. 집현전 학사들은 성리학을 자기화하여 의리를 지킨 원칙주의자 그룹과 세조에게 추부한 현실주의자 그룹으로 노선 분립을 했다. 왕권 강화라는 명분에도 불구하고 정통성의 문제를 안고 있는 세조에게는 의리지학義理之學인 성리학을 추구하는 집현전이 부담스러울 수밖에 없었다. 한당유학漢唐儒學이나 불교를 복구하려는 조치가 나온 것도 이 시대에 여러 사조가 혼재하면서 검증 작업이 끝나지 않았음을 보여 준다.

사화의 시대

세종의 유업은 성종대로 계승된다. 성종은 집현전의 후신인 홍문관弘文館을 설치하고 문치주의를 재천명하였다. 그리고 성종은 재야 학단을 형성하고 있는 영남사림嶺南士林을 중앙 정계에 적극 등용하게 된다. 영남사림은 고려 왕실에 끝까지 충절을 지키다 죽음을 당한 정몽주의 학통을 계승한 길재가 3세대에 걸쳐 키워 낸 학자들로서 이때에 이르러 새로운 정치 세력을 형성하게 된 것이다. 조선 왕조도 충신열사를 키워야 한다는 시대적 당위성과, 비대해진 훈구파勳舊派를 견제할 세력의 필요성이 영남사림의 등용 배경이었다.

고려가 망한 지 어언 1세기가 가까워 오는 시점이어서 영남 학인들은 이미 고려와 직접 인연이 없는 세대로 교체되어 있었으므로 신세대 사림의 부조父祖들은 '우리가 고려에 절의를 지키고 충성했듯이 너희들은 조선 왕조에 충성을 다해야 하리라'는 당부의 말로서 자손을 조선 왕조에 출사시켰다.

그러나 이들 사림은 성리학에 대한 학문적 이해가 미비했다. 학문적 미숙성과 정치적 과격성을 가진 신세대 사림이 시세에 노회하고 현실 정치에서 노련한 훈구파에게 일방적으로 패배를 하고 정치적 숙청을 당한 것이 사화士禍였다. 연산군에게는 이들 훈구파와 사림파 간의 정치적 입장 차이를 조정하고 장단점을 포용할 만한 정치력이 없었고 그의 불우한 어린 시절에서 야기된 광기는 연거푸 대량 살육을 불러일으켰으니 1498년(연산군 4년)의 무오사화와 1504년(연산군 10년)의 갑자사화가 그것이다.

연산군의 폭정은 1506년 중종반정中宗反正으로 귀결된다. 반정反正이란 정치를 올바른 기준으로 되돌려 놓는다는 것으로 조선 왕조의 특수성이 잘 나타나는 사건이다. 폭군을 내친 신하가 왕위에 오르는 것이 아니라 신하는 어디까지나 신하의 명분을 지키고 왕실에서 적격자를 선택하여 왕위에 올리는 것이 반정의 첫 절차였다. 조선 왕조가 국학으로 선택한 성리학이 정치적으로 현실화한 사건인 것이다.

중종의 즉위로 드디어 사림의 시대가 도래한 듯싶었지만 아직도 훈구파에게는 막대한 권력이 있었다. 그래서 기득권을 지키기 위한 훈구파와 그들의 기득권을 인정할 수 없는 조광조趙光祖(1482~1519년) 등 신진 사림 사이의 치열한 권력 투쟁이 필연적으로 일어나게 된다. 결국 조광조를 비롯한 신진 사림파는 1519년(중종 14년) 기묘사화로 숙청당하고 마는데, 어른이 되어서 『소학』을 공부한 무오사림, 갑자사림에 비해서 기묘사림은 어려서부터 『소학』을 배웠지만 이들 역시 학문적으로 미성숙한 단계에서 정계에 뛰어든 것이 불찰이었다. 급진적인 신진 사림이 구정치 세력과 벌인 개혁이라는 이름의 한판 승부에서 심판관인 중종은 훈구파의 손을 들어주었고, 그로써 사림은 또 한 번 패배를 하게 된 것이다. 이때 이황의 나이는 19세였으며 이 사건은 그가 평생 소극적인 처세를 하는 주요한 계기가 된다.

난세 극복과 '물러남'의 미학

이황의 일생은 태어나서 33세까지의 성장기, 34세부터 49세까지의 사환기仕宦期(관직에 있던 시기), 50세부터 70세에 사망할 때까지의 강학기講學期(강의하며 학문에 침잠하던 시기)의 세 시기로 구분하여 살펴볼 수 있다.

그의 성장기에 가장 많은 영향을 끼친 이는 어머니 밀양 박씨였다. 많은 학식을 갖추지는 못했지만 소박하고 건전한 삶을 신조로 한 박씨는 정직하게 살아야 한다는 가르침을 자식들에게 강조했다.

이황의 어린 시절 스승은 숙부 이우李堣(1469~1517년)였다. 생후 7개월 만에 아버지를 여읜 그에게 숙부는 아버지와 스승의 역할을 감당해 주었다. 이황은 12세 되던 해에 숙부로부터 『논어』를 배웠다. 이우는 명종대의 대표적 사림인데, 이 단계의 사림은 『소학』은 물론 『심경心經』, 『근사록近思錄』 등 성리학서를 두루 섭렵하여 학문적 단계를 높여 나갔다.

이황은 1523년 23세에 성균관에 입학하고, 1528년 28세에 진사시에 합격하였다. 그리고 1534년 34세에 대과에 급제하여 승문원 부정자副正字로 벼슬을 시작하여 성균관 대사성大司成직에 오르기까지 비교적 순탄한 관직 생활을 하였다.

이황의 관직 생활은 성균관 대사성직을 사퇴한 1543년 43세 때부터

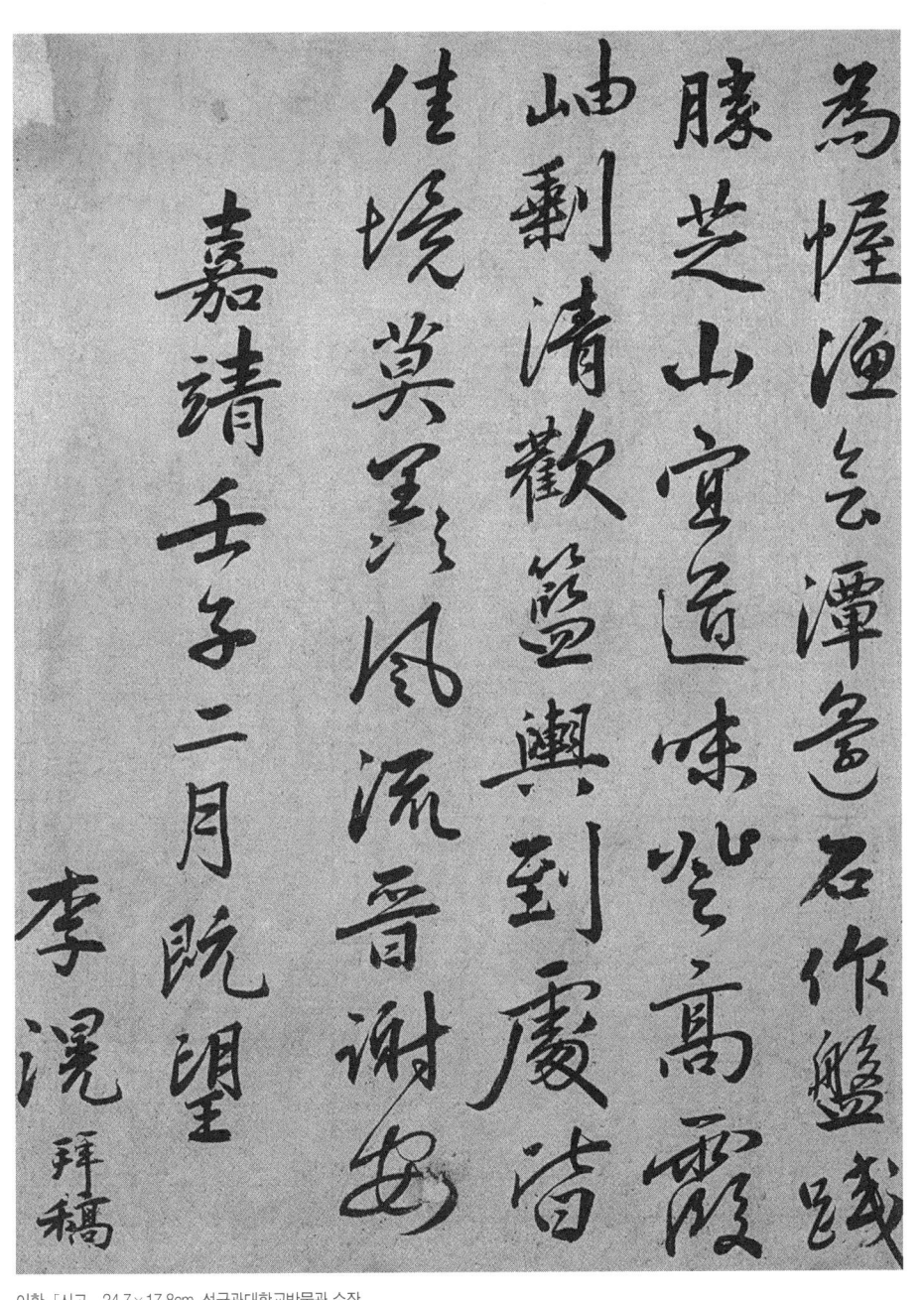

이황, 「시고」, 24.7×17.8cm, 성균관대학교박물관 소장.

사퇴와 임명으로 점철되었는데, 왕위가 인종에서 명종으로 넘어가면서 을사사화(1545년)의 싹이 나타나기 시작하고 문정왕후와 윤원형을 중심으로 난정(亂政)이 시작되던 때였다. 문정왕후의 동생인 윤원형의 집에서 나는 썩은 고기 냄새 때문에 사람들이 코를 들고 다닐 수 없었다고 할 정도로 부정 부패와 매관 매직이 성행을 하는 난정 속에서 그가 취할 수 있는 처신은 오직 '사직'뿐이었다. 벼슬살이는 사대부로서 당위이지만 구정치 세력이 극성하던 시대의 한계를 극복하는 대안이기도 했다.

명종대에 들어서 물러나기를 되풀이함으로써 오히려 명망을 얻은 이황은 50세부터 70세까지의 강학기에 탁월한 학문적 성취와 제자양성이라는 두 가지 업적을 이루어 냈다. 그리고 1567년 선조가 즉위하자 이황은 사부師傅(왕의 스승)로 대접받고 그의 제자들이 조정에 대거 등용됨으로써 사림 정치의 기반을 다졌다. 그가 68세 되던 해에 선조에게 올린 「무진육조소戊辰六條疏」는 노학자가 어린 왕을 위해 평생 축적된 학문을 풀어낸 여섯 항목의 '제왕의 길'

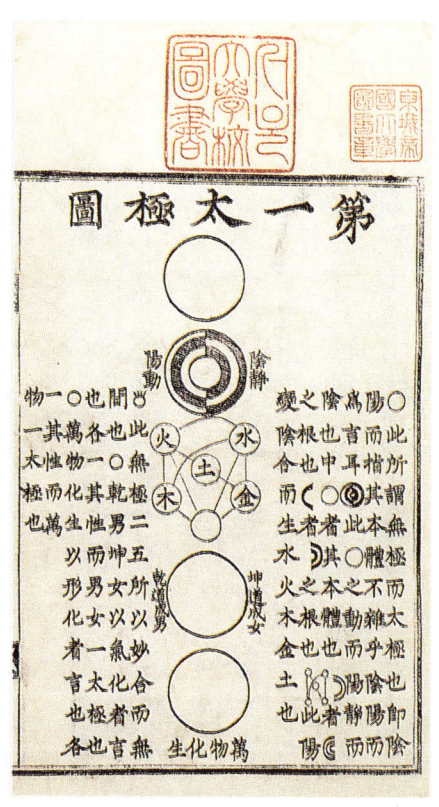

『성학십도』(『퇴계집』 중). 선조는 즉위한 뒤 사림이 주도하는 새로운 정치의 상징으로 『성학십도』를 병풍으로 만들어 곁에 두었다.

이었다. 같은 해에 이황은 선조에게 자신이 몇 십년에 걸쳐 공부한 성리학의 요체를 열 가지로 도설화한 『성학십도聖學十圖』를 바치는데, 조선의 학자로서 성리학의 체계를 독자적으로 재편성한 것이었다. 성학聖學이란 성리학적 제왕학帝王學을 일컬으며 궁극적으로 정치학을 말한다. 최고 통치자인 제왕이 해야 할 치열한 자기 연마와 인격 완성의 방법을 제시한 것이 『성학십도』였다.

사상과 학문

성리학의 철학적 기초는 우주론적 이기론理氣論에 있다. 음양동정陰陽動靜하는 작용으로서의 기氣와 그 작용 원리로서의 이理를 통하여 이 세상의 모든 현상을 설명하는 이론이 이기론이다. 이와 기가 어떻게 상호 작용을 하느냐 하는 문제. 그것은 당시인들의 철학 논제였고, 그것을 해석하는 입장에 따라 현실 문제에 대한 관점과 대처 방안도 차별성을 갖게 되었는데, 이황은 이와 기가 같은 비중으로 상호 작용을 한다는 이기호발설理氣互發說의 입장이었다. 따라서 이와 기는 서로 섞이지 않는다는 불상잡不相雜을 강조하며 이기이원론理氣二元論적 입장을 견지했고, 이 이론은 송나라 주희朱熹(1130~1200년)의 이기론을 완벽하게 이해한 수준이라는 평가를 받았다. 그것은 조선에서의 주자학 이해가 깊은 경지에 이르렀다는 평가이기도 했다.

이황의 이러한 경지는 성리학이 조선에 토착화하여 조선성리학으로 발전하는 계기가 되는데, 그가 펼친 논의의 주안점은 이의 능동성을 인정하는 데 있었다. 후에 그의 제자들이 구체적인 현실 문제보다 원칙에 강한 이론인 주리론主理論(이에 비중을 둔 학설)의 이론가가 되는 근거가 여기에 있다.

사람의 마음을 어떻게 다스릴 것인가를 탐구하는 심성론心性論이 사단칠정론四端七情論으로 전개된 것은 이기론이라는 기초가 있었기 때문이다. 사단이 인仁·의義·예禮·지智라는 인간의 착한 본성이라면, 칠정은 희喜·노怒·애哀·락樂·애愛·오惡·욕慾이라는 보통의 감정 상태를 말한다.

이황은 인간의 바람직한 품성인 어짊·의로움·예의·지혜 등 사단은 이에 의하여 발현된다고 보았다. 반면에 기쁨·노여움·사랑·즐거움·슬픔·미움·욕심 등 보통의 감정인 칠정은 기의 작용으로 나타난다고 보았다. 이러한 대칭적 사고는 인심도심설人心道心說에도 적용되는데, 인심을 인욕人慾(사람의 욕구)과 같은 것으로 해석하여 기의 작용이라 하고, 도심은 인욕을 극복해야 도달할 수 있는 수준 높은 경지로 해석하여 이의 작용이라 했다.

이황의 사단칠정론이 학계의 일대 논쟁으로 비화한 것은 그에 대한 기대승奇大升의 이의가 제기되었기 때문이다. 새로운 학설은 다시 새로운 학설을 낳고, 새로운 학설과 학설 사이의 활발한 논쟁은 후대의 더 새로운 학설을 유도한다. 이황과 기대승의 다음 세대 대학자인 이이는 사단을 칠정 중의 선정善情(착한 정)으로 규정하는 신학설을 제기함으로써 성리학의 조선적 전개를 보이게 된다.

이황이 받은 국가적 예우와 그 제자들의 정계 등장은 사림의 정치적 기초이자 이념적 지주로서 기능하는 외래 사상인 성리학이 조선에 정착하기 시작했다는 것을 의미한다. 그들의 선배인 조광조의 실패에 대한 철저한 반성과, 그 후 반세기에 걸친 이황 등 사림의 학문 축적, 그리고 제자 양성 등 각고의 노력 끝에 성리학이 마침내 학계에서 확고히 자리잡았을 뿐 아니라 정계에서도 사림이 시대적 대세로 등장을 하게 되는 것이다. 외래 사상인 성리학이 조선에 정착하고 국가 통치 이념의 기초가 될 수 있었던 것은 성리학을 완벽하게 이해하고 그것을 조선의 것으로 만든 그들의 노력이 있었기 때문이다.

영남학파의 영수

경상북도 예안에서 진사 식埴의 아들로 태어난 이황의 본관은 진보眞寶, 자는 경호景浩, 호는 퇴계退溪이다. 이 호는 을사사화 후 낙향해 살던 낙동강 상류의 토계兎溪를 퇴계로 고쳐서 사용한 것인데, 평생 '물러

도산서원. 이황이 문인을 키우던 도산서당을 기반으로 설립되었는데, 이후 영남 지역 성리학의 구심점 역할을 하였다.
경상북도 안동시 도산면 토계리 소재.

퇴계 종가. 이황의 후손은 중앙에서 영남 지역 선비를 수용할 때마다 벼슬에 임명되었고, 영남 지역 선비들의 상소에 소두로 내세워졌다. 경상북도 안동시 도산면 토계리 소재.

남'을 희망하면서 살았던 그의 행적을 대변하는 호라고 할 수 있다. 이황은 '경敬'을 자기 수련의 덕목으로 삼고 일생 동안 경건하게 삼가는 선비의 자세를 유지함으로써 겸허한 성격의 대학자가 될 수 있었고, 중종·명종·선조의 지극한 존경과 예우를 받을 수 있었다.

김성일金誠一, 유성룡柳成龍, 정구鄭逑 등 많은 제자가 그의 학문을 계승했고, 영남학파嶺南學派를 형성한 이들 제자들은 그의 사후에 동인東人 정파政派로 전환하여 주리론主理論에 근거한 원론原論 중심의 정론政論을 펴면서 조선 후기 사회에 커다란 정치적 영향력을 행사했다. 그리고 그의 저술은 임진왜란 후에 일본으로 반출되어 도쿠가와德川 막부의 에도江戸 시대에 일본 판각으로 복간되고, 일본 근세 유학의 개조開祖 후지하라 등에게 막대한 영향을 주게 된다.

문묘와 선조의 묘정廟庭에 배향되고 예안의 도산서원을 비롯한 전국 방방곡곡 40여 개처의 서원에 제향된 퇴계 이황, 그는 16세기 조선 왕조의 전기前期 체제가 이완되면서 나타난 여러 가지 문제점과 대결하는 과정에서, 그러한 시대의 과제를 해결할 수 있는 양심 세력인 사림을 양성하기 위해 자신은 물론 제자를 의식화한 진정한 교육자였다.

남명 조식(南冥 曺植) 1501년(연산군 7)~1572년(선조 5)

경(敬)으로서 나를 밝히고
의(義)로서 나를 던진 선비

1501년(연산군 7년) 경상좌도慶尙左道 예안현(지금의 경북 안동) 온계리에서 퇴계 이황이 태어나고, 경상우도慶尙右道 삼가현(지금의 경남 합천) 토동에서 남명 조식南冥 曺植(1501~72년)이 태어났다. 16세기 학파 형성기에 영남학파의 두 거봉이 된 이들은 같은 해에 태어나서 퇴계는 70세, 남명은 72세까지 장수를 했다. 퇴계가 경상좌도 사림의 영수라면 남명은 경상우도 사림의 영수로서 이 두 사람의 제자들은 동인 정파를 형성했다. 그러나 영남학파를 바탕으로 한 이 동인 정파는 다시 퇴계학파의 남인과 남명학파의 북인으로 분립되었다.

16세기는 사회적으로 성장한 사림과 기성 정치 세력인 훈구파의 대립과 갈등 속에 사화가 연속적으로 발생한 시기다. 한 세기에 걸쳐 정치적, 경제적 기득권을 향유하면서 귀족화한 훈구파와 사회 개혁을 요구하면서 새로운 정치 세력으로 부상한 사림파의 격돌은 필연적이었다. 그러나 정치판의 물갈이라는 절실한 시대의 요청에도 불구하고 정치적 신파인 사림과 기득권 세력인 훈구파의 격돌은 언제나 사림이 피를 흘리는 사화로 결말이 났고, 그러한 상황은 연속되었다. 칼자루는

조식 초상

언제나 정치적, 경제적으로 우위였던 훈구파가 쥐고 있었던 것이다.

1506년 중종반정으로 신진 사림인 조광조가 등장하여 성리학적 이상 사회를 위한 대개혁을 추진했지만 학문적 미성숙성과 과격성 때문에 실패하게 되는데, 이때도 정권의 승자는 중종반정의 훈구 세력이었다. 훈구파의 전횡에 질려서 신진 사림에 힘을 실어 주려 했던 왕도 두 세력의 대격돌 앞에서는 결국 훈구파의 손을 들어주었던 것이다. 사림이 미래라면 훈구파는 현실이었다. 왕이 추구하는 미래가 사림에게 있다 하더라도 왕은 자신의 오늘이 있게 한 훈구파를 외면할 수가 없었던 것이다.

정권이 훈구파에게 넘어가면 사림은 귀향하여 학문을 연마하고 제자를 키우면서 때를 기다리게 된다. 향촌 사회에서 때를 기다리던 사림이 다시 중앙 정계에 진출하게 된 것은 중종 후반기에 이르러서이다.

퇴계는 1534년 34세로 문과에 급제하여 승문원 부정자로서 사대부의 길을 걷게 되고, 남명은 1539년 39세로 초야에서 학문에만 전념하는 유일遺逸로 인정받아 국가의 부름을 받았지만 나아가지 않았다. 선비가 수기修己하면 당연히 치인治人의 단계로 가서 학자 관료인 사대부가 되는 것이 상식인 그 당시에 퇴계는 그 길을 걸었지만 남명은 그 길을 거부하고 재야 지식인의 길을 선택한 것이다.

경(敬)과 의(義)를 학문의 신조로 삼으며

남명 조식은 삼가현 토동兎洞(톳골)의 외가에서 아버지 언형彦亨(1469~1526년)과 어머니 인천 이씨 사이의 장남으로 태어났다. 본관은 창녕昌寧, 이름은 식植, 자는 건중楗仲, 호는 남명南冥이다. 처가가 있는 김해에서 산해정山海亭을 짓고 제자를 길러 산해선생山海先生, 산해부자山海夫子로 불리기도 했다.

조식은 다섯 살 때 문과에 급제하여 벼슬길에 오른 아버지를 따라 서울로 갔고, 일곱 살 때부터 공부를 시작했는데 그를 가르친 아버지나 동네 서당의 훈장은 의문에 의문으로 이어지는 그의 질문 공세에 질리기도 했다. 조식은 아홉 살 때 큰 병에 걸려 생명이 위태로운 지경에 다다른 적이 있었다. 그때 어린 조식은 아픈 것을 참으며, 상심한 어머니를 오히려 위로했다.

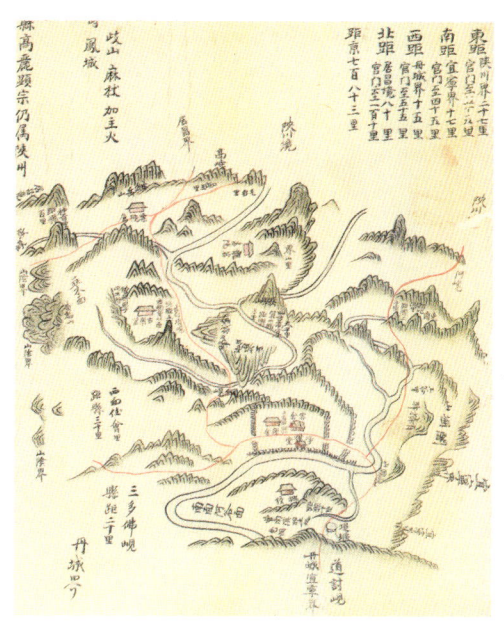

해동지도. 삼가현에 조식이 태어난 곳이 표시되어 있다.

"어머니, 하늘이 사람을 낼 때 어찌 뜻이 없겠습니까. 소자가 남자로 태어났으니 반드시 소자에게 부여한 임무가 있을 것입니다. 임무도 다 하지 못한 어린 소자의 목숨을 하늘이 거두겠습니까. 그러니 너무 걱정하지 마십시오."

열다섯 살 때 조식은 단천군수로 임명된 아버지를 따라 함경도 단천에 가서 살았다. 이때 조식은 공부의 범위를 유교 경전에만 한정하지 않고 제자백가·천문·지리·의학·수학·병법 등을 두루 공부하여 안목을 넓혔다. 한편 지방 관아에서 생활하는 동안 불합리한 행정 체제와 아전들의 비리, 백성의 곤궁한 삶을 목격하게 되었는데, 이때의 경험은 뒷날 그의 「무진봉사戊辰封事(1568년 선조에게 올린 건의문)」에도 그대로 반영이 된다. 「무진봉사」 중 '서리망국론'은 아전들 때문에 나라가 망하겠다는 우려와 함께 아전들의 비리실상을 낱낱이 적은 것이다.

함경도 단천 시절에 조식은 자기 수양을 위한 두 가지 방법을 마련한다. 꿇어앉아서 물그릇을 두 손으로 받쳐 들고 밤을 새우는 일과, 허리에 방울을 차고 다니는 일이 두 가지 자기 수양의 방법이었다. 그릇

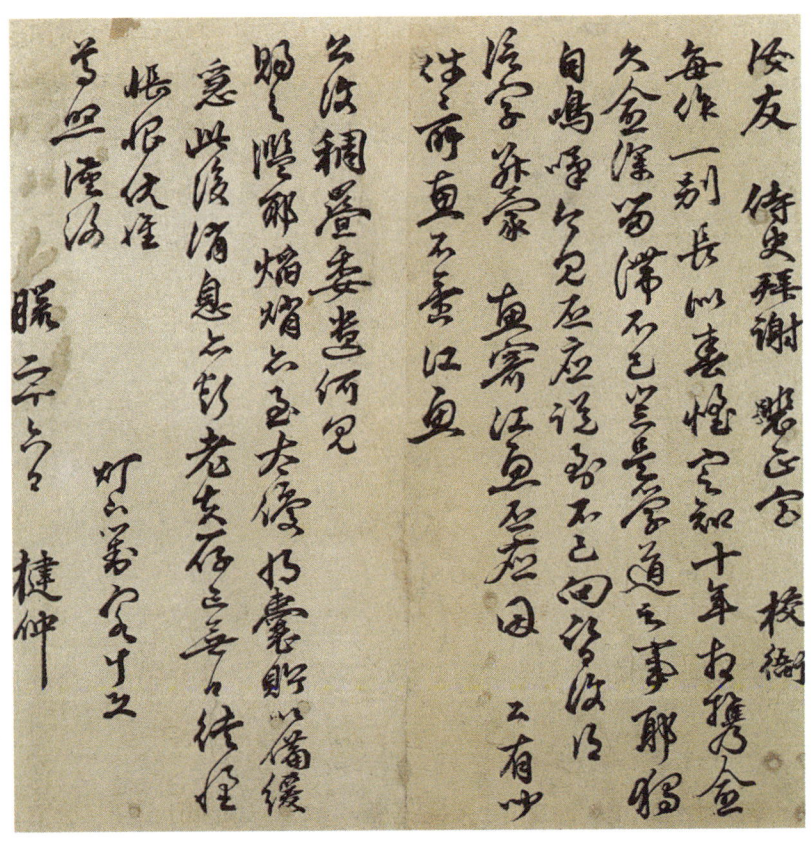

조식, 「서간」, 24×24cm, 성균관대학교박물관 소장.

의 물이 흔들리지 않게 받쳐 들고 밤을 새움으로써 자신의 뜻을 가다듬고, 걸어 다닐 때마다 허리춤에서 나는 방울 소리를 들으면서 자신의 뜻을 일깨우려는 것이었다.

열여덟 살이 되는 1518년(중종 13년)에 조식은 아버지를 따라 서울 장의동으로 돌아왔고, 이 장의동 시절에 대곡 성운大谷 成運·청송 성수침

정선, 「청송당」, 종이에 엷은 채색, 33.5×29.3cm, 간송미술관 소장.
서울 장의동 시절 조식은 청송당의 주인 성수침 등 명망 있는 선비들과 교유하였다.

聽松 成守琛·동고 이준경東皐 李浚慶 등의 친구를 사귀었다.

조식이 진사·생원 초시初試와 문과 초시에 급제한 것은 1520년(중종 15년) 스무 살 때의 일로서, 기묘사화己卯士禍로 또다시 사림 세력이 숙정당한 이듬해의 일이나. 조식은 기묘사화 때 숙부 조언경이 희생되고 부친이 좌천되는 것을 목격하면서 사로仕路의 험난함을 깨닫지만, 어머니의 권유에 못 이겨 과거에 응시하게 된다. 조식의 어머니는 영락한 가문의 중흥에 대한 열망이 강했기 때문에 아들이 과거에 급제하고 사대부의 길을 걷기를 기대했다. 그러나 조식의 생각은 달랐다. 반드시 중앙 정부의 벼슬을 해야만 국가에 기여할 수 있다고 생각지 않았던 것이다. 모친의 권유에 따라 진사·생원 초시와 문과 초시를 보고 급제를 했지만 조식은 진사·생원 회시會試(서울에 모여서 치르는 2차 시험)에는 응시를 하지 않고, 문과 회시에만 응시하여 낙방을 한다. 이때부터 조식은 과거를 위한 공부가 아니라 오로지 유학의 본질을 파고드는 공부에 몰두하게 된다.

공자·주돈이周敦頤·정호程顥·주자의 학문과 정신을 이어받겠다고 명세하면서 『주역』·『시경』·『서경』·『주례』·『예기』·『춘추』 등 육경六經과 『논어』·『맹자』·『대학』·『중용』 등 사서四書, 그리고 주돈이·정호·장재張載·주자 등 송대의 주자학자들이 남긴 글을 다시금 새롭게 읽고 연구하고 사색했다. 그리고 이 시기부터 조식은 경敬과 의義를 학문과 처신의 지표로 삼았다.

군자는 경으로써 안을 곧게 하고 의로써 바깥을 바르게 한다.

君子 敬以直內 義以方外

『주역』곤괘坤卦에 나오는 말이다. 여기서 '경'과 '의'를 딴 조식은 자신이 차고 다니는 칼에다 "안에서 밝히는 것은 경이요, 밖에서 결단하는 것은 의다內明者敬 外斷者義"고 하는 글귀를 새겼고, 옛 성현의 말씀 가운데 경과 의에 관한 글을 뽑아 베껴서 항상 옆에 두고 외우면서 사색했다. 그리고 뒷날 산천재山天齋를 짓고는 왼쪽 창문에 '경' 자를 써 붙이고 오른쪽 창문에 '의' 자를 써 붙였다. 또한 경의 상징으로 성성자惺惺子라는 방울을, 의義의 상징으로 칼을 차고 다녔다.

이때 시작한 조식의 '경의'에 대한 강의는 그 생애 마지막 순간까지 이어진다. 숨을 거두기 직전에 제자들에게 남긴 말도 '경의'였다.

"경과 의, 이 두 글자가 있는 것은 마치 하늘에 해와 달이 있는 것과 같다. 이 두 글자의 의미는 아무리 오랜 세월이 흘러도 변치 않는 것이다. 성현이 남긴 말씀의 귀결처는 모두 이 두 글자를 벗어나지 않는다.

조식은 만년에 덕산에 산천재를 짓고 강학할 때, 뜰에는 매화를 심고, 창의 좌우에는 각각 경(敬) 자와 의(義) 자를 써 붙였다. 경상남도 산청군 시천면 소재.

배우는 이들이 이 두 글자의 공부에 익숙해진다면 마음에 거리낄 것이 없을 것이다. 나는 그런 경지에 이르지 못하고 죽는구나."

죽음에 이르러서도 '경의'를 신념화한 조식의 모습이 선명히 나타나 있다.

처사(處士)의 삶을 찾다

조식은 1530년(중종 25년) 30세에 처가가 있는 김해로 어머니를 모시고 이주하였는데, 이것은 처사로 살면서 벼슬살이를 하지 않은 데 따르는

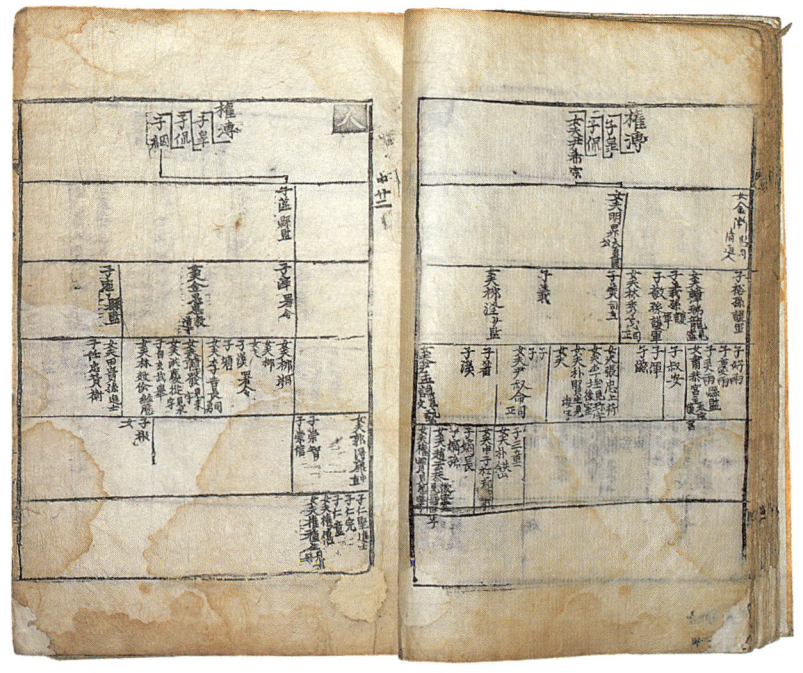

여성의 가계 계승 권리가 반영된 『안동 권씨 족보』. 남녀 구분 없이 출생순으로 이름이 기재되어 있다. 조식이나 이황 등이 혼인을 통해 경제 기반을 얻은 데서 보이듯 조선 전기와 중기의 여성들은 재산 상속에서도 차별을 받지 않았다.

생활고와 무관하지 않다. 22세 때 남평 조씨南平 曺氏 가문의 사위가 된 조식에게는 상당한 재산가인 처가로부터 분재받은 전답이 김해에 있었다. 딸에게도 상속권이 있었기 때문에 부인이 친정으로부터 받은 상당한 재산이 김해에 있었던 것이다. 생활의 안정을 얻은 조식이 김해 신어산 중턱에 정사精舍를 짓고 산해정山海

『남명선생학기류편南冥先生學記類編』, 규장각 소장. 조식은 제자백가를 비롯하여 공부의 범위가 다양했으나 성리 철학을 둘러싼 논쟁에 대해서는 부정적인 태도를 취하였다. 따라서 성리 철학에 관한 저술로는 성리학자들의 기존 논의를 가려 뽑은 이 『학기류편』이 유일하다.

亭이라 이름하니, 대곡 성운·청향당 이원淸香堂 李源·송계 신계성松溪 申季誠·황강 이희안黃江 李希顏 등 많은 선비가 찾아오고, 뒷날 광해군 대에 영의정을 역임하면서 최고의 행정가로 평가받은 동고 이준경은 『심경』을, 규암 송인수圭庵 宋麟壽는 『대학』을, 대곡 성운의 형인 성우成 遇는 『동국사략東國史略』을 보내 온다. 한편 청도 운문산으로 가서 삼족당 김대유三足堂 金大有를 만나는 등 활발한 교유 활동을 한다.

남명 조식이 1533년(중종 28년) 33세의 나이로 향시鄕試에 응시한 것은 어머니의 간곡한 당부 때문이었다. 조식의 어머니는 아들이 과거에 급제하고 사대부가 되어 영락한 가문을 일으켜 세워 주기를 바랐다. 그러나 남명은 최종 시험에서 합격을 하지 못함으로써 과거를 통한 출사는 이루지 못하며 영원한 처사로 남게 된다. 남명의 영원한 동반자이자 라이벌인 퇴계가 과거를 통해 출사한 것과 대비되는 부분이다.

퇴계와 남명은 여러 차례 만날 기회가 있었지만 일생 동안 단 한 번도 만나지 못한 채 서로 존중하면서 서신만 주고받은 기이한 인연이 있다. 영남학파를 대표하는 두 사람은 서신 교환을 통해 상대를 은근히 비판하기도 하였다. 조식은 무엇보다 당시 성리학의 이기 논쟁의 문제점을 지적하고 이황이 그러한 흐름을 주도하는 것을 불만스러워 하였다.

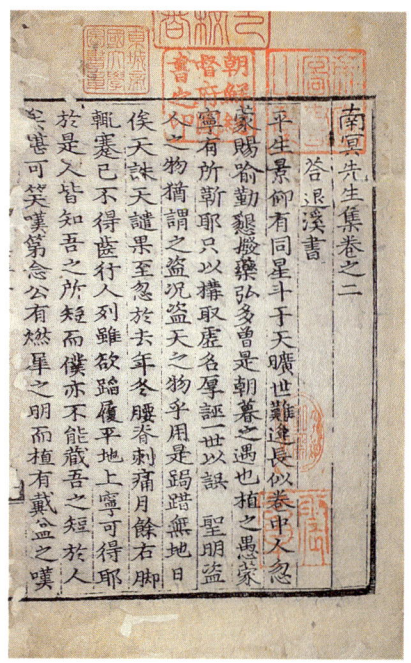

『남명집』 중 퇴계에게 답한 편지 부분.

1536년(중종 31년) 36세의 조식은 결혼 14년 만에 첫아들 차산次山을 얻고 가을에 있은 향시에서 3등을 한다. 1538년(중종 33년) 38세에는 회재 이언적晦齋 李彦迪의 추천으로 헌릉참봉에 임명되었으나 사양하고, 1543년(중종 38년) 43세 때는 경상감사로 부임한 이언적이 만나기를 원했으나 거절한다. 그 이듬해인 1544년에 조식은 첫아들 차산을 병으로 잃고 연이어 1545년에는 어머니 인천 이씨를 여읜다.

남명 조식이 김해에서 삼가현으로 돌아간 것은 어머니의 시묘살이를 하기 위해서였다. 아버지 산소의 동쪽 언덕에 어머니를 장사지내고 3년 시묘살이를 한 조식은 삼가현 토동에 강학당인 계부당鷄伏堂과 제자 숙소인 뇌룡사雷龍舍를 짓고 정착한다. 이때부터 처사處士, 곧 재야 지식인인 조식의 활약이 시작된다. 조식이 처사의 길을 택한 것은 객관적이고 공정한 눈으로 현실 정치를 비판하기 위해서였다.

조정을 진동시킨 사직상소문

1551년(명종 6년) 51세에 정6품직인 종부시宗簿寺 주부主簿에 임명되었지만 사양하고, 1553년 53세에 다시 정6품의 벼슬을 내렸으나 역시 사양을 한다. 성균관 대사성으로 있던 퇴계 이황이 편지로 간곡하게 요청했지만 조식은 '눈병'을 핑계로 거절한다. 이때 퇴계와 남명이 주고받은 편지에서는 서로에게 보내는 애정과 존경의 정이 자못 절절하다. 퇴계는 '유일遺逸로 임명한 벼슬이니 몸을 더럽히는 것이 아니다'며 남명에게 벼슬길에 나오기를 원했고, 남명은 '하늘의 북두성처럼 우러러 사모하던 그대의 요청에 따를 수 없는 이유는 나의 경륜 없고 식견 없는 무지몽매함에 있다'며 애정과 존경이 넘치는 편지로 거절했다.

1555년(명종 10년) 55세의 남명 조식에게 다시 벼슬이 내려진다. 삼가현에서 가까운 단성현(경남 산청)의 현감이었다. 서울로 올라오라는 것도 아니고 이웃 고을의 현감을 하라는 것이니 이번에는 사양하지 못할 거라며 내린 벼슬이었지만 조식은 이른바 「단성소丹城疏」로서 이 역시 단호하게 거절한다. 이 단성소를 『남명집』에는 1555년에 올린 상소문이라 하여 「을묘사직소乙卯辭職疏」로 기록하고 있다.

"(전략) 나라의 근본은 없어졌고 하늘의 뜻도 민심도 이미 떠나버렸습니다. 큰 고목이 백 년 동안 벌레에 먹혀서 그 진이 다 말라버렸으니 언제 폭풍우를 만나 쓰러질지 모르는 지경에 이르렀습니다. (중략) 낮은 벼슬아치는 아랫자리에서 술과 여색에 빠져 있고 높은 벼슬아치는 윗자리에서 빈둥거리며 뇌물을 받아 재물 불리기에 여념이 없습니다. 오

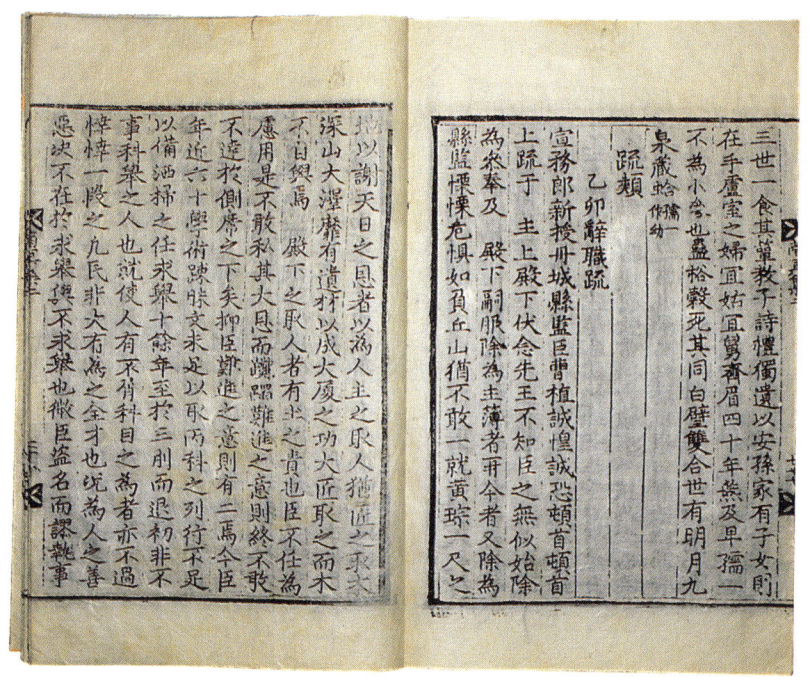

「을묘사직소」(『남명집』) 중

장육부가 썩어 배가 아픈 것처럼 온 나라의 형세가 안으로 곪을 대로 곪았는데도 누구 한 사람 책임지려고 하지 않습니다. (중략) 대비(문정왕후)께서는 신실하고 뜻이 깊다 하나 구중궁궐의 한 과부에 불과하고 전하는 아직 어리시니 다만 돌아가신 임금님의 한 고아에 불과합니다. 백 가지 천 가지로 내리는 하늘의 재앙을 어떻게 감당하며 억만 갈래로 흩어진 민심을 어떻게 수습하시렵니까. (중략) 옛날에 우리 나라에 신하처럼 복종하던 대마도 왜구를 대접하는 의례가 천자의 나라인 주나라를 대접하는 의례보다 더 융숭합니다. 원수인 오랑캐를 사랑하는 은혜는 춘추시대 송나라보다 더합니다. 세종대왕 때 대마도를 정벌하고 성종대왕 때 북쪽 오랑캐를 정벌하던 일과 비교하여 오늘날의 사정은 어떠합니까. (중략) 임금으로서의 원칙을 세우십시오. 임금에게 원칙이 없으면 나라가 나라답지 못하게 됩니다."

이황이 조광조의 실패를 거울 삼아 점진적인 개혁의 씨앗을 뿌리고 신정치 세력인 사림의 입지를 다져 놓았다면, 조식은 강직한 기상과 강렬한 비판 의식을 가진 재야 사림으로서 거침없는 말과 행동으로 사회 개혁을 주장했다. 남명은 지나치게 투철한 정치 의식 때문에 현실 정치판에 뛰어들지 못한 측면이 있다. 그럼에도 퇴계와 남명, 두 사람에게는 사회 정의 구현의 이상을 교육에 걸고 새 시대를 준비했다는 공통점이 있다. 정구鄭逑·김우옹金宇顒·정탁鄭琢 등은 퇴계와 남명 두 문하를 번갈아 출입한 퇴계와 남명 두 사람 공동의 제자이다.

조식의 대표적 문인들로는 정구·곽재우郭再祐·정인홍鄭仁弘·김우옹·이제신李濟臣·김효원金孝元·최영경崔永慶·오건吳健·강익姜翼·문익성文益成·박제인朴濟仁·조종도趙宗道·노진盧禛·하항河沆 등을 꼽을 수 있다. 남명 문인의 특징으로는 대부분 은둔하면서 학문에 몰두했다는 점과 임진왜란 때 의병을 일으키거나 가담했다는 점을 들 수 있다. 재야 지식인으로 은둔해 있다가도 국가가 위기에 처했을 때 직접 창칼을 들고 적군과 맞서 싸움으로써 정신뿐만 아니라 육신까지도 선비의 기백을 보인 것이다. 남명의 외손녀 사위인 의병장 곽재우에게도 남명이 병법을 가르쳤다는 기록이 전해 온다. 제자들을 배출한 남명의 교수 방법은 자해자득自解自得이었다. 시비를 강론하거나 변론하는 것을 좋아하지 않아서 제자들에게 경서를 풀이해 주는 대신 스스로 터득하게 만들었던 것이다.

영남학파의 양대 산맥, 남명과 퇴계

경상좌도와 경상우도의 양대 산맥으로서 영남학파의 굳건한 버팀목이었던 퇴계와 남명의 제자들은 그 후 퇴계학파의 남인과 남명학파의 북인으로 갈라지게 된다. 점진적인 개혁의 씨앗을 뿌리며 신정치 세력인 사림의 입지를 다져 놓은 퇴계 이황과, 강렬한 비판 의식으로 무장한 말과 행동으로 급진적인 사회 개혁을 주장한 재야사림의 영수 남명 조식. 그들의 성향은 달랐지만 지향점은 같았다. 자신의 안위나 영달보다 사회 개혁 의지를 불태우면서 제자를 양성하고 자신의 학문을 정점으로 끌어올렸던 것이다. 시대를 앞장서 이끈 퇴계와 남명은 양당 정치 체제를 준비한 선각이기도 했다. 학파 기반의 이념 정당인 붕당이 그 이후에 성립되고 양당 정치 체제가 확립되었으니, 이념의 바탕 없이 이합 집산하는 오늘날의 지식인과 정치인에게 시사하는 바가 크다.

조식의 묘. 몇 차례 깨어졌다 다시 만들어진 조식의 묘비는 정인홍의 정치적 패배 등 그 문인들이 겪은 정치적 파란을 짐작케 한다. 경상남도 산청군 시천면 소재.

남명 조식이 만년을 보낸 곳은 지리산 아래 덕산 사륜동이었다. 1561년(명종 16년)에 이곳에 산천재를 짓고 자신과 제자들의 강학 장소로 삼고 부단히 제자들에게 학문과 기개를 가르쳤다. 1572년(선조 5년) 2월 8일, 석 달 전에 발병한 등창으로 고생하던 남명 조식은 산천재에서 여러 제자가 지켜보는 가운데 옛 성현의 '경의'에 관한 가르침을 외우면서 숨을 거두었다. 산천재 뒷산 임좌향壬坐向에 안장된 남명 조식은 대사간에 이어 영의정에 추증되고, '도덕이 있고 견문이 넓기 때문에 문文이요, 도를 곧게 지켜 꺾이지 않기 때문에 정貞'이라는 문정文貞의 시호를 받았다.

도학이 사라져 가는 시대에 태어나 분발 정진함으로써 도학을 일으켜 세운 학자요, 그에게서 '경의'의 가르침을 받은 수많은 제자가 국가 위난의 시대에 의병장이 됨으로써 성공한 교육자로 기록되는 남명 조식의 저서로는 『남명집』, 『남명학기류편南冥學記類編』 등이 있다.

율곡 이이(栗谷 李珥) 1536년(중종 31)~1584년(선조 17)

조선성리학을 구축한
성심(誠心)의 사대부

율곡 이이栗谷 李珥(1536~84년)는 퇴계 이황과 함께 16세기를 대표하는 사림이다. 흔히 퇴계를 영남학파, 율곡을 기호학파의 대표라 하여 경쟁 관계로 여기는데, 이는 퇴계의 영남학파가 동인 정파로, 율곡의 기호학파가 서인 정파로 전환되어 정쟁을 한 데서 생긴 오해이다. 이들은 35년의 나이 차이가 있었지만 성리학에 대한 열정과 공감대 때문에 만나자마자 의기 상통했고, 학문적으로 보완하는 관계였다. 퇴계가 새로운 시대 사상인 성리학을 완벽하게 이해했다면, 율곡은 퇴계가 이룩한 학문적 토대 위에서 성리학을 조선에 토착화한 것이다.

퇴계는 끊임없이 사직소를 올림으로써 훈구 세력에게 저항했다. 그에 비하여 율곡은 개국 200여 년이 경과하면서 말폐 현상이 나타난 조선의 사회 체제를 전면적으로 개혁하려 했다. 그가 적극적으로 활동할 수 있었던 배경에는 퇴계를 비롯한 선학의 학문적 성취와 선조宣祖의 후원이 있다. 선학의 학문적 성취는 성리학의 이념을 현실 사회에 구현할 수 있다는 자신감을 주었고, 사가私家에서 성장하면서 사림 출신의 선생에게 배운 선조는 사림에 대한 이해가 깊었던 것이다. 이상 사

김은호, 「이이 초상」, 종이에 채색, 149.5×87.6cm, 강릉시오죽헌·시립박물관.

오죽헌. 이이가 태어난 외가로, 오른쪽에 그가 태어난 방인 몽룡실이 있다. 외조부 신명화는 기묘명현 중의 한 사람이었다. 강원도 강릉시 죽헌동 소재.

회를 건설할 수 있는 조건이 성숙해 있었던 것이다.

율곡의 일생을 시기에 따라 구분하면 29세까지를 성장기, 30세부터 49세로 사망할 때까지를 사환기仕宦期로 파악할 수 있다.

어머니의 죽음과 이황과의 만남

율곡 이이는 1536년(중종 31년) 12월 26일 강원도 강릉 북평마을 외가에서 태어났다. 본관은 덕수德水, 자는 숙헌叔獻이며, 율곡이라는 호는 고향인 경기도 파주 율곡마을에서 땄다. 현룡見龍이라는 어린 시절의 이름은 어머니 사임당 신씨(1504~51년)가 꿈에 용을 보고서 그를 낳았기 때문에 지은 것이다. 그의 친가는 대체로 한미한 집안이었고, 외가는 강릉에서 행세하던 집안으로서 외조부 신명화申命和는 기묘명현己卯名賢 중의 한 사람이었다. 그는 이원수와 사임당 신씨 사이의 4형제 중 셋

이이 일가의 그림들

어머니 사임당 신씨는 초충도와 포도 그림으로 유명하였고, 누이 이매창은 여성으로서는 보기 드물게 활달한 필치의 글씨와 그림을 남겼고, 아우 이우는 시와 그림 외에 초서와 거문고에도 능하였다.

신사임당, 「초충도」, 16세기, 종이에 채색, 각 33.2×28.5cm, 국립중앙박물관 소장.

이매창, 「매화도」, 40×25cm, 강릉시오죽헌·시립박물관 소장.

이우, 「수과초충도」, 비단에 수묵, 26.5×20.0cm, 서울대학교박물관 소장.

째로서, 맏형은 선璿, 둘째 형은 번璠이고 동생은 우瑀였다.

어머니 신사임당은 그의 성장기에 가장 큰 영향을 끼친 인물이다. 경사經史에 통하고 시문·서화에 뛰어난 신사임당은 그의 초기 교육에 지대한 영향을 미쳤다. 그는 6세 때까지 부남독녀이기 때문에 친정을 떠날 수 없었던 어머니와 함께 외가에서 살다가 서울 본집으로 올라왔다. 그는 8·9세 때는 신동으로 소문이 났으며, 13세에는 진사進士 초시初試에 합격했다.

어머니 신사임당의 죽음은 이이의 생애에 하나의 전기가 되었다. 16세에 어머니가 별세하자 3년상을 치른 이이는 19세가 되는 그 이듬해에 금강산에 입산하여 불교에 귀의했다. 금강산에서 불교의 선학禪學을 수행하면서 이이는 학문의 시야를 넓혔는데, 성리학의 심오한 형이상학 체계가 원래 불교의 교리에서 자극받은 것이기 때문이었다. 그러나 이이는 학문적 입지를 오로지 성리학에 두기 위해 1년 만에 하산을 했고, 23세에는 성주목사 노경린盧慶麟의 딸과 결혼을 했다.

이이가 결혼을 한 해와 이황을 만난 해가 1558년으로 일치하는데 아마도 장인이 목사로 있는 성주와 이황이 있는 안동이 먼 거리가 아니기 때문일 것이다. 이황과 이이의 처음이자 마지막인 단 한 번의 만남이었다. 이황은 그를 찾아온 35세 연하의 이이와 기꺼이 성리학 토론을 했고, 성리학으로 시대의 병폐를 고쳐야 한다는 데 의기가 통했다. 이 자리에서 이이는 이황을 스승으로 모실 것을 다짐했고 이황은 이이를 높이 평가했다. 그리고 이황은 제자 조목趙穆에게 보내는 편지에서 '후생가외後生可畏'라는 표현으로 이이를 촉망했다. 이황 자신의 한계를 극복할 후배로 본 것이다.

작자 미상, 「독서당계회도」, 1570년경, 비단에 수묵, 102×57.5cm, 서울대학교박물관 소장.
선조대는 문장과 도학 양면에서 가장 많은 인물이 배출된 시기이다. 이 그림은 선조 초년 이이를 비롯한 아홉 명의 인물이 독서당에서 사가독서한 것을 기념하여 그린 것이다.

경장(更張)이 필요한 시대

이이가 벼슬길에 나아간 것은 29세 때인 1564년(명종 19년) 문과(대과)에 장원급제하면서였다. 그는 이때 '천도책天道策'이라는 시제試題를 받고 그 논문에서 '천인합일설天人合一說'을 주장했다. 이때까지 그는 각종 과거에서 아홉 번이나 장원을 하여 구도장원공九度壯元公이라고 불렸다. 호조좌랑으로 시작한 그의 벼슬살이는 명종대에 사간원 정언(30세)·사헌부 지평(33세)·홍문관 부교리 등 청요직清要職인 삼사三司의 언관직을 두루 거쳤다.

1567년 명종이 승하하고 선조가 등극했다. 문정왕후의 아들인 명종이 후사가 없이 승하하자, 중종의 후궁 창빈 안씨의 손자인 하성군河城君을 불러서 왕위에 앉힌 것이다. 이 15세 소년 왕이 사가에서 가르침을 받은 스승은 한윤명韓胤明이라는 성리학자였다. 선조는 할아버지인 중종대의 기묘사화 때 숙청된 사림의 죄를 풀어 정계에 복귀시키고, 즉위 이듬해에는 조광조를 신원伸冤하여 영의정을 추증追贈했다. 정계를 사림 세력으로 개편한 것이다.

이이는 선조 즉위 원년에 천추사의 서장관書狀官으로 명나라를 다녀왔고, 그 이듬해에 홍문관 교리로서 독서당讀書堂에서 사가독서賜暇讀書하면서 『동호문답東湖問答』을 저술했다. 『동호문답』은 왕도 정치의 구현을 위한 철인 정치 사상과 당대의 현실 문제를 문답식으로 쓴 저술이다. 이이의 시대 인식은 자신의 시대가 중쇠기中衰期(왕조의 중간 쇠미기)라는 것이었고, 그의 주장은 한결같이 대개혁의 경장更張이 필요하다는 것이었다.

사간원 대사간·사헌부 대사헌·호조판서를 거치면서 이이는 39세 때인 1574년(선조 7년)에 『만언봉사萬言封事』를 저술했다. 왕에 올린 『만언봉사』에서 이이는 이렇게 주장했다.

"정치는 시세를 아는 것이 중요하고, 일은 실제로 그 일에 힘쓰는 것이 중요합니다. 정치를 하면서 시의時宜를 알지 못하면 정치의 효과를 거둘 수 없습니다. 시의란 때에 맞춰서 법을 만들고 백성을 구하는 것입니다."

시대 상황에 적합한 제도와 법을 만들어 백성의 삶을 돌보라고 역설한 시의론과 변통론이 『만언봉사』의 핵심이었다.

이이는 40세 때인 1575년(선조 8년)에 『성학집요聖學輯要』를 저술하고, 42세 때인 1577년(선조 10년)에는 『격몽요결擊蒙要訣』을 저술했다. 『성학집요』가 수기치인修己治人 등 제왕학의 조선적 이론서라면, 『격몽요결』은 『소학小學』의 이론을 보다 심화하고 조선화한 교과서라고 할 수 있다. 『격몽요결』의 서문에서 이이는 이렇게 기록하고 있다.

화석정. 임진왜란 때 불태워져 선조의 피난길을 도왔던 화석정은 십만양병설과 함께 임진왜란을 예견한 이이의 예지력을 상징한다. 경기도 파주시 파평면 율곡리 소재.

"내가 오래도록 인순因循하게 됨을 걱정하며 스스로 경계하고 반성하기 위하여 이 책을 쓴다."

인순이란 게으름 혹은 매너리즘을 뜻하는 것으로서 42세의 이이가 자신을 겸손하게 채찍질하는 모습을 확인할 수 있다. 이 책 「접인장接人章」에서는 처세의 요령을 제시하고 있는데, '나쁜 사람을 어떻게 대할 것인가' 하는 문제의 처방을 다음과 같이 하고 있다.

"그 사람의 잘못을 들춰내지 말고 범연하게 대하되 왕래하지 말라. 만약 전부터 알던 사람이라면 서로 만나면 한훤寒喧(날씨)에 대해서만 이야기하고 다른 말은 하지 말라. 그렇게 하면 점점 멀어지고 원망하거나 노여워하지는 않게 될 것이다."

이이가 양관대제학兩館大提學인 문형文衡의 자리에 오른 것은 46세 때의 일이다. 문형은 글을 저울에 단다는 의미로서 당대 제일의 문장가가 맡는 직책이었다. 그 후 별세하기 전해인 1583년에 사직하기까지 이조·형조·병조의 판서와 우참찬을 역임했고, 47세 때인 1582년 「인심도심설人心道心說」을, 48세 때인 1583년 「시무육조계時務六條啓」를 저술했다. 「시무육조계」에서 이이는 그 유명한 '십만양병설十萬養兵說'을 주장하였지만 받아들여지지 않았다. 1584년 49세의 아까운 나이로 졸거하기 직전의 벼슬은 판돈령부사判敦寧府事였다.

서인의 원조

사림의 중앙 정계 진입은 성종대부터였고, 이때부터 중앙 정계에서 부침한 세력은 영남사림이었다. 그러나 선조대 이이의 시대에 이르면 기호 지방 출신의 기호사림까지 진출하게 되어 영남사림은 영남학파, 기

1872년 해주지도. 이이가 은병정사를 지어 문인을 키우고 향약을 실시했던 해주 석담은 조선 성리학의 이상을 향촌 사회에 실현하려 한 이이의 대동사회에 대한 꿈이 담겨 있는 곳이다.

호사림은 기호학파, 그리고 다시 영남학파는 동인 정파, 기호학파는 서인 정파를 형성하게 된다. 이이의 시대에 이르러 사림은 전국적으로 분포하게 되고, 이 의식화된 사림이 저마다 이념 집단으로서 중앙 정계에 진입을 했다.

학자 이이가 경세가經世家 이이로 변모한 것은 말년의 일이었다. 42세(선조 10년) 때 이이는 관직에서 물러나 해주에서 잠시 머물렀다. 이때 이이는 계모와 사망한 형의 유가족, 아우의 가족을 모두 해주로 불러 한 집에 모여 살도록 조처했는데, 9세 때 읽은 『이륜행실二倫行實』「구세동거九世同居」조의 감동을 잊지 않았기 때문이다.

이때 이이는 은병정사隱屛精舍를 짓고 제자를 키우면서 학문에 열중했는데, 은병정사는 주자의 무이구곡武夷九曲처럼 아홉 구비로 돌아서 바다로 흘러가는 해주 석담石潭 부근의 다섯째 물구비에 지은 학사學舍

율곡 이이 141

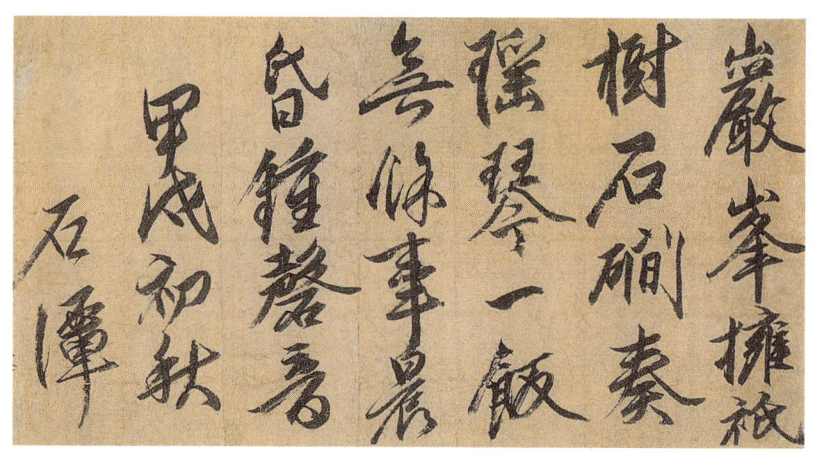

이이, 「시」, 1574년, 종이에 먹, 24.3×47.5cm, 서울대학교박물관 소장.

였다. 그러나 그의 경륜과 능력이 은병정사에서 한가하게 머무는 것을 조정에서는 원하지 않았다. 이이는 다시 조정의 부름을 받아 벼슬길에 나아갔고, 당시의 정치 상황은 그를 학자로서보다 경세가로서 살아가게 했다.

이이가 그린 이상 사회는 경쟁하고 투쟁하는 사회가 아니라 더불어 사는 대동사회大同社會였다. 나와 남이 공존의 삶을 추구하는 유교적 이상 사회였다. 힘으로 다스리는 폭압적인 패도 정치나 법으로 규제를 일삼는 강제적인 사회가 아니라, 명분으로 국민을 설득하고 위정자가 먼저 의리義理를 지키는 도덕 국가였다. 통치자가 모범을 보이면 백성이 스스로 따라서 실천하는 왕도 정치가 궁극적인 목표였다. 대동법 시행으로 백성의 경제적 부담을 덜어 주자는 주장도 그러한 사회를 위한 경제 정책이다. 향촌 사회에 상부 상조하는 삶의 지침인 향약을 권장한 것 역시 대동사회의 지향성을 보여 준다.

이이는 당대의 뭇별처럼 많은 학자와 친교를 맺었다. 우계 성혼牛溪

成渾, 송강 정철松江 鄭澈, 사암 박순思菴 朴淳, 구봉 송익필龜峯 宋翼弼 등이 그의 지기이자 동학同學이었다. 그는 선생 없이 한 시대의 학문을 집대성하여 일가를 이루었고, 문하에 많은 제자를 배출함으로써 조선 후기의 주도 세력인 서인西人의 원조가 되었다. 그의 문도門徒로서 대표적인 학자는 사계 김장생沙溪 金長生·중봉 조헌重峯 趙憲·정엽鄭曄·이귀李貴·황신黃愼·박여룡朴汝龍·김진강金振綱 등이다. 특히 김장생은 이이의 수제자였다. 이이를 이은 김장생의 학통은 아들 신독재 김집愼獨齋 金集을 거쳐 우암 송시열尤庵 宋時烈로 이어졌고, 그것은 바로 조선 후기 사회를 이끈 학문의 계보였다. 이들이 서인 정파로서 이끌어 간 조선 후기 사회는 성리학에 기초한 도덕 국가를 지향했으니, 이이의 포부와 이상이 그의 제자들에 의해 실현되었다고 할 수 있다.

이이의 묘. 아버지 이원수, 어머니 사임당 신씨의 묘와 함께 자운서원 가까운 언덕에 있다. 경기도 파주시 법원읍 동문리 소재.

사대부로서의 사명을 다하다

사림의 포화 상태에서 사상계가 동인과 서인으로 정파적 전환을 한 16세기 후반은 기성 정치 세력과 신참 정치 세력이 정권 교체를 해야 하는 상황이었다. 조선 왕조가 이미 200여 년을 경과하여 물갈이를 해야 하는 시점에 와 있었던 것이다. 그러나 강고한 경제력 기반과 기득권을 향유하는 기성 정치 세력은 개혁을 지향하는 사림계 정치 이정표에 의구심을 갖고 있었다. 이이는 이러한 상황의 타개를 위해 대경장大更張을 주장하면서 사림의 구심점이 되었다.

이황이 학자로서의 일생을 살아갔음에 비해 이이는 사士로서 대부大夫가 되어 전형적인 사대부士大夫의 삶을 살았다. 대부분의 조선 학인이 학자로 대성하거나, 벼슬길에서 탁월한 업적을 남겨 관료로 성공하거나, 그도 아니면 제자를 키우는 일 등 한 면에서 성취를 이루는 데 비추어 볼 때 이이는 이 세 가지 모두를 일구어 낸 큰 인물이었다.

자운서원. 이이를 배향한 서원으로 이 지역 선비들의 추향을 가늠할 수 있는 구심점의 하나였다. 송시열이 지은 글을 김상헌의 맏손자 김수증이 예서로 써서 새긴 묘정비가 세워져 있다. 경기도 파주시 법원읍 동문리 소재.

이이는 수신의 덕목으로 성誠을 중요시하여 항상 성심誠心(정성스러운 마음)으로 사람을 대했다. 가정적으로 힘든 상황이었음에도 화기 띤 얼굴빛과 명랑함을 유지하여 주변 사람에게 큰 위안을 주었고, 제자 양성도 게을리하지 않았다. 그의 치열한 개혁 의지는 기득권 세력에 의하여 좌절되었지만, 이상 사회에 대한 꿈은 제자들에 의하여 조선 후기 사회에서 실현되었다.

그는 진정한 사대부로서의 사명을 서둘러 다하고 1584년 49세로서 고단한 생을 마감했다. 서울 대사동에서 별세한 그는 파주 자운산 선영에 안장되었고, 문성文成이라는 시호諡號를 받았다. 그의 위패는 문묘文廟와 선조의 묘정廟庭에 배향配享되었고 파주의 자운서원, 강릉의 송담서원, 풍덕의 귀암서원, 서흥의 화곡서원 등 전국 20여 개 서원에 제향祭享되었다.

율곡 이이의 졸기卒記에는 이렇게 기록하고 있다.

"이珥는 성품이 매우 탁월하고 수양이 매우 깊어서 명랑하고 화기에 찼으며 평탄하면서도 영단이 있었다. 대인對人 접물接物에서 오직 성신誠信으로 일관하였고, 은혐恩嫌·애오愛惡에 개의치 않았다. 우자愚者나 지자智者나 그를 존경하지 않는 사람이 없었다. 물러갔다가도 시국을 수습하기 위하여 도로 나와 사류士類를 보합保合하였고, 사의私意 없이 말을 하여 대화大禍를 면치 못할 뻔하였다. (중략) 그가 죽은 후에 그의 예언이 모두 들어맞았고, 그가 건의한 정책은 후에 모두 채택되었다."

사계 김장생(沙溪 金長生) 1548년(명종 3)~1631년(인조 9)

전란 후 혼란기에 다시
　　예(禮)를 세운 학행지사

16세기 말 7년 왜란을 겪은 조선 왕조는 다시 17세기 초에 호란을 겪었다. 남쪽의 일본과 북쪽의 여진이 불과 40여 년의 시차를 두고 일으킨 전쟁이었다. 전통적으로 이들 남북의 오랑캐들은 자급 자족하지 못하고 약탈 경제에 의존했다. 왜란은 일본이 당대의 주도국인 명나라를 정벌하기 위해 조선을 전쟁터로 만든 것이고, 호란은 후금(여진족이 만주 지방에 세운 나라)이 중원을 도모하기 위해 명나라의 동맹국인 조선을 선제 공격한 것으로서 동아시아 전체가 전쟁에 휘말린 당시로서는 세계 대전이었다.

　목축으로 생계를 꾸리는 유목민족 여진은 전염병 등으로 가축이 떼죽음을 당하면 중국이나 조선에 침입하여 약탈을 일삼았다. 안정적인 농경 사회를 이룩하고 있는 중국이나 조선은 평화 공존의 논리인 유교에 입각하여 해마다 일정한 세미(歲米)를 전달하면서 달래는 한편으로 높고 긴 성을 국경 지대에 쌓기도 했다. 중국이나 조선 모두 일정한 거리를 두면서 적당히 달래는 정책을 썼던 것이다. 그런데 어느새 강성해진 여진이 후금을 건국하고 명나라를 치기 전에 먼저 조선을 침입하

작자 미상, 「전 김장생 초상」, 비단에 채색, 101.5×61cm, 국립중앙박물관 소장.

여 호란을 일으켰다.

　남쪽의 일본이 중앙 집권적 통일 국가를 이룩한 것은 16세기 임진왜란 직전이었다. 그 이전 일본의 지방 정부는 왜구가 조선이나 중국 또는 동남아시아를 휩쓸고 다녀도 수수방관하거나 음성적으로 지원하는 형편이었다. 지방 경제의 상당 부분을 이들 일본해적의 약탈에 의존하였기 때문이다. 이들 왜구는 특히 조선 변방에 수시로 출몰하여 노략질을 일삼았고, 조선의 국력이 약화되는 쇠미기에는 수도권에까지 침략하여 식량뿐만 아니라 귀중한 문화재까지 마구 약탈했으므로 일본에 대한 조선의 피해 의식은 뿌리 깊은 연원을 갖고 있었다. 따라서 조선은 이들을 당연히 오랑캐로 치부했다.

　이들 남쪽과 북쪽의 오랑캐가 일으킨 전쟁은 각기 차별성을 갖고 있다. 왜란이 7년이나 끈 장기전이었음에도 일본군을 국토에서 완전 추방한 승전이었다면, 호란은 몇 달밖에 안 되는 단기간의 전쟁이었음에도 국체의 상징인 왕(인조)이 여진의 청 태종에게 무릎을 꿇은 패전이었다. 왜란이 조선의 하부 구조를 완전히 파괴했다면, 호란은 조선의 자존심에 상처를 입혔다.

예의는 도덕 국가의 전제 조건

왜란과 호란의 양란 후 조선은 전후 복구 사업을 추진하게 되고, 조선 사회에는 와해된 질서를 바로 세우려는 욕구가 일어났다. 전쟁으로 황폐해진 국민의 마음을 통합하기 위해 도덕적 문화 국가라는 국가 기본 방향을 설정하고, 사람과 사람이 상호 존중하는 사회의 구현이라는 정치 목표를 수립하였는데, 그것이 곧 예치禮治로 나타났다. 법으로 규제

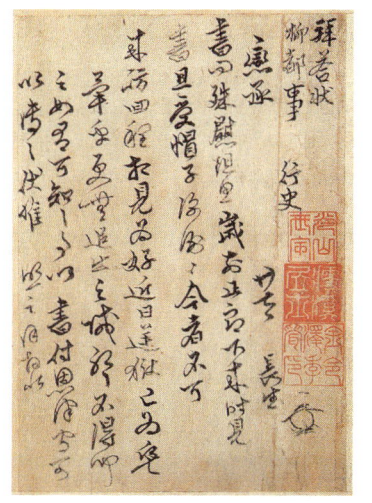 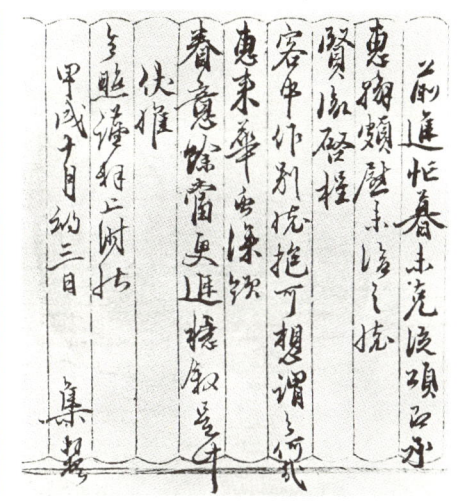

김장생, 「서간」, 종이에 먹, 30.7×22cm, 개인 소장.

김집, 「서간」, 초서, 1634년, 종이에 먹, 23.2×18cm, 개인 소장. 김장생의 아들 김집 역시 예학의 대가로 산당의 영수요, 기호 산림의 상징으로 활약하였다.

하면 피동적인 국민이 되고 예禮를 가르치면 스스로 알아서 행동하는 상식적인 국민이 된다. 예치는 예의바른 국민과 도덕적인 문화 국가를 만들기 위한 통치 방법이었고, 아울러 군사 대국인 청나라에 대응하는 고차원의 생존 전략이었다. 국가 간에도 의리를 지켜야 한다는 점을 강조하면서 도덕적 입지를 강화하고, 평화 공존하는 국제 질서를 파괴한 국제적 무법자인 청나라를 쳐서 복수설치復讐雪恥하자는 슬로건으로 국민 의식을 고양시킨 것이다.

사계 김장생沙溪 金長生(1548~1631년)은 이 두 번의 전쟁을 모두 겪었다. 이는 개인적으로 불운이었지만 전란 후의 질서를 세우는 데 결정적인 역할을 하는 동기가 되었다. 김장생이 전후 질서 회복의 기본 방향인 예치의 이론가로서 활동하게 된 것은, 율곡학파를 모태로 한 서인 정파의 정신적 지주였기 때문이다.

사람이 살아가는 데는 나름의 정신적 질서가 있게 마련이고, 그것은 윤리나 도덕으로 규정된다. 그 윤리와 도덕의 구체적인 실천규범이 예이다. 예는 도덕과 법의 중간 위치에서 강제성보다는 긍정적 권유를 특징으로 하는데 동양의 유교 사회에서 더욱 발달했다. 예의 본질은 인류 보편적인 것이지만 사회 상황과 문화 영역에 따라 상대적 특수성을 갖게 된 것이다.

조선 중기에 성리학의 이해가 심화되고, 그 우주론인 이기론理氣論에 이론적 기초를 둔 심성론이 발달한 것은 이상적 인간형을 만들기 위한 이론화 작업이었다. 심성론이 이상적 인간을 위한 것이라면 예는 사회 윤리를 위한 것이고, 예가 의義의 궁극적 표현방식이므로 사회 정의에 대한 강렬한 욕구가 뒷받침된 것이 조선성리학의 발전 과정이었다. 16세기 말 퇴계와 율곡이 성리학을 학문적으로 토착화하였고, 인심도심설人心道心說·사단칠정설四端七情說 등 심성론의 논쟁을 통해 인격 수양에 대한 이론화 작업을 마무리지었으며, 그러한 성과를 토대로 예의 탐구가 본격화하는 과정에서 왜란과 호란의 양란을 겪었다. 따라서 예의가 바로 서는 도덕 국가의 건설은 두 차례 전란으로 인해 기강이 무너진 조선 사회에서 최우선의 과제였다.

김장생은 서울 황화방 정릉동에서 김계휘金繼輝와 평산 신씨 사이의 외아들로 태어났다. 본관은 광산, 자는 희원希元이다.

김장생의 생애를 크게 획을 그어 볼 때 출생에서부터 31세까지는 성장기가 된다. 성장기에서 하나의 전환점은 13세에 구봉 송익필龜峰 宋翼弼(1534~99년)을 따라 배운 일이다. 이때 성리학의 기본서인 『근사록近思錄』을 배우며 학문적 기초를 쌓았다. 그 후 1567년 20세에 율곡의 문하에 들어갔고, 그의 적통을 계승함으로써 서인 학맥의 주축이 되었다. 그는 이 시기에 성학聖學(제왕학)을 터득하고 예학에 정통하게 되면서 율곡으로부터 특별한 기대와 촉망을 받았다. 1577년 30세에 석담石潭에 있는 율곡을 찾아뵈었는데, 율곡은 이때 비로소 그의 수학기를 마감시켰다. 제2기는 31세(1578년)부터 66세(1613년)까지의 활동기로 볼 수 있다. 그는 시험에는 재능이 없었던 듯하다. 과거에 실패하고 추천으로 창릉참봉이 된 이래 지방관을 주로 역임하면서 학문의 축적에 전념했다. 1580년에는 33세로 파산坡山에 있던 우계 성혼牛溪 成渾(1535~98년)을 찾아뵈었다. 이로써 김장생은 기호학파의 세 선생인 율곡, 구봉, 우계의 학문에 연원을 대었다. 그 선생들은 그의 아버지 김계휘와 동지이기도 했다.

조선적 예서 『가례집람』의 완성

김장생은 1599년 52세에 필생의 역작인 『가례집람家禮輯覽』을 완성했다. 『주자가례朱子家禮』를 미완성으로 간주하고 여러 예기의 학설을 모아 조목별로 해석하여 보충했을 뿐만 아니라 책머리에 도설圖說을 실어 고금의 의물儀物을 징험할 수 있게 했다. 이 책의 가장 큰 특징은 조선 현실에 적합한 예론의 정립에 있었다. 시의성을 주요 과제로 했던 것이

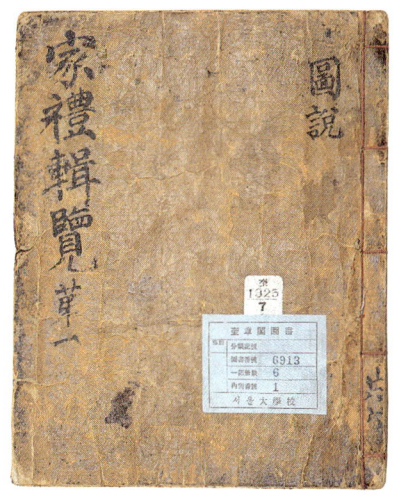

김장생, 『가례집람』. 시의에 맞지 않는 『주자가례』를 수정 보완하여 조선의 현실에 적합한 예론을 정립하고 양란의 후유증을 예로써 극복하려는 의지가 반영되어 있다.

다. 송나라 때 만들어진 예서가 시공을 뛰어넘어 3세기 이후의 조선에서 그대로 유효할 수는 없다는 인식 하에 조선에 맞는 예서를 만들어낸 것이다. 16세기 사림은 상례와 제례를 행할 때 『주자가례』를 조금씩 자신의 가문이나 현실에 맞게 수정하거나 보완하였으므로 조선적 예서는 시대의 요구이자 사회의 요구였다. 가가견문家家見聞으로 쏟아져 나오는 예서들을 총체적으로 정리하고, 양란의 후유증을 예로서 극복해야 한다는 시대의 요구에도 부응한 것이 김장생의 『가례집람』이었다.

그가 사망한 후 벌어진 예송禮訟은 예의 기준이 정치 문제화한 것으로서, 서인과 남인 간 노선 분립의 주요 기점이 된다. 예론禮論을 탐구하는 학문이 예학禮學이고 예학의 입문서가 예서禮書이며 예론이 정치 문제화한 사건이 예송이다. 김장생은 그러한 일련의 지적 풍토에 초석을 놓은 인물로 평가할 수 있다.

김장생이 관직에서 은퇴한 것은 1613년(광해군 5년)의 일이다. 계축옥사에 김장생의 서제庶弟가 연루됨에 따라 그도 화를 면할 수 없는 상황이었을 때 광해군은 장모인 정씨의 조언을 듣게 된다.

"그는 당세의 대유大儒로서 많은 선비들이 따르는데 이제 만약 체포하여 심문하면 크게 인심을 잃을 것입니다."

김장생은 화를 면하였고, 이를 계기

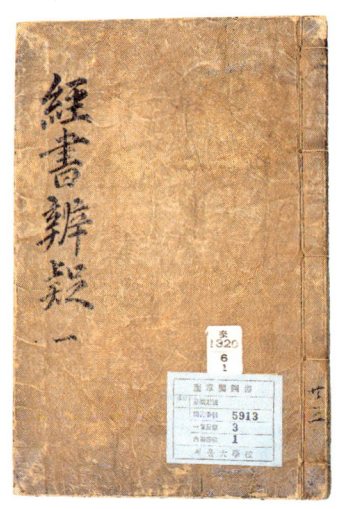

김장생, 『경서변의』. 김장생은 책을 읽으면서 의심스러운 것은 친구와 문인에게 물은 뒤 그 의견을 빠뜨리지 않고 함께 실었다.

로 소극적인 벼슬살이마저 청산하고 은퇴했다. 1613년 무렵부터 1623년 인조반정까지 10여 년의 은퇴기는 다시 경전 공부에 침잠하는 기회가 되었다. 그의 학문 태도는 엄격하기 그지없었다. 독서할 때는 반드시 의관을 정돈하고 단정하게 위좌危坐(무릎을 꿇고 정좌함)하여 마음을 오로지하고 뜻을 다했다. 그는 『소학』을 최고로 평가하고, 그 가르침을 종신토록 준칙으로 삼았다. 그리고 『중용中庸』, 『대학大學』, 『심경心經』, 『근사록』 등의 책은 암송하여 자기말같이 했다. 이러한 독서의 결과물이 『경서변의經書辨疑』였다. 어떤 책을 독서하면 그 책의 취지를 밝히고, 의심이 나거나 석연치 못한 부분을 변석하는 한편 친구나 문인, 후생에게도 문의하여 그들의 설까지 빠뜨리지 않고 함께 실은 것이다. 『경서변의』는 1618년 71세 때의 역작으로서 『가례집람』과 쌍벽을 이루는 그의 대표 저서이다.

시비(是非)와 사정(邪正)에 엄격

1623년 인조반정은 김장생의 인생에 또 하나의 전기가 되었다. 이 해 3월에 그는 76세의 노인으로서 사헌부 장령에 임명되었고, 6월에는 '선비들을 가르치고 원자를 보도한다'는 명목으로 특설한 성균관 사업司業에 임명됨으로써 산림으로 예우받았다.

1624년 4월 그믐, 김장생에게 인조의 질문이 내렸다. 사친私親(생부)인 정원군定遠君의 제사 축문에 관한 것이었다. 제사의 축문에서 정원군을 고考(죽은 아버지)로 칭하기로 했는데 조정의 논의가 분분하므로 고증을 해달라는 것이었다. 김장생의 대답은 사가私家의 논리가 왕실에 그대로 적용될 수 없으므로 사친이라 하더라도 '고'가 아닌 '숙叔'으로 해야 한다는 것이었다.

"군신君臣은 사친 관계에 상관없이 부자지의父子之義다. 인조는 선조에게 사친 관계로는 손자지만 입승대통入承大統했으므로 선조가 고考가 된다. 사친인 대원군(정원군)을 고라 한다면 대통을 오로지하지 못하고 이본二本을 만드는 것이므로 해례난륜害禮亂倫(예를 해치고 윤리를 어지럽게 함)이다."

선조는 열네 명의 왕자를 낳았고, 그 중 둘째 왕자인 광해군이 선조의 왕위를 이어받았지만 반정으로 쫓겨났다. 그래서 선조의 다섯째 왕자인 정원군의 아들이 왕위에 올라 인조가 되었다. 반정으로 쫓겨난 광해군을 왕으로 생각할 수 없는 일이고 보면 인조는 할아버지인 선조의 대를 이은 것이 되므로, 선조가 인조의 아버지가 되고 정원군은 인조의 숙부가 된다는 것이 김장생의 주장이었다. 왕실의 법이 사사로운 가정의 법과 같을 수 없으므로 선조(할아버지)를 아버지로, 정원군(아버

인조의 부모인 원종과 인헌왕후 구씨의 무덤인 장릉. 인조의 어머니 계운궁의 복제와 아버지 정원군을 원종으로 추숭하는 문제는 결국 인조와 박지계 등의 의견대로 실현되었지만, 선비들의 여망은 오히려 김장생에게 집중되었다. 경기도 김포시 풍무동 소재.

「김장생 문묘배향교지」. 문묘 배향은 당사자뿐 아니라 그 제자와 정파까지 학문의 정통성을 공인하는 것으로 받아들여져 선비들 최고의 영예였다. 김장생은 1717년(숙종 43년) 문묘에 배향되었다.

지)을 숙부로 해야 한다는 것이었다. 이 주장은 다시 조정의 논란을 불러일으켰고, 인조도 김장생의 주장을 못마땅하게 생각했다.

"사람에겐 할아버지가 있은 연후에 아버지가 있고, 아버지가 있은 연후에 자신이 있게 마련이다. 할아버지만 있고 아버지가 없을 수 있는가."

결국 인조는 정원군을 대원군으로 봉해서 '고'의 정당성을 부여했고, 1627년에는 정원군을 원종元宗으로 추존함으로써 김장생의 예론에 쐐기를 박았다. 그러나 김장생의 예론은 정원군을 왕(원종)으로 추존하는 과정과, 정원군의 부인이자 인조의 어머니인 계운궁啓運宮이 사망했을 때의 복제服制 문제에까지 이어지면서 8여 년의 논쟁거리가 되었다. 이때 인조와 김장생, 예관들과 김장생 사이에 오고간 편지들이 『전례문답典禮問答』으로 전해지는데, 김장생은 인조의 노여움을 사면서도 그 생애 마지막 예론에서까지 정원군의 원종 추존을 반대하며 숙부라 불러야 한다는 주장을 굽히지 않았다.

그러나 그는 1624년 이괄李适의 난이 일어났을 때는 77세의 고령에

도 불구하고 피난길의 인조를 공주까지 호종했고, 1627년 정묘호란이 일어났을 때는 80 노구를 이끌고 의병을 모집하는가 하면, 강화도 행궁에 입시하는 등 임금에 대한 예를 다했다.

김장생은 1631년 사망할 때까지 당대 사림의 상징적 존재였고, 국가의 부름이 끊이지 않았던 말년의 7, 8년은 그 생애의 전성기였다. 반정공신 이귀李貴(1557~1633년)에서 김상헌金尙憲(1570~1652년)에게 전해진 세도는 김장생에게 위임되어 서인 정권의 확립에 결정적인 역할을 했다. 그 후 그는 세도를 제자 송시열宋時烈(1607~89년)에게 전승하여 서인 정파의 학문적, 정치적 핵심 인물이 되었다.

김장생의 아들인 김집金集(1574~1656년) 역시 가학家學을 이어받아 아버지의 예학을 완성하고 아버지 사후에 그 제자들까지 계승했으니 문인들은 김장생을 노선생으로, 김집을 선생으로 불렀다. 이 문하에서 배출된 많은 인재는 조선 후기 사회에서 서인 정파가 주도적인 역할을

돈암서원. 충청도 노론 선비들 여론의 구심점이 되었던 서원으로 김장생, 김집 부자와 함께 송준길, 송시열을 제향하였다. 충청남도 논산군 연산면 임리 소재.

하는 데 초석을 놓았고, 이 문하에서 배출된 기라성 같은 인물군이 조선 후기 사회의 동량이 되었다.

김장생은 이름 그대로 장수하여 84세로 서거했는데, 복을 입은 문인이 수백 명에 이르렀다. 고향인 연산의 진금면 성북리에 장례되었고, 사후 37년 만인 1688년에 문묘에 배향되는 영광을 누렸으며, 연산의 돈암서원遯巖書院을 비롯하여 안성의 도기서원 등 10여 개의 서원에 제향되었다. 시호는 문원文元이다. 그의 성격은 '의론이 화평하고 각박한 말은 하지 않았지만 시비是非와 사정邪正은 엄격하게 따졌다'고 한 것에서 보이듯 꼿꼿한 선비의 표상이었다.

백사 이항복(白沙 李恒福) 1556년(명종 11)~1618년(광해군 10)

해학으로 절망의 시대를, 청빈으로 재상의 길을 걸은 오성대감

백사 이항복白沙 李恒福(1556~1618년)이 살아간 16세기 후반부터 17세기 전반까지의 조선 사회는 위기 의식이 충만한 사회 변혁기였다. 창업보다 수성守成이 더 어렵다고 하듯이 성종대에 마무리지은 문물 제도가 1세기에 걸쳐 운용되면서 개혁의 필요성이 제기되었다. 조선 왕조의 개창과 왕조 초기의 다난했던 정치적 격변기에 공훈을 세운 훈구파는 1세기가 경과하면서 기득권을 향유하는 정치적 구세력이 되었다. 이에 대한 비판 세력으로 등장한 사림파는 중종반정(1506년) 이후 그 입지를 강화하면서 성리학 이념의 구현에 박차를 가했다.

조선 전기의 사화들은 바로 이 훈구파와 사림파라는 신구 정치 세력의 갈등과 길항 관계에서 파생한 사건이었다. 기득권과 현실주의를 고수하는 훈구파가 권력을 잡고 있는 정치 상황에서, 훈구파에 대한 견제 세력이 필요한 국왕의 후원을 받으며 중앙 정계에 진출한 성리학적 이상주의자들이 사림파였다. 30년 단위로 부침을 계속하는 사림의 정치판 진출은 바로 그들 사제師弟의 1세대 간격을 의미한다. 사화에서 죽음을 모면한 잔존 사림은 귀향하여 제자를 양성, 자신들의 이상을 제자

작자 미상, 「이항복 초상」, 17세기, 59.5×35.0cm, 서울대학교박물관 소장.

들에게 전수하고, 제자들은 성장하여 다음 세대에 다시 중앙 정계에 등장했던 것이다.

이항복의 성장기에 해당하는 명종대는 사화기士禍期의 끝 지점에 해당한다. 이미 전국적으로 사림이 배출되어 사림세가 대세화한 이 시기에 외척으로 대표되는 훈구 세력의 발호는 극점에 달해 있었고, 승려 보우普雨(1509~65년)를 등용하여 불교 부흥의 기치를 든 문정왕후의 정치 관여는 사림의 의구심을 불러일으켰다. 사림 세력은 불교 중흥이 성리학을 국학으로 하는 조선 왕조의 기본 정책에 위배된다고 생각했다. 또한 사림의 나아가는 방향으로 볼 때 정치적인 반동기로 해석될 소지가 충분하였다. 문정왕후가 사망할 때까지 불교를 배척하고 '요승妖僧' 보우를 죽이라는 사림의 상소와 파업이 끊이지 않았다. 선禪과 교敎가 둘이 아니라는 '선교일체론禪敎一體論'과, 불교와 유교의 융합을 강조한 '일정설一正說'을 주장한 고승 보우를 '요승'이라 매도하고 유배지에서 기어코 살해해야 할 정도로 사림은 성리학적 이상 사회의 구현을 위해 모든 것을 걸었다.

이항복이 자라던 시기는 불교 중흥의 기치를 든 문정왕후와 성리학의 이념을 이 땅에 구현하려는 사림이 치열하게 부딪치고, 문정왕후의 동생 윤원형을 핵으로 하는 권력 핵심부의 비리와 부패가 만연하던 시대였다. 윤원형이 전리방축田里放逐(시골로 쫓겨남)된 1565년(명종 20년)은 이항복이 한참 민감한 나이인 10세 때였다. 아마도 그 실상을 친구들과 함께 목격했을지도 모른다. 그렇다면 그는 이 사건을 평생의 거울로 삼았을 수도 있었다. 외삼촌의 세도와 어머니 문정왕후의 그늘에서 기를 못 펴고 산 명종은 문정왕후가 별세하자마자 윤원형을 권좌에서 몰아내는 것으로 필생의 과업을 다했다는 듯이 1567년 6월 승하했다.

명종이 후사 없이 세상을 떠났으므로 그의 조카인 하성군河城君 균鈞이 입승대통入承大統하여 선조가 되었다. 선조는 중종의 후궁 창빈 안씨의 소생인 덕흥군의 셋째 아들로서 왕궁이 아닌 사가에서 성장했고 성리학자인 한윤명 등에게서 배웠다.

선조는 즉위하자마자 사림파를 대거 등용했다. 영남학파의 종장으로 사림의 원로인 이황을 비롯하여 장차 기호학파의 영수가 되는 신진 기예 이이를 등용했다. 이이는 이항복보다 20세 연상으로서 명종대의 실상을 체험적으로

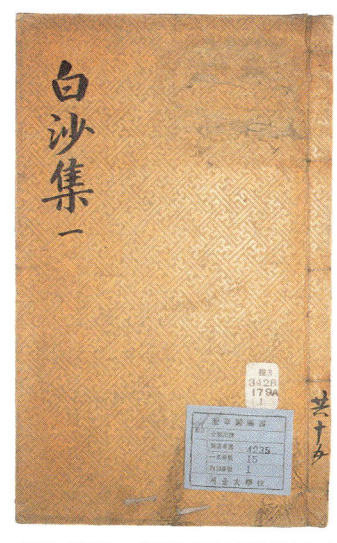

이항복, 『백사집』. 이항복은 선조가 포화 상태에 이른 사림을 대거 등용할 때 벼슬에 나아가 선조대의 대표적 사림인 이이의 길을 따랐다.

숙지했다. 과거에 급제한 것은 명종대였지만 본격적으로 출사한 것은 선조대였으니, 이이야말로 선조대의 대표적 사림이라 할 수 있는데, 이항복은 기호학파의 일원으로서 이이의 길을 따르게 되었다.

임진왜란 때 탁월한 외교 수완 발휘

선조대는 명종대에 야기된 조선 전기 체제의 말폐 현상을 극복해야 한다는 시대적 과제를 안고 있었다. 이미 부패할 대로 부패한 구정치 세력인 훈구파가 아직도 권력 상층부에 포진해 있었고, 그들은 여러 대에 걸친 재산 경영으로 광대한 토지를 점유하는 등 권세와 경제적 기반이 막강했다. 귀족화한 이들과 경장更張을 부르짖는 사림파의 충돌은 불

가피한 상황이었다. 그러나 사림파는 조광조의 실패를 거울 삼지 않을 수 없었다. 사림파는 과격한 대응으로 번번이 훈구파에게 피의 숙청을 당한 내력을 잊지 않았다. 정권 교체는 선조의 정치력에 힘입어서 과격하지 않게, 그러나 붕당이 형성되고 분당이 되는 등 과도기적 혼란을 야기하면서 점진적으로 이루어졌다.

선조대의 비극은 국가 내부가 아닌 외부에서 준비되었다. 동아시아의 국제 정세가 급변하였던 것이다. 16세기까지도 통일 국가를 이루지 못했던 일본이 도요토미 히데요시豊臣秀吉에 의하여 통일되고, 그 바람이 대륙을 향해 불어왔다. 도요토미 히데요시는 통일 과정에서 팽창한 군사력이 국내에 고여 있으면 내란이 일어날 수 있다는 우려를 했고, 팽창할 대로 팽창해서 금방이라도 터질 듯한 그 군사력을 대륙으로 돌릴 생각을 한 것이다. 대륙 침략은 일본의 전통적인 야욕이었다.

조선을 침략한 일본의 명분은 정명가도征明假道였다. 명나라를 치려고 하니 조선의 길을 빌려 달라는 것이었다. 선조 25년(1592년) 임진왜

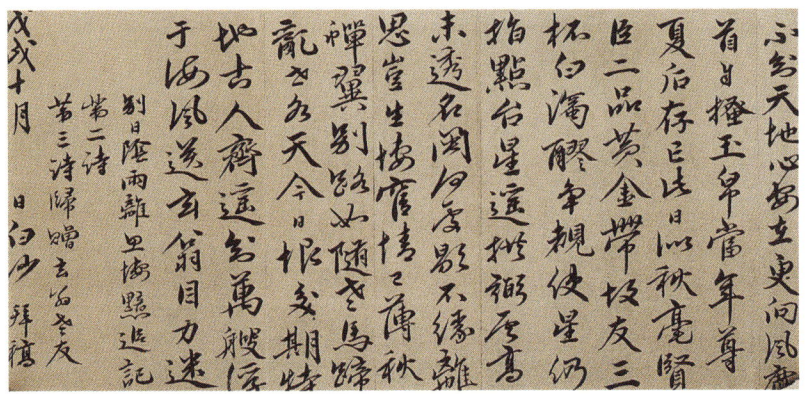

이항복, 「시고」, 25×49.5cm, 성균관대학교박물관 소장.
1598년(선조 31년) 정응태가 무고한 일을 해명하기 위해 사신으로 갈 무렵 신흠에게 지어 보낸 시이다.
이항복은 신흠 등과 함께 임진왜란 이후 서울 주변 선비들의 정치적 구심이 되었다.

란 7년 전쟁의 발발이었다. 선조는 억수같이 쏟아지는 빗속에 피난길을 떠났다. 이때 이항복은 37세로서 오늘날의 대통령 비서실장에 해당하는 도승지였기 때문에 몇 명 안 되는 호종대신의 선두에서 등불을 밝혀 선조의 피난길을 인도했다. 이후 7년 임진왜란 기간 내내 선조의 곁에는 이항복이 있었다. 의주를 피난지로 하자는 의견을 낸 사람도 이항복이었고, 탁월한 외교 수완을 발휘하여 명나라의 구원병 파병을 성사한 사람도 이항복이었으며, 명군의 선발대장 조승훈祖承訓의 사람됨을 보고 '그의 조급함과 무모함 때문에 패할 것'이라고 예견한 사람도 이항복이었다. 한편 명나라에서 파견된 관리인 양방형楊邦亨은 '조선에 이와 같은 인물이 있으니 어찌 외국이 가볍게 넘보겠는가' 하고 이항복을 높이 평가했다.

7년 간의 전쟁으로 국토가 초토화했지만 임진왜란은 승리로 끝이 난다. 국토에 침입한 외적을 국경 밖으로 완전히 축출하면 승전으로 생각하는 것이 당시대인의 인식이었다. 임진왜란의 승리는 이항복 등이 교섭하여 파견된 명나라 원군의 역할과, 이순신이 중심이 된 해전의 승

이항복, 「소림청장」, 비단에 수묵, 20×28.8cm, 간송미술관 소장.
이항복은 젊은 시절에 한때 스스로 그림을 배우려 했다고 할 정도로 성리학 이외의 학문과 예술에도 깊은 관심을 가지고 있었다.

리, 사림 의병장이 이끄는 의병과 사찰을 군사 기지로 삼은 승병의 전술이 삼박자를 이룬 결과였다. 전쟁이 끝난 후 이항복은 전란 중에 도승지·이조판서·병조판서의 중책을 수행한 공로로 호성일등공신扈聖一等功臣이 되고 오성부원군鰲城府院君에 봉해졌다. 그리고 그 이듬해인 1600년(선조 33년)에는 47세의 나이로 영의정에 올랐다.

일화 속의 오성대감

이항복은 큰 인물답게 신비스러운 일화를 많이 남겼다. 태어나서 사흘 동안 젖도 먹지 않고 울지도 않아서 박견이라는 소경 점쟁이를 불러 보이니 "장차 큰 인물이 될 점괘이니 걱정할 것 없다."고 했다.

돌이 되기 전에 우물에 빠질 뻔한 얘기도 전해진다. 유모가 우물가에서 어린 항복을 안고 있다가 잠시 졸았는데, 꿈에 얼굴이 긴 백발의 남자가 나타나 지팡이로 그녀의 종아리를 때렸다. "어째서 어린아이를 보지 않느냐?" 유모가 깜짝 놀라 눈을 떠보니 어린 항복이 우물에 막 빠지려는 찰나였다. 아슬아슬한 순간에 항복을 구했지만 꿈에 지팡이로 맞은 종아리가 며칠 동안이나 아파서 유모는 이상하게 생각했다. 그로부터 얼마 후에 항복의 선조인 고려 말 명신 이제현李齊賢의 제사가 있었는데, 제삿상에 오른 영정을 보고 유모는 깜짝 놀랐다. 우물가에서 졸고 있을 때 종아리를 친 바로 그 사람이었던 것이다.

항복이 8세 때 아버지인 참찬공 이몽량李夢亮으로부터 칼과 거문고를 시제詩題로 받아서 지은 시가 있다.

"칼은 장부의 기상이 있고劍有丈夫氣, 거문고는 태고의 소리 간직했네 琴藏太古音."

9세에 아버지를 잃고 편모 슬하에서 자랐는데, 새 옷을 입고 나가서는 헌 옷과 바꿔 입고 오는가 하면 새 신발을 신고 나가서는 맨발로 들어오기도 했다.

"동무가 너무 부러워하여 차마 그냥 돌아설 수 없었습니다."

그는 천성적으로 의협심이 강하고 장난을 즐기는 소년이었다. 이항복과 그의 죽마고우 이덕형 李德馨(1561~1613년)이 어린 날부터 즐긴 재담과 해학은 '오성鰲城과

작자 미상, 「이덕형 초상」, 비단에 채색, 50.1×35cm. 임진왜란 수습을 위해 이항복과 함께 동분서주했으며, '오성(이항복)과 한음(이덕형)'이라는 재미있는 일화의 주인공이기도 하다.

한음漢陰'이라는 어린이용 만화까지 나와서 오늘날에도 전해진다. 축구와 씨름 등을 즐기며 자유분방하게 자라던 그는 16세에 어머니마저 여의고 3년상을 치른 뒤에 성균관에 들어가 학문에 전념하는데, 진지한 학업 태도로서 명성을 얻었다. 그리고 성균관에 입학하던 그 해에 도원수 권율權慄 장군의 딸에게 장가를 들었다. 당시 권율 장군의 아버지가 영의정 권철權轍이었으니 고아 소년이 영의정의 손녀사위가 된 것이다. 20세에 진사 초시에 오르고 25세에 알성문과謁聖文科에 병과丙科로 급제하여 승문원 부정자가 되었다. 그 후 그는 관료 사회의 꽃이라 불리던 청직淸職(글로서 임무를 수행하는 홍문관·예문관·승문원 등의 문한관)을 두루 역임했다.

이항복이 병조판서이고 그의 장인인 권율 장군이 도원수이던 어느 해 여름의 일이다.

"장인어른, 날씨도 무덥고 하니 오늘 조회에는 의관속대를 다 갖춰 입고 가실 게 아니라 베 잠방이 위에 융복을 걸치고 가시지요."

 권율 장군은 고지식하게도 사위 이항복의 말을 따라 집에서 입는 베 잠방이 위에다 융복을 걸치고 대궐 조회에 참석했다. 물론 이항복은

정선, 「필운대」, 종이에 엷은 채색, 33.5×29.3cm, 간송미술관 소장. 이항복이 장인 권율로부터 물려받은 집터가 이곳에 있었다.

병조판서의 조복을 제대로 차려 입었다. 그 날 대궐 조회에서 이항복이 선조 임금에게 주청했다.

"전하, 날씨가 너무 무덥사옵니다. 관복을 벗고 조회를 하는 것이 어떠하오리까?"

선조가 너그럽게 응락했고, 조회에 임한 모든 대신이 관복을 벗었다. 그랬으니 권율 장군이 난처하지 않을 수 없었다. 사위의 말을 따라 관복 밑에 짧은 베 잠방이를 걸치고 나왔는데, 바로 그 사위라는 자가 임금에게 관복을 벗고 조회하자고 청한 것이다. 난감하지만 권율 장군은 관복을 벗지 않을 수가 없었다.

"경은 긴 옷이 없는가? 어찌하여 짧은 베 잠방이를 입었는가?"

대답할 바를 몰라 쩔쩔매는 장인을 대신하여 이항복이 대답했다.

"전하, 권 도원수는 집이 가난하여 여름에는 항상 짧은 옷만 입고 지낸다고 하옵니다."

선조는 좋은 옷 한 벌을 권율에게 하사하였다.

이항복의 의도는 전쟁중임에도 모시옷이나 명나라에서 수입한 비단으로 옷을 해 입는 다른 대신들을 비판하고 장인의 검소함을 드러내 보이기 위한 것이었다.

깨끗한 모래 한 알처럼 산 일생

1608년 선조가 승하하고 광해군이 즉위하여 북인 정권이 들어서면서 서인 정파인 이항복에게 정치적 박해가 시작되었다. 1613년(광해군 5년) 가을에 이이첨 등 북인의 공격을 받고 정계에서 물러나 서울 북쪽 노원촌으로 퇴거했는데, 공신功臣에 봉해지고 영의정에까지 오른 그의 거처는 사람이 겨우 드나들 수 있는 두실斗室에 불과했고, 살림살이는 거친 밥에 채소 반찬으로 끼니도 잇지 못할 정도였다. 그러한 처지에도 그는 편안하게 경전에 침잠하여 글 읽는 소리가 끊이지 않았고, 짚신에 지팡이를 짚고 산과 물가에 노닐면서, 때로 흥이 나면 노새에 몸을 싣고 동자 하나 앞세워 아름다운 산수를 찾아 나서니, 그를 보는 사람들은 단지 시골 노인으로만 알았지 그 유명한 오성대감인 줄을 몰랐다.

1617년(광해군 9년) 북인 정권이 인목대비의 아버지 김제남金悌男을 역적모의했다는 죄목으로 살해하고, 선조의 유일한 적자인 영창대군永昌大君을 강화도에 유배했다가 역시 시해하고, 서궁에 유폐된 인목대비마저 폐서인廢庶人하려 하였다. 이에 62세의 이항복은 폐모론廢母論에 반대하는 상소를 올렸다가 삭탈관직을 당하고 함경도 북청으로 유배를 가게 되었다.

1618년 5월 초, 유배지에서 이항복은 선조 임금과 이덕형을 꿈에 보았다. 평생의 지기라고 할 수 있는 선조도, 죽마지우인 이덕형도 이미

이항복의 묘. 이항복의 후손은 뒷날 손꼽히는 소론 명문가의 일원으로 활약하였다. 경기도 포천군 가산면 방축리 소재.

이항복을 제향한 화산서원. 경기도 포천군 가산면 방축리 소재.

죽고 없는 사람들이었다. 그 꿈을 꾸고 나서 이항복은 자신이 죽을 때가 되었음을 알게 된다. 그리고 5월 11일, 유배지 북청에서 생을 마감한다. 그는 유배를 떠나올 때 가족에게 이미 유언을 남긴 바가 있었다.

"내가 죽은 후 조복朝服을 입히지 말고 평상복인 심의深衣를 써서 염하라."

백사白沙라는 호처럼 깨끗한 모래 한 알로 평생을 산 이항복의 일생은 선비 정신의 구현이자 인간 승리의 표상이었다. 공신의 자리에 오르고 영의정까지 지낸 사람이 청백리에 녹선된 사실 자체가 그의 극기를 대변해 준다. 청렴을 내세우는 사람들이 흔히 빠지기 쉬운 청광淸狂의 상태도 되지 않고 해학과 웃음 속에 한 평생을 살아가면서, 조선 왕조 최대의 위기 상황이던 임진왜란에 슬기롭게 대응하고 국난을 극복한 사람이 이항복이었다. 선조의 즉위로 새로운 시대가 열리는 기회를 포착하여 시대를 변혁하는 사림의 대열에 동참, 국난을 극복하고 한 시대의 나침반을 돌려놓는 개혁의 주도 인물이 되었던 것이다.

청음 김상헌(清陰 金尙憲) 1570년(선조 3)~1652년(효종 3)

전란의 치욕 속에 피어난
이상주의자의 절개

청음 김상헌淸陰 金尙憲(1570~1652년)은 1570년(선조 3년) 서울 출생으로 돈령부 도정 극효克孝의 아들이며 우의정 상용尙容(1561~1637년)의 동생이다. 3세 때 큰아버지인 현감 대효大孝의 양자가 되었다. 21세인 1590년(선조 23년) 진사에, 27세인 1596년 정시 문과에 급제하여 벼슬길에 올라 임진왜란중에 출사했다. 권지승문원 부정자權知承文院副正字로 벼슬길을 시작하여 1608년(광해군 즉위년) 39세로 다시 문과 중시에 급제하고 사가독서賜暇讀書의 기회를 얻어 독서당에 들어갔다. 청요직을 거치던 중 광해군 정권의 문제점을 비판하다가 파직되어 은퇴했다.

광해군 정권의 세 권신을 당시 삼창三昌이라 했는데, 광창廣昌부원군 이이첨李爾瞻, 밀창密昌부원군 박승종朴承宗, 문창文昌부원군 유희분柳希奮이 그들이었다. 이 세 사람의 권세와 영화는 당시 사람의 혐오와 비난의 대상이 되었는데 김상헌은 유희분과 이종 형제 간의 가까운 사이였지만 절교하고 왕래하지 않았다.

▶ 정선, 「청풍계」, 1739년, 비단에 채색, 153,6×59cm, 간송미술관 소장.
김상헌과 김상용의 후손이 살던 북악산과 인왕산 사이의 청풍계는 조선 후기 진경 문화의 중심 역할을 하였다.

이이첨, 박승종, 유희분 삼창은 과거 시험 문제를 자기 자제들에게 유리하도록 출제하여 물의를 일으키는가 하면 누가 더 권력이 센지 힘겨루기도 서슴지 않았으니 다음과 같은 일화가 그들 상호 간의 치열한 권력 다툼을 말해 준다.

이이첨에게는 세상에 널리 알려진 준마가 있었는데 병조판서로 있던 유희분이 몰래 빼돌려 자기 집에 숨겨 두었다. 이이첨이 부하를 시켜 백방으로 수소문하는 꼴을 보고 즐기던 유희분은 말이 버쩍 말라 버린 후에 돌려보내 주었고, 이이첨은 말의 꼴을 보고 졸도했다. 유희분은 광해군의 왕비 유씨의 오라비로서 척족이라는 특권으로 이이첨을 놀려 주었지만 이이첨의 권모와 술수는 따를 수가 없었다. 그 둘은 상호 불신 속에 권력 유지를 위한 이합집산을 되풀이했다. 이이첨이 대북, 박승종과 유희분은 소북으로서 상호 인척관계이면서도 권력에 관한 한 치열하게 대립했다.

당시 명나라에서 온 사신이 광해군 조정의 신하들 관상을 보고서 한 말이 있다.

"이이첨은 가을바람에 우는 여자의 상이요, 허균許筠은 늙은 여우가 묶여 있는 상이며, 많은 신하가 살기를 띠고, 그 밖의 신하들도 모두 불길한 상이니, 당신 나라의 국왕이 무사하기 어렵겠다."

상호 권력 투쟁에 혈안이었으니 어떻게 살기를 띠지 않을 수 있었겠는가.

인조가 반정으로 왕이 되기 전 능양군綾陽君으로 있을 때 그의 동생 능창군綾昌君이 반역했다는 무고로 투옥되어 목숨이 위태롭자 백방으로 구명 운동을 했다. 유희분의 애첩이 그 기회를 타 뇌물을 요구했고, 인조가 가재를 털다시피하여 뇌물을 주었지만 만족한 빛이 없었다. 생각다 못한 인조는 잔칫집에 놀러간 유희분을 만나러 10리가 넘는 먼 길을 찾아갔지만 만나주지도 않았다.

인조반정 후 유희분은 폐모론(인목대비를 폐비로 하자는 논의)에 동조하지 않았으므로 살려 주자는 여론이 있었다. 그러나 인조는 유희분의 전과를 용납하지 않았다.

"희분의 첩은 내 아우 능창이 변을 당했을 때 위협하여 뇌물을 요구하는 것이 끝이 없었다. 부모님께서 선대에 하사받은 보화를 있는 대로 다 갖다 바쳤는데도 부족하여 끝없이 요구하였으니 부모님의 심정이 어찌 말로 다할 수 있었겠는가. 희분이란 자가 첩을 시켜서 이런 짓을 했으니 어찌 죽음을 면하겠는가."

인조의 아버지 정원군(뒤에 원종으로 추존)이 선조의 아들이므로 인조는 선조의 직계 손자이다. 그럼에도 불구하고 동생을 살리기 위해 유희분의 첩에게 뇌물을 바치면서 절치부심했을 것이다. 그러나 동생은 외딴 섬으로 귀양을 갔고, 거기서 독약을 먹고 자살했다. 동생의 죽음 앞에 속수무책으로 당할 수밖에 없었던 자신의 처지와 유희분의 기생 출신 첩에게 당한 치욕감을 잊을 수 없었을 것이다. 어찌 보면 인조가 죽음을 무릅쓰고 반정에 적극 동조하게 된 원인의 상당 부분이 그 사건에 있지 않았나 추측된다.

우리 집 어사또 오신다

김상헌은 사람됨이 정직하고 엄격했다. 우스갯소리를 잘하던 그의 아버지조차 친구들과 놀다가 아들이 밖에서 돌아오는 기척을 느끼면 손을 저어 그치고 "우리 집 어사또 오신다."고 말했다는 일화가 전할 정

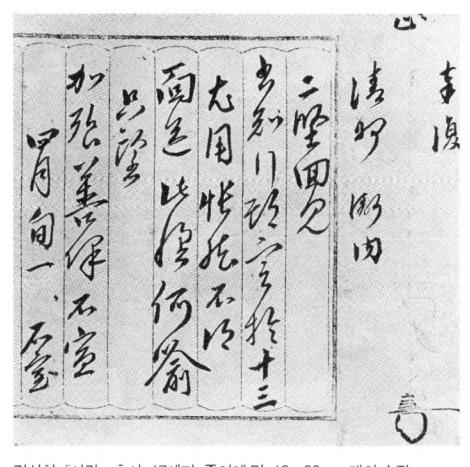

김상헌, 「서간」, 초서, 17세기, 종이에 먹, 19×20cm, 개인 소장.

도다. 그런 김상헌이 인조반정 후에 유희분이 사형을 당하자 상복을 입고 문상하려 했다. 사람들이 말렸지만 그는 듣지 않았다.

"유희분이 처형된 것은 반역을 했기 때문이 아니다. 권세를 탐하고 미혹하여 깨닫지 못한 것뿐이다. 살아 있을 때에는 비록 그 집에 드나들지 않았으나 죽은 후이니 어떠한가. 친척 간의 의리까지 끊을 수야 없는 일이 아닌가."

공과 사를 분명히 하고 인정과 의리를 잘 따져 행동하며 권력에 영합하지는 않으나 참혹하게 처형당한 친척에게 의리는 지켜야 한다는 그의 원칙주의가 돋보이는 일화다.

김상헌이 대사헌의 직책에 있을 때의 일이다. 장약관掌藥官 박시량朴時亮이 진흙이 신발에 묻을까봐 조회 때 큰 덧신을 신는 범법 행위를 했고, 부유한 역관 장현張炫이 집을 지으면서 국법에서 금하고 있는 부연附椽을 달았다. 김상헌이 죄를 물을 것은 뻔한 이치였다. 박시량의 처가 남편의 선생인 고관 오윤겸吳允謙에게 구명 운동을 하러 찾아가지만 허사였다. 오윤겸이 거절한 것이다.

"내 아들이 범법하였더라도 김공은 용서하지 않을 터인데 어찌 시량의 일을 부탁할 수 있겠는가."

김상헌과 오윤겸은 절친한 사이였지만 공사 구별이 상호 추상 같았던 것이다. 결국 두 사람은 처벌받았다. 또 어떤 공자가 둥근 기둥을 사용하여 정자를 지었다가 다시 기둥을 깎아 네모나게 하였다는 기록도 있다. 둥근 기둥은 궁궐에만 쓰게 되어 있는데 월권하려다가 김상헌의 칼날 같은 공직 수행 자세에 겁을 먹은 것이다.

김상헌은 인조반정(1623년) 후 공신들에게 편지를 하여 광해군에게 후하게 할 것을 권고했다. 앞의 유희분에 대한 처사와 마찬가지로 억강부약抑强扶弱(강한 자는 억누르고 약한 자는 부추겨 도와준다)하는 조선 선비의 가치 지향성을 보여 주는 예화라고 할 수 있다. 그는 공신 세력의 상호 보합 위주의 정치를 반대했고, 시비선악是非善惡을 엄격하게 가려야 한다는 주장을 펴서 청서파清西派의 영수가 되었다.

훈작을 받은 반정 공신들이 차츰 부귀를 도모하는 경향이 나타났다. 하사받은 토지 이외에 사적으로 전지와 노비를 불리고 호화롭게 저택을 지어 분수에 어긋나는 등 권귀화權貴化했던 것이다. 따라서 권귀화를 견제하는 세력도 생겨나게 되었다. 인조반정의 주동세력인 서인 정파 내에서 권귀화하는 공서功西와 비판 세력인 청서清西의 노선 분립이 가속화했고, 김상헌은 초야에서 학문하던 산림의 주도자로서 청서파의 비판 세력을 대변하게 된 것이다. 그가 처한 상황과 그의 강직한 성품으로서 당연한 귀결이었다. 공신 중의 한 사람인 김류金瑬는 김상헌을 이렇게 평했다.

"그를 만날 때마다 나도 모르게 등이 땀에 젖는다."

67세의 척화론자

김상헌 생애의 절정은 병자호란 당시 67세의 노구를 이끌고 척화론자의 구심점이 되면서부터다. 남한산성이 포위된 지 50여 일째인 1637년 정월 23일 강화도가 함락되었다는 비보가 전해진다. 의병의 원조를 기대하기 어려운 상황에서 강화도로 피난한 세자와 세자빈 강씨, 두 왕자와 역대 왕의 옥새가 적의 손에 넘어갔다는 충격적인 소식이 성내에 전해진 것이다. 주화론이 척화론을 압도하고, 인조의 지지를 얻은 주화론자들은 청나라와 강화 교섭을 시작했다. 그리고 마침내 최명길崔鳴吉이 항복의 국서를 작성했는데 김상헌이 그 국서를 찢어버린다.

"신이 국서를 찢은 죄, 죽어 마땅하나 오늘의 의론은 양립할 수 없습니다. 청컨대 소신을 먼저 죽여서 인심을 하나로 하십시오."

그 후 6일 동안 단식하다가 척화한 사람들을 청에 포로로 보낸다는 소식을 듣고 비로소 일어나 음식을 들었다.

"내가 만약 먹지 않고 죽는다면 적진에 가는 것을 피하기 위한 행동이었다고 말할 것이다."

결국 홍익한洪翼漢, 윤집尹集, 오달제吳達濟 등 젊은 언관들이 속죄양이 되어 청나라에 잡혀가 척화의 상징적 존재가 되었지만, 실제 척화론을 주도한 핵심 인물인 김상헌은 주화론의 핵심 인물인 최명길과 치열한 논쟁을 벌이면서 이들의 뒤에서 버팀목이 되어 주었다.

남한산성의 포위가 풀리자 김상헌은 벼슬을 그만두고 자신의 관향지인 안동으로 낙향하여 학가산 아래 깊은 골짜기에 목석헌木石軒이라는 초옥을 엮어 은거했다. 이때 조정에서는 왕을 호종하여 전쟁을 수행한 여러 신하에게 위로차 직질을 올려주는 조치를 취했는데 김상헌에게도 숭록대부崇祿大夫라는 직질이 내려졌다. 그는 사양하는 상소를 올렸다.

"전하께서 산성에 계실 때 모든 대신이 적과 화친하여 산성에서 나갈 것을 권하였는데 신만이 사수해야 한다고 감히 아뢰었으니 신의 죄가 하나이며, 항복하는 글을 차마 볼 수 없어서 신의 손으로 그 문서를 찢어 버리고 묘당에서 통곡하였으니 신의 죄가 둘이요, 전하와 세자가 오랑캐의 진영에 나가실 때 신이 말 앞에서 죽지 못하였고 또 병 때문에 행차에 수행하지도 못하였으니 신의 죄가 셋입니다. 이렇듯 큰 죄를 짓고도 아직 형벌을 면하고 있는데, 어찌 감히 처음부터 끝까지 말고삐를 잡고 호종한 여러 신하와 같은 은상恩賞을 받을 수 있겠습니까. 추위와 더위가 없어지지 않는 한 갖옷과 갈포옷을 없앨 수 없으며, 적국이 멸망하지 않는 한 전쟁과 수비하는 것을 소홀히 할 수 없습니다. 엎드려 바라옵건대 전하께서 와신상담臥薪嘗膽하는 뜻을 가다듬고 요새의 방비를 더욱 닦으시어 국가로 하여금 두 번 다시 욕되지 않게 하십시오."

　이 상소의 요점은 두 가지로 요약할 수 있다. 벼슬의 승급을 사양하는 이유로서 자신의 죄 세 가지를 열거하고 있지만 진정한 이유는 화친을 주장한 사람들과 동렬에 서서 굴욕적인 벼슬을 받고 싶지 않다는 것이다. 완곡하고 간접적이지만 치욕의 대가로 주어진 일시적인 평화에 안주하고 싶지도 동조하고 싶지도 않다는 의사 표시인 것이다. 또 하나는 청나라와의 대결이 끝난 것이 아니라 앞으로가 문제라는 선견지명을 보여 준다는 점이다. 청나라를 적국으로 설정하고 있는 한 전쟁의 대비를 적극적으로 해야 할 것이고, 그 정신력은 와신상담에서 찾아내야 한다는 것이다. 중국 춘추시대 오나라와 월나라가 서로에게 복수설치하기 위하여 오왕 부차夫差는 섭나무 위에서 자고 월왕 구천句踐은 쓸개를 핥으면서 절치부심했다는 이 고사를 든 것은 청나라에 대한 조선 사회의 기본 정책을 제시한 것이며, 이후 조선 후기 사회에서 국가 대의로 설정한 북벌론의 기초가 되었던 것이다.
 그의 이러한 입장과 역할은 결국 청나라에 알려져서 안동에 은거한 지 3년 만인 1640년 청의 강경한 요구로 수도 심양으로 끌려가게 되었다. 이때 그는 시조를 한 수 지었다.

 가노라 삼각산아, 다시 보자 한강수야.
 고국 산천을 떠나고자 하랴마는
 시절이 하 수상하니 올동말동하여라.

 조국 산천의 대표적 존재인 북한산과 한강에 작별 인사를 하며 자신의 안타까운 심정을 토로하였다.

김상헌과 최명길

김상헌이 심양에 끌려갔을 때 주화론을 주장한 최명길도 잡혀 와 있었다. 심양에 함께 잡혀 있으면서 두 사람은 서로의 입장을 이해하고 묵은 오해를 풀게 되는데, 김상헌은 '양대兩代의 우정을 찾고 백년의 의심을 푼다'는 시를 읊고, 최명길은 화답하여 '그대 마음 돌과 같아 끝내 돌리기 어렵고 나의 도道는 고리와 같아 믿음에 따라 돈다'고 했다.
 척화론자의 한 사람인 이경여李敬興(1585~1657년)는 두 사람에 대하여 다음과 같은 시를 지어 비교 평가했다.

 두 어른 경經·권權이 각기 나라를 위한 것이니
 하늘을 떠받드는 큰 절개요

안동 김문의 주요 인물들

김상헌, 김상용의 가문은 문장과 도학을 겸했다고 자부하며 서울 주변 사대부의 공론을 주도하였다.

작자 미상, 「김상용 초상」, 비단에 채색, 37×29cm.

작자 미상, 「김수항 초상」, 비단에 채색, 37×29cm.

작자 미상, 「김원행 초상」, 비단에 채색, 50.1×35cm.

작자 미상, 「김조순 초상」, 종이에 채색, 65×54cm, 개인 소장.

한때를 건져낸 큰 공적일세
이제야 원만히 마음이 합치는 곳
남관南館의 두 노인 모두가 백발일세

척화론을 주장한 김상헌이 변치 않는 원칙론인 경經을 이야기한 것이라면 주화론을 주장한 최명길은 일시적인 방법론인 권權을 채택한 것이라는 인식이다. 전자가 절개를 높였다면 후자는 공적을 세운 것이며, 양자는 국가를 위하여 상호 보완을 한 셈이라는 평가였다. 다시 말하면 주화론자들의 종전 협상에 척화론자들의 강경론이 배후 작용을 함으로써 조선측 주장에 뒷받침이 되었고 청나라에게 조선 사대부의 만만치 않은 기개를 보여 주었던 것이다. 이상론 내지 원칙론인 척화론과 현실론인 주화론은 현실 타개 방법론 상의 이견이었을 뿐 기본적으로는 유교적 명분론자라는 공통점이 있었고 청에 대한 인식이 같았다. 호란 후 조선 사회가 명분론인 척화론의 입장으로 방향 설정이 단일화되고 그 연장선 상에서 북벌론이 제창된 사실로도 그 정체성의 실체와 노선을 확인할 수 있다.

심양에서 돌아온 김상헌은 1645년(인조 23년) 76세의 나이로 좌의정에 제수되고, 고관을 지낸 노인만이 들어갈 수 있는 기로소에 들어갔다. 심양에서 10여 년의 인질 생활을 하였다가 1649년 즉위한 후 북벌론을 국가 지도 이념으로 삼은 효종은 김상헌을 그 이념적 상징으로 떠받들고 대로大老라는 존칭을 내렸다. 한편 그의 형 김상용은 병자호란 중 강화도에서 순절했는데 조선 후기에 계속된 애국지사 현창 작업에서 김상용·김상헌 형제는 대표적인 충신·열사로 높이 평가받았고 이 형제를 배출한 안동 김씨는 명문으로 부상했다.

정선, 「석실서원」, 1740~41년, 비단에 채색, 20.7×31.3cm, 간송미술관 소장.
미호를 내려다보는 강 언덕에 위치한 양주 석실서원은 서울, 경기 지역 노론 사대부의 학문적 구심점의 하나였다.

    김상헌은 윤근수尹根壽의 문하에서 경사經史를 수학했고 우계 성혼成 渾의 도학道學에 연원을 두었다. 본관은 안동, 자는 숙도叔度, 호는 청음 淸陰 또는 석실산인石室山人이라 했다. 서간노인西磵老人이란 호도 있는 데 만년에 안동에 은퇴하여 사용한 것이다. 1652년(효종 3년) 6월 25일 83세를 일기로 양주 석실별장에서 별세했다. 사후에 영의정으로 추증 되고 효종의 묘정에 배향되었다. 양주의 석실서원을 비롯하여 광주의 현절사에 삼학사와 함께 배향되었고 전국의 15개 사우에 제향되었다. 시호는 문정文正이다. 문장은 간엄簡嚴하고 시는 전아典雅했으며 글씨는 동기창체를 잘 썼다.

미수 허목(眉叟 許穆) 1595년(선조 28)~1682년(숙종 8)

육경학에서
실학의 근거를 제시한 도덕주의자

조선 전기에 사림은 여러 번 사화를 당하면서 부침을 거듭하지만 16세기부터 전국적인 분포를 보이면서 대세화하여 정계의 주류가 되었다. 과거 급제로 출사하여 사대부가 되는 것이 선비의 기본 처세가 된 것이다. 이 시기의 두드러진 특징은 혈연 요인보다 학문 능력이 우선시 되는 경향이었다. 퇴계 이황退溪 李滉이나 우암 송시열尤庵 宋時烈도 명문 출신은 아니었다. 과거에만 길이 있는 것도 아니었다. 선비에게는 산림山林(재야에서 독서에만 전념하던 큰 선비)의 길도 있었다. 몇 십년씩 향촌에서 독서하며 학파의 영수도 되고, 붕당의 지도자도 되는 것이다. 이들 산림은 학계와 정계를 넘나들며 국가의 기본 방향을 설정하고 큰 구도에서 정치판을 읽었다. 그리고 왕에게서 위임받은 '세도世道(올바른 정치의 도리)'로서 청의淸議(사림 사회의 여론)를 공론화하고 붕당 정치를 했다.

산림은 붕당 정치의 구심점이었다. 양당 체제를 기초로 하는 붕당 정치의 운영 원리는 견제와 균형이었다. 하나의 붕당이 주동이 되어 정치 행위를 하다가 문제가 생기면 물러나고 상대 붕당이 대체되어 정치를 이끌어 가는, 오늘날의 내각책임제와 유사한 구조였다. 붕당 정

작자 미상, 「허목 초상」, 1793년경, 채색필사본, 39×29.4cm, 서울대학교 규장각 소장.

치 구도 하의 왕에게는 최종 결재권이 있을 뿐 전제권이 없었다. 17세기 후반 붕당 정치에서 미수 허목眉叟 許穆(1595~1682년)은 남인 청파의 핵심 인물 중 한 사람이었다.

허목의 가계는 소북小北계로서, 인조반정으로 광해군대 북인 정권이 몰락하자 남인에 편입된 근기남인近畿南人이다. 동인에서 퇴계학파의 남인과 갈라진 북인은 남명 조식南冥 曺植(1501~72년)계와 화담 서경덕花潭 徐敬德(1489~1546년)계의 연합체로서 비순수 성리학적 학풍을 갖고 있었다. 허목은 화담학에 연원을 둔 가학家學과 외조인 백호 임제白湖 林悌(1549~87년)의 은자隱者적 처세의 영향을 받아 초야에 묻혀서 성리학뿐 아니라 도가道家 사상 등 다양한 학문적 편력을 했다.

문(文)을 쥐고 태어나다

허목은 1595년 한양 창선방에서 현감 교喬의 삼 형제 중 맏아들로 태어났다. 본관은 양천이다. 태어날 때부터 손바닥에 문文 자가 새겨져 있어서 자를 문보文甫라 했고, 눈썹이 눈을 덮을 정도로 길어서 호를 미수眉叟라 했다. 영의정을 지낸 오리 이원익梧里 李元翼(1547~1634년)의 손녀와 19세에 결혼했는데, 이원익은 허목의 그릇을 알아보고 '언젠가 반드시 내 자리에 앉을 사람이다'고 공언을 했다.

허목은 관설헌 허후觀雪軒 許厚(1588~1670년)와 같은 집 같은 방에서 7년의 시차를 두고 태어난 종형제 사이다. 허목은 어려서부터 종형 허후에게 수학했고, 23세에는 허후와 더불어 성주에 있는 한강 정구寒岡 鄭逑(1543~1620년)를 찾아뵙고 3년 간 사사하였다. 퇴계 이황의 고제高弟 중 한 사람인 한강에게 가르침을 받았다고 하여 퇴계학맥에 학문의 연원을 대고 있지만, 실제로 허목의 성장 환경과 관심사는 영남학파와 차별화된 독자성을 보인다.

허목이 과거의 뜻을 접고 산림의 길을 택하게 된 배경은 1623년의 인조반정으로 풀이된다. 그의 가문은 광해군대에 정권을 잡았다가 인조반정으로 실권한 북인이었다. 과거의 뜻을 접은 그는 30세에 경기도 광주 우천의 자봉산에 들어가 제자백가서를 섭렵하며 학문에 침잠했다. 경명

『청사열전』(『기언』 중). 젊은 시절 제자백가를 섭렵하며 노장사상에 심취했던 허목은 만년에 김시습 등 도가 인물의 열전을 정리해 냈다.

행수經明行修(경학의 원의를 밝혀 행실을 닦음)에만 뜻을 다한 이 시기에 그는 노장老莊 사상에 심취했고, 도가적 우주관과 인생관으로 은일隱逸의 삶을 살며 유유자적했다. 이때의 지적 탐닉은 만년인 73세에 지은 『청사열전淸士列傳』으로 결집되었다. 김시습金時習을 비롯하여 정희량鄭希良·정렴鄭磏·정작鄭碏·정두경鄭斗卿·강서姜緖·조충남趙忠男 등 조선의 도가로 일컬어지는 인물 일곱 명의 열전이 그의 손에서 정리된 것이다. 허목의 아버지인 허교 역시 도가로 알려진 박지화(서경덕의 제자)의 제자였다.

육경학과 도가적 세계관

허목은 1657년 효종의 부름을 받고 남들이 은퇴할 나이인 63세에 유일

遺逸로 대접받아 지평持平으로 출사했다. 국가 비상 시국을 타개하기 위해 산림들이 정계에 참여하는 대세에 따른 것이다. 제1차 예송인 기해예송이 벌어진 것은 출사한 지 불과 2년 후의 일이었다. 1659년 효종이 승하하자 효종의 계모인 조대비의 복상 기간에 대하여 붕낭 간에 이견이 제기된 것이다. 예치禮治를 실현하는 과정에서 예를 적용하는 기준이 정치 문제화한 것인데 허목 등 남인은 서인의 기년설朞年說(1년설)에 반대하며 3년설을 주장하다가 패배했다. 제1차 예송에서 패배한 허목은 삼척부사로 좌천되어 삼척에 내려가 있다가 1662년 68세의 나이로 그의 근거지인 경기도 연천으로 낙향했다.

허목이 삼조석덕지사三朝碩德之士(효종·현종·숙종에 봉사한 큰 선비)로 칭송되며 대사헌에 특배된 것은 1674년(현종 15년)의 제2차 예송에서 남인이 승리하였기 때문이다. 1674년 2월 효종의 비이자 현종의 모후母后인 인선왕후仁宣王后가 세상을 떠났다. 이때 인선왕후의 시어머니되는 조대비가 아직 살아 있었는데 (제1차 예송에서) 조대비의 효종에 대한 복상이 문제가 되었던 것처럼 이번에는 조대비의 인선왕후에 대한 복상이 문제되었다. 이것이 제2차 예송인 갑인예송으로 서인은 대공설(9개월)을 주장했고 남인은 기년설(1년)을 주장하며 대립하다가 이번에는 남인의 주장이 채택되었다. 신권을 강화하자는 서인이 실권하고 왕권을 강화하자는 남인이 집권을 하게 된 것이다. 송시열을 비롯한 서인이『주자가례朱子家禮』에 근거를 두고 세상의 모든 사람은 똑같은 예의 적용을 해야 한다는 입장이었고, 남인은 왕의 예는 선비나 일반 백성과 같을 수가 없으므로 특수한 예의 적용을 해야 한다는 입장이었다. 전자는 예의 적용이 계층에 따라 달라지면 사회 통합이 어렵다는 인식이었고, 후자는 왕권을 강화하고 왕을 구심점으로 하는 강력한 정부를 만들

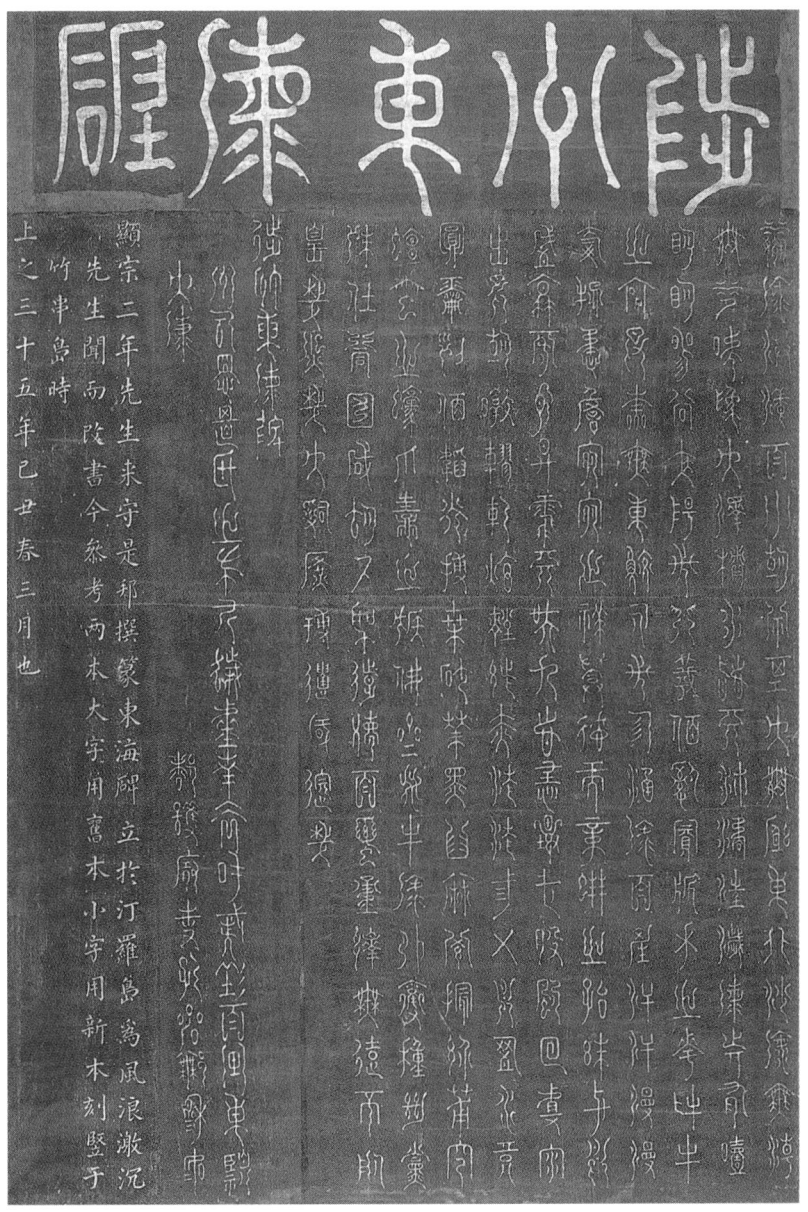

허목, 「척주동해비명」, 1661년, 탁본, 개인 소장.
허목은 학문에서는 복고적인 원시유학의 육경학을, 문장에서는 고문을, 글씨에서는 고전(古篆)을 즐겼다. 척주동해비는 삼척부사로 있을 때 조수의 피해가 잦은 곳에 세운 비로서 직접 지은 「동해송(東海頌)」을 자신의 전형적인 고전체로 새겼다.

자는 것인데, 갑인예송의 와중에서 승하한 현종의 뒤를 이어 즉위한 숙종은 남인의 왕권 강화 노선을 인정했던 것이다.

허목이 예송에서 소신을 갖고 주장한 학문의 근거는 고례古禮인 『의례儀禮』에 있었다. 송시열을 내표 주사로 한 서인이 퇴·율단계에서 토착화한 조선성리학을 시대 사상화하여 조선 후기 사회의 통치 이념을 도출했다면, 남인 정파의 이론가인 허목은 원시유학인 육경학六經學에서 시대의 과제를 해결하는 준거들을 찾아내려 했다. 이러한 복고적인 고학풍古學風은 서경덕의 학문으로 소급되는 소북계의 학풍에서 배태된 것이다. 따라서 예론 역시 고례인 『의례』에 입각했던 것이다.

허목의 문장 역시 육경 고문을 전범으로 삼은 고문체古文體로서 당시 대인이 쓰던 시문時文과는 격을 달리했다. 평생 고문만을 추구한 데 대하여 허목은 "세속의 지름길을 좇지 않고 후세의 문장학을 답습하지도 않았으며 이단을 배척하였고 부화하고 과장된 것을 자르며 옛사람이 남긴 단서만을 찾아 추구하였다."고 고백했다. 옛사람의 글만 즐겨 읽으며 옛사람의 무리가 되고자 한 그의 의도대로 글도 옛사람의 글을 본받아 썼던 것이다.

허목은 역사 인식에서도 당대의 상식을 뛰어넘고 있다. 그의 역사책인 『동사東事』는 책명에서부터 특별하다. '史' 자 대신 '事' 자를 쓰고 있

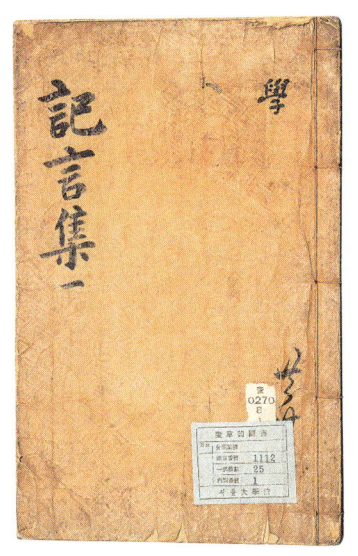

『기언』. 허목은 자신의 책 이름을 공자의 『논어』에 비견하여 학문에 대한 자부심을 드러냈다. 또한 『동사』에서는 우리를 중국과 다른 독립된 천하질서로 파악하여 방외별국이라고 칭하였다.

허목, 「월야삼청」, 종이에 수묵, 42.2×32.5cm, 간송미술관 소장.

다. 그가 스스로 편집한 저서 『기언記言』 역시 육경에 근본했다고 밝히고 있으며 공자의 『논어』에 비견하여 책이름을 지을 정도로 자신의 학문에 대하여 자부심이 컸다. 『동사』는 『기언』 중에 편입되어 있다. 당시 역사서들이 성리학적 역사 서술 방식인 강목체綱目體를 채택한 데 비하여 『동사』는 기전체紀傳體로 서술하였다. 허목은 여기에서 우리 나라를 '방외별국方外別國'이라 강조하였다. 우리 나라를 중국과는 또 다른 독립된 천하 질서로 파악했던 것이다.

  허목의 『동사』는 근기남인의 역사 인식 체계를 보여 준다고 할 수 있다. 조선성리학에서 도출한 조선중화주의와 그 세계관의 역사적 표현 방식인 강목체 사학을 배척하고 기전체를 채택한 것과 단군 이래의 고유 혈통과 고유 문화를 부각시키려는 사관, 서인계 사학에서 참위불

경긔緯不經하고 황탄비속荒誕鄙俗하다고 인식한 시조설화를 그대로 서술하여 신비주의를 인정하는 태도 등이 그것이다. 이러한 사관은 그의 무위자연無爲自然과 신비주의를 기본으로 하는 도가적道家的 세계관과 육경의 원시유학에 직접 파고들어 가는 고학풍에 연유한 것이다. 이 학풍의 연원은 허목 당시에는 비록 근기남인에 편입되었지만, 서경덕에 가학家學의 뿌리를 둔 소북계小北系의 학문적 다양성에 있다고 여겨진다.

근기남인 실학의 원류가 된 산림

1674년 제2차 예송의 승리는 반세기 동안 야당의 처지를 벗어나지 못하였던 남인을 일약 집권당으로 부상시켰다. 남인이 청남淸南과 탁남濁南으로 분당된 것은 그 직후였다.

허목은 1674년 남인이 집권한 후 동종同宗의 허적許積(1610~80년)이 정치를 주도하는 상황에서 집권당 내의 비판 세력인 청남의 영수가 되었다. 허적 등 탁남이 귀족화하는 것을 비판하며 도덕성을 강조했던 것이다. 청남은 남인 정권 내의 강경파로서 맑음의 정신을 일관되게 가졌다. 허목의 정치 노선은 대서인 정책에서는 강경파요, 남인 정권 내에서는 탁남에 대한 비판 세력이었다. 허목의 명분론적 입장과 고결한 인품은 반대 정파인 서인 인사들도 인정했다. 1680년 경신환국으로 서인 정권이 수립되고 남인 정객이 대부분 숙청되는 상황에서 허목이 향리에 방출되어 88세의 천수를 다할 수 있었던 것도 이 때문이다.

그가 산림으로 출세하기 전인 56세에 최초의 관직인 정릉靖陵 참봉에 임명되었을 때의 천목薦目(추천하는 과목)에 '박학하고 문장에 능하며 그 뜻을 고상하게 갖고 있다博學能文 高尙基志'고 평가받은 바대로 그의 학문은 폭이 넓었고 고상한 인품으로 한 시대 사람들의 사표가 되었다. 그래서 늦게 출발한 벼슬길임에도 우의정에까지 올랐고, 1675년 81세에 왕으로부터 궤장几杖을 하사받는 영광을 누렸으며, 은거당恩居堂이라는 사택을 하사받을 정도로 숙종에게 후대를 받았다.

그는 그림에도 조예가 깊었는데 그가 그린 「묵매도墨梅圖」가 현존한다.

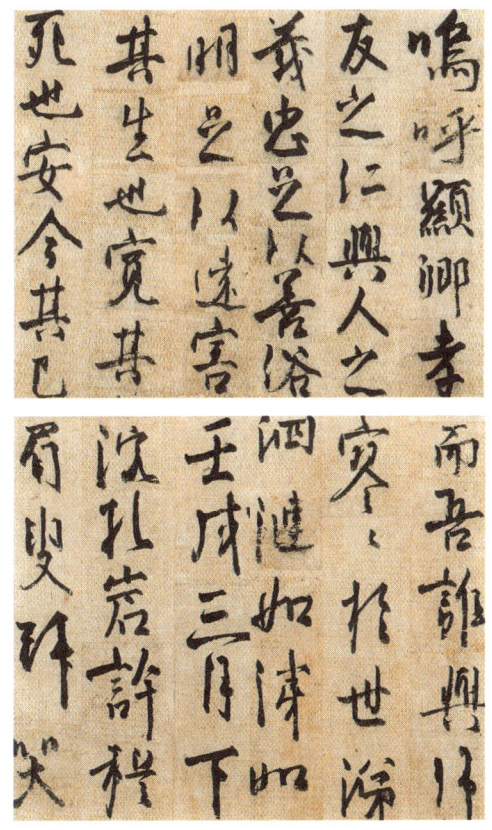

허목, 「제문」, 1682년, 종이에 먹, 각 26.5×15.2cm, 개인 소장.

또한 글씨에서도 일가를 이루어 전서체인 과두문자蝌蚪文字를 창안했다. 이 과두문자는 올챙이글씨라 하여 일세를 풍미했는데, 그가 실각한 후 이 독특한 서체까지 금단하자는 논의가 일자 그는 다음의 시를 읊어 세상사에 초연함을 토로했다.

아침해 동쪽 산마루에 솟아오르니 뽀얀 안개 지게문에 아롱거리다.
산 밖의 일은 알지 못하니 먹과 칡붓으로 과두 글자 그리네.

그는 스스로 세속적인 일과는 담을 쌓고 선비로서의 지조와 품격을 지키며 학문의 외길을 걸었다. 그 결과 환갑을 넘긴 나이에 국가의 예우를 받는 산림으로 특채되었다. 그의 일생은 인내와 자기 절제의 연속으로 이해된다. 그가 스스로 경계하기 위해 만든 희노지계喜怒之戒를 살펴보면 그 수양의 실체를 확인할 수 있다.

함부로 기뻐하지 말라. 부끄러움이 따를 것이다.
함부로 화내지 말라. 욕됨이 따를 것이다.
희노喜怒란 부끄러움과 욕됨의 중매자이니 삼가고 경계하기를
반드시 진실되게 하라.

허목은 17세기 붕당 정치 시대에 남인 정파의 핵심 인물로 부상하기까지 60여 년을 초야에 묻혀 학문에만 전념한 대표적인 산림이었다. 그의 원시유학에 대한 관심과 육경학에 대한 연구는 그 이후 근기남인이 실학 사상을 형성하는 데 하나의 이정표가 되었고, 18세기 성호 이익星湖 李瀷(1681~1763년)은 허목을 사숙하여 근기남인 실학의 근거로 삼았다. 이익은 허목의 신도비명에 "허선생은 권병權柄(권력을 잡은 사람)에 아부하지 않고 수정守正(정의를 지킴)하여 굽히지 않았다."고 평가했다. 현존하는 그의 초상화에서 확인되듯이 허목은 청수하고 개결하여 탁한 일은 용납하지 못하는 선비의 전형이었다.

허목의 육경학을 학문의 근거로 삼는 원시유학적 고학풍은 근기남인 실학파의 원류로서 18세기 전반 성호 이익에서 하나의 문호를 형성했다. 이른바 경세치용학파로 불리기도 하고 중농학파로 분류되는 이 실학파는 조선성리학의 의리지학에 대한 보완 논리로서 성호의 가계인

혜환 이용휴惠寰 李用休, 정헌 이가환貞軒 李家煥 등을 거쳐 19세기 전반 다산 정약용茶山 丁若鏞의 경학 연구로 집대성되었다.

1680년 경신환국으로 방출되었다가 1682년 사망했다. 1688년 허목은 복관復官되었고, 1691년에는 유생儒生 권부權孚 등이 마전麻田에 사祠를 세우고 미강서원眉江書院의 액호額號를 받았다. 1692년에는 '문정文正'의 시호를 받았는데 '도덕박문왈문이정복인왈정道德博聞曰文 以正服人曰正'이라 했다. 1693년 숙종

미강서원 터. 허목은 맑음의 정신을 일관되게 지켜 낸 청남의 영수요, 경기도 주변 남인 선비들의 여망을 받던 산림으로 근기 남인 실학파의 원류이다. 경기도 연천군 미산면 동이리 소재.

은 나주에 허목의 사우를 건립하라는 특명을 내리고 미천서원眉泉書院이라는 이름을 하사했다. 1695년에는 창원에 있는 스승 한강 정구寒岡 鄭逑(文穆公)의 회원서원檜原書院에도 배향되었다.

삼학사(三學士) : 홍익한(洪翼漢), 윤집(尹集), 오달제(吳達濟)

목숨으로 지킨 충절

1636년(인조 14년)에 발발한 병자호란은 조선 500년 역사에서 중요한 고비였다. 임진왜란이 7년이나 끌면서 전 국토가 초토화되었지만 적을 완전히 물리치고 승전으로 끝났음에 비하여, 병자호란은 불과 2개월의 단기간이었지만 패전이라는 쓰라린 상처를 조선 사회에 안겨 주었다. 이 양란으로 인하여 조선 후기 사회는 심각한 후유증을 극복해야 하는 당위에 직면했고 17세기는 와해된 조선 사회를 재정비한 시기였다.

조선은 상처받은 국민적 자부심을 회복하는 방법으로 북벌론北伐論과 존주론尊周論을 모색했다. 북벌론은 무력으로 평화적인 국제 질서를 파괴하고 중원의 주인이 된 청나라를 토벌하여 복수설치復讐雪恥하겠다는 논리이고, 존주론은 명나라가 멸망한 현실에서 주나라로부터 전승된 중화 문화를 조선이 존중하여 계승해야 한다는 논리였다. 이러한 이론 체계는 성리학적 명분론인 화이론華夷論에 입각한 것이었다. 임진왜란 때 '재조지은再造之恩(조선을 회복시킨 은혜)'을 입은 명나라는 중화 문화의 적통이자 조선의 은인임에 비하여, 이적夷狄인 여진족은 동북아시아의 약탈자이자 무뢰한으로서 극복의 대상이라는 인식에 근거한

삼전도비. 국체의 상징인 왕 인조가 청 태종 앞에 나아가 무릎을 꿇은 일은 몽고의 고려 침입 이후 없던 치욕으로 조선 지식인들의 반성을 불러왔다. 이 비는 청 태종의 공덕을 찬양한 것으로 비문은 이경석이 짓고 오준이 쓰고 여이징이 전(篆)하였다. 앞면에는 몽고와 만주 문자로, 뒷면에는 한자로 새겼다. 서울특별시 송파구 송파동 소재. (사진 한국정신문화연구원 제공)

삼학사 195

것이다.

임진왜란이라는 동북아시아의 세계 대전을 틈타 만주에서 힘을 기른 여진족의 청나라가 중원을 도모하는 과정에 병자호란이 있었고, 이때 조선은 국체의 상징인 왕이 삼전도에 나아가 청 태종에게 무릎을 꿇는 치욕을 당했다.

여진족은 국호를 후금後金이라 정하고 중원을 도모하기 위해, 배후에서 명나라와 동서 진

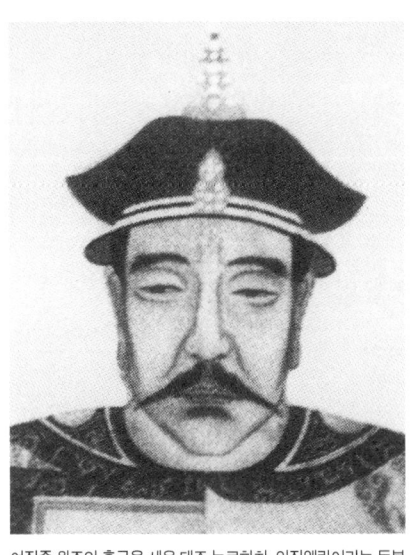

여진족 왕조인 후금을 세운 태조 누르하치. 임진왜란이라는 동북아시아의 세계 대전은 여진족이 일어나는 계기를 마련해 주었다.

영을 구축하고 있는 조선을 선제 공격했다. 1627년 정묘호란을 일으키고 조선에게 '형제의 의리'를 요구했으나 별로 효과가 없자 1636년 10만 대군으로 병자호란을 일으켜 '군신君臣의 의리'를 강요하면서 속전속결 유목민다운 기동력으로 조선을 공격한 것이다. 그들에게는 보급이 필요 없었다. 말 안장에 말린 말고기를 싣고 말젖을 짜 마시면서 쉬지 않고 달려, 그들의 선봉대는 봉화가 전달되는 시간과 거의 같은 속도로 서울에 육박했다. 이때 여진족은 국호 후금을 청淸으로 바꾼 상태였다. 10만 대군을 이끌고 쳐들어온 청 태종은 남한산성을 포위하고 압박했다. 불과 50여 일분의 식량으로 버티던 조선 정부는 한 달 반 만에 인조를 비롯한 조정 중신들이 삼전도에 내려와 항복하니 이른바 '정축의 하성丁丑의 下城'이다. 병자년 12월에 시작된 전쟁은 다음해인 정축년 1월에 끝이 났다.

척화론과 주화론

조선은 1623년 인조반정으로 순정 성리학자군인 사림이 정계의 주류가 되어 성리학적 이념을 현실 정치에 구현하려는 열의에 불탔지만, 아직 정변 후의 정국이 불안정한 상태에서 두 번의 호란을 겪고 깊은 좌절감을 안게 되었다. 특히 화이론에 입각한 명분론자들인 사림으로서는 오랑캐에게 당한 치욕을 씻어내야 하는 당위에 직면했다. 사회 주도층으로서 책임 의식과 함께 국가 재건을 위한 지도 이념 창출이 급선무였던 것이다. 바로 그러한 필요에 의해 제기된 논리가 앞에서 언급한 북벌론과 존주론이다.

전란 후 병자호란의 대응 방식에 대한 평가 작업이 있었다. 이때 척화론斥和論과 주화론主和論이 제기되었다. 북방 오랑캐인 여진족과 군신의 의리를 맺는 일은 자존심의 포기이자 가당치 않은 굴욕이므로 승패를 불구하고 일전을 불사해야 한다는 주장이 사림 사회의 공론으로 국론화했는데 이것이 척화론이다. 척화론의 대세 속에, 막대한 피해가 따를 것이 분명한 전쟁을 피하고 청과의 화의를 모색하여 국가 위기를 극복하고 전쟁을 종식시켜야 한다는 주화론이 제기되었다.

척화론이 이상론 내지 원칙론이라면 주화론은 현실론이었다. 이 두 주장은 현실 타개의 원칙과 방법론에서 차이점이 있었다. 그러나 근대 사학이 성립하면서 현대적 가치관과 인식론에 입각하여 척화론자를 허황된 명분론자로, 주화론자를 현실을 직시하고 역사적 사명에 투철한 이들로 극명하게 대비하면서 '국론 분열'이라는 수식어로 설명하기에 이른 것이다. 이러한 평가는 현대의 이데올로기인 힘의 논리와 실리주의를 대입한 결과이지 당 시대를 제대로 이해하고 평가한 시각은 아니다.

이렇게 평가 절하된 척화론의 실체는 과연 무엇이며 조선 후기 사회에서는 척화론자들을 어떻게 인식하였는가. 특히 척화론으로 인한 패전의 책임을 진 삼학사三學士〔홍익한(洪翼漢), 윤집(尹集), 오달제(吳達濟)〕의 죽음은 조선 후기 사회에 어떤 영향을 미쳤을까. 삼학사의 행동은 각각 독립적이었지만 언관言官으로서의 직무 수행 차원이라는 공통점에 착목하고 조선 사대부의 정체성에 의미를 부여한 것이 17세기 후반 송시열宋時烈의 『삼학사전三學士傳』이다.

삼학사의 삶과 사상

홍익한, 윤집, 오달제 세 사람을 삼학사라 일컫게 된 것은 1674년 송시열이 『삼학사전』을 지은 이후부터이다. 병자호란 당시 홍익한은 이미 52세로 언관직을 수행하기에는 너무 나이가 들었고 윤집·오달제와 함께 행동한 것은 아니지만, 기본적으로 세 사람이 지향한 바가 같았고 함께 청나라에 끌려가 죽음을 당했으므로 한데 묶은 것이다. 이들에 대해서는 호란 당시 '부박하여 이름내기 좋아하는 사람'이라는 비판이 있었지만 반세기 후 송시열에 의해 충신·열사로 평가를 굳힌 후 18세기에 이르러서도

홍익한의 글씨(『명가필보』 중. 사진 한국정신문화연구원 제공)

국가적인 현창 작업이 계속되었다. 이들에 대한 인적 사항은 이 『삼학사전』에 의거했다.

홍익한(1586~1637년, 선조 9~인조 15)

진사 홍이성洪以成과 안동 김씨[김림(金琳)의 딸] 사이에서 태어났다. 본관은 남양, 자는 백승伯升, 호는 화포花浦 또는 운옹雲翁이다. 월사 이정구月沙 李廷龜(1564~1635년)의 문하에서 수업할 때 월사는 그를 평하여 '이일異日에 반드시 위인이 될 사람'이라고 했다. 어려서부터 총명하여 빼어난 자질을 보였고 역사를 읽을 때마다 절의에 죽은 사람을 깊이 사모했다.

1615년(광해군 7년) 소과에 합격하여 생원이 되고, 1621년(광해군 13년)에는 알성과謁聖科에 들었으나 권세가의 자손이 아니라 하여 뽑히지 못했다. 인조반정이 일어난 다음해인 1624년 인조가 공주에 내려와 정시를 행했을 때 장원으로 급제했는데 나이 39세였다. 성균관 전적典籍으로 벼슬을 시작하여 감찰, 사서, 정언, 병조정랑 등 청요직을 두루 거쳤다. 정묘호란 때는 사간원의 정언正言이라는 언관직에 있어서 강홍립姜弘立을 비판했고, 병자호란이 일어난 1636년 봄 역시 사헌부의 장령掌令이라는 언관직에 있으면서 여진의 칭제건원稱帝建元(나라를 세우고 황제를 칭함)은 참월한 일이라고 맹렬하게 논박했다.

홍익한은 두 번 결혼하여 전처인 구씨에게서 수원晬元과 딸 한 명을 얻고 후처인 허씨에게서 수인晬寅과 두 딸을 얻었다. 이들 가족은 출가한 딸들을 제외하고 모두 전란 중에 의연하게 죽음을 당했다. 후처 허씨가 적을 만나자 전처 소생의 아들 수원이 몸으로 막다가 칼에 맞아

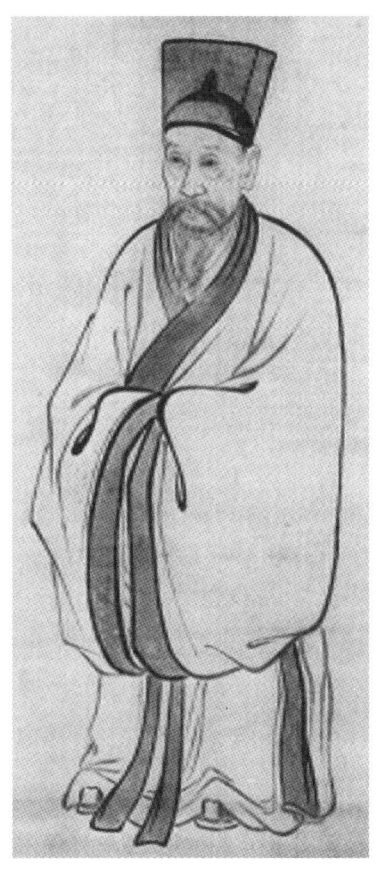

작자 미상, 「윤집 초상」, 종이에 수묵,
83.9×37.4cm, 국립중앙박물관 소장.

죽으니 허씨는 물에 몸을 던져 자살했고, 이 광경을 목도한 며느리 이씨는 스스로 목을 찔러 자결했다. 허씨 소생의 아들 수인 역시 강화도 마니산에서 피살당하니 일가가 전멸했다.

송시열은 『삼학사전』에서 "일월의 밝음이여, 산악의 높음이여, 그 누가 그와 더불어 높고 밝으랴! 오직 화포공花浦公(홍익한)의 절개뿐이로다." 했다.

윤집(1606~37년, 선조 39~인조 15)

윤집은 현감 윤형갑尹衡甲과 관찰사 황치경黃致敬의 딸 사이에서 태어났다. 조부 윤섬尹暹은 임진왜란 때 순절한 충신이었다. 본관은 남원, 자는 성백成伯, 호는 임계林溪 또는 고산高山이다. 13세에 아버지가 별세하자 맏형인 윤계尹棨에게서 가르침을 받았는데, 스스로 힘써 학문을 했고 행실이 독실하여 게으름을 피우지 않았다. 윤집의 성품은 청개淸介(맑고 고결함)하고 직절直截했으며 총명절인聰明絶人하여 눈에 거치는 것은 모조리 기억했다 한다.

1627년 22세 때 소과에 급제하여 생원이 되었고, 1631년 26세로 별시문과에 합격하여 승문원 정자正字로서 관료 생활을 시작했다. 시강원 설서說書·사간원 정언 등 청직淸職(글로써 업무를 보는 중요한 직책)만을 역임했다. 이때 형 윤계가 인사권을 행사하는 이조정랑에 임명되자 형제는 "우리가 남을 뛰어넘은 것은 아니지만 함께 청반淸班을 차지한 것은 두려운 일이다." 하며 스스로 경계했다.

1635년 홍문관에 새로 녹선되고 수찬, 부교리를 거쳐 사간원 정언, 헌납을 역임하고 이조좌랑, 정랑이 되었다. 1636년 9월 성균관 직강直講이 되어 영남 지방 시험에 출장갔다가 복명하기도 전에 길에서 헌납獻納의 명을 받고 홍문관 교리校理가 되었다. 병자호란 직전에 언관직의 핵심에 배치되었던 것이다.

병자호란 때 대표적인 척화대신 청음 김상헌淸陰 金尙憲(1570~1652년)의 조카딸인 안동 김씨와 결혼하여 이선以宣과 이징以徵 두 아들을 두었다. 김씨는 성격이 단정하고 결백하여 남편이 적진에 잡혀 갔다는 소식을 듣고 죽기를 작정했으나 친정아버지의 권유로 살아 남았다가 30여 년 뒤 1665년에 사망했다. 후에 윤집의 손녀가 홍익한의 양자의 아들 우석禹錫에게 시집감으로써 윤집과 홍익한은 죽어서 사돈을 맺었다. 효종은 윤집의 가문에 대하여 "윤섬의 조손 형제祖孫兄弟(할아버지 윤섬, 큰손자 윤계, 작은 손자 윤집)는 양세兩世(선조와 인조)의 삼절三絶(절의를 지킨 세 사람)이니 어찌 귀하지 아니한가." 하여 그 충절을 기렸다.

오달제(1609~37년, 광해군 1~인조 15)

오달제는 오윤해吳允諧의 셋째 아들로 서울에서 출생했다. 본관은 해주, 자는 계휘季輝, 호는 추담秋潭이다. 백부인 오윤겸吳允謙(1559~1636년)

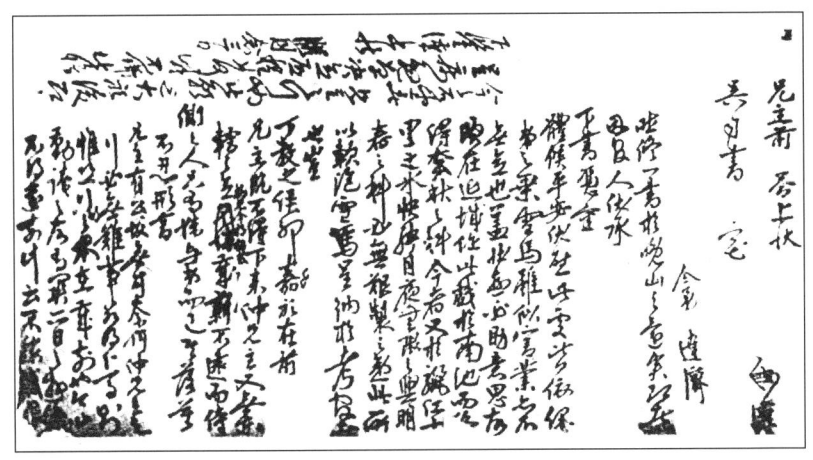

오달제의 글씨(『한국역대명인필적』 중. 사진 한국정신문화연구원 제공)

에게서 배웠다. 1627년 19세에 소과에 합격하고 1635년 26세에 별시문과에 장원을 했다. 1635년 6월 윤집과 함께 홍문록에 신록新錄되었고 성균관 전적, 병조좌랑, 시강원 사서, 사간원 정언, 사헌부 지평 등 청요직을 두루 거쳤다. 1636년 병자호란이 나던 해에는 청요직의 핵심 기관인 홍문관의 부수찬, 수찬, 부교리에 있었고, 호란 당시에는 수찬으로서 언관직을 수행하여 공론公論의 일선 담당자로 있었다.

어려서부터 효성이 지극하여 몸가짐이나 일 처리, 사람을 대하고 사물을 접하는 태도에 효제孝悌를 근본하지 않은 것이 없어서 그를 보는 사람은 자신도 모르게 저절로 효제하는 마음이 우러나게 되었다 한다. 인품이 너그럽고 충신忠信하면서도 단방정직端方正直했다. 평소에는 순하여 말을 잘 못하는 사람같이 보이지만 국가 대사나 시정時政의 득실 등 경륜에 관련된 큰 일에는 사기辭氣가 격앙되고 강개가 넘쳐 듣는 사람이 모두 몸을 움츠렸다 한다.

그의 이해 관계를 초월한 사생관死生觀은 처남인 남일성南一星에게 한

말에서 잘 드러난다.

"무릇 사람이 이해에 임했을 때 자신이 지키던 것을 많이 잃게 된다. 대개 사는 것을 보면 이利를 택하는 자가 반드시 사는 것은 아니며 해害에 처한 자가 반드시 죽는 것은 아니다. (중략) 사람은 마땅히 해야 할 바를 해야 할 뿐이니 어찌 이해를 비교하고 사생死生을 헤아려 뒤를 돌아보고 앞을 바라보며 망설이리요."

죽음으로 지킨 충절

이상에서 살펴본 바와 같이 이들 세 사람은 병자호란 당시 모두 언관직에 있었다는 공통점이 있다. 기호학파로 서인 정파에 속해 있었다는 공통점도 있다. 홍익한은 이이李珥의 제자인 이정구의 제자로 기호학파이며 당색은 물론 서인이었다. 윤집은 대표적인 척화대신인 김상헌의 조카사위로 역시 기호학파이며 서인 당색이었다. 오달제는 이이와 성혼成渾 양문하에서 수학한 백부 오윤겸에게서 배웠으니 역시 기호학파이며 서인이다. 다시 말하면 이들은 이이와 성혼의 재전제자인 셈이다. 뒤에 서인이 노론과 소론으로 갈리자 홍익한과 윤집 가문은 노론으로, 오달제 가문은 소론으로 편입하였다.

세 사람 모두 소과에서 생원 출신이라는 공통점도 있다. 진사 시험이 주로 문장을 시험하는 데 비하여 생원 시험은 경전의 철학적 문제를 시험 보는 것이므로, 이들이 성리학적 이념을 체질화한 학자임을 알 수 있다. 또한 1623년 인조반정 후에 벼슬길을 시작하여 청요직을 두루 거치고 병자호란 당시에는 사헌부 장령, 홍문관 교리, 홍문관 수찬 등 언관직의 핵심에 있었기 때문에 사론士論을 대변했던 것이다.

병자호란의 단서는 1636년 2월 후금이 조선에 보낸 국서에서 시작되었다. 사신 용골대龍骨大가 가져온 국서에서 후금은 나라이름을 '청淸'으로 고치고 황제 국가가 되었으니 조선은 이제부터 '형제의 의리'가 아닌 '군신의 의리'로서 청을 대하라는 것이었다. 이에 조선에서는 척화론이 비등했고, 사헌부 장령 홍익한은 사론을 대신하여 상소했다. 칭제稱帝(황제를 칭함)의 참람함을 지적하고 사신 용골대를 죽이라는 내용의 상소였다. 아울러 홍익한은 그 상소에서 조선은 예의로서 천하에 알려진 소중화小中華(작은 유교 문화 국가)인데 북방 오랑캐가 형제의 의리도 모자라서 군신의 의리를 강요하니 마땅히 책임을 추궁하고 '예의지대禮義之大(예의의 큼)'와 '인국지도隣國之道(이웃 나라의 도)'를 밝혀야 한다고 주장했다.

"신이 어찌 군부君父로 하여금 욕되게 하고 구태여 살아 남겠습니까. 아! 신이 비록 병약하나 적의 칼에 스러지겠습니다. 동토東土(동쪽의 우리나라 땅) 수천 리에 어찌 한 사람의 의사義士(의로운 선비)가 없을 것입니까."

그는 스스로 의사로 자처했다.

인조가 망설이고 관망하던 중에 청나라 사신 용골대가 도망했다. 이에 최명길崔鳴吉이 화의를 강력히 주장하여 조정의 일부가 화친하려는 움직임을 보이자 홍익한은 대의大義로서 최명길을 면척面斥했다. 결국 12월에 청군이 침입하자 최명길은 "척화하여 청의 침략을 초래한 자는 홍익한이니 지금의 서로지임西路之任(서쪽의 임무)은 그말고 누구이겠는가." 하며 결원 상태였던 평양 서윤에 그를 임명하여 사지死地로 내몰았다.

사람들이 그의 처지를 동정하자 홍익한은 "순국殉國·사적死敵하려는

오달제, 『설매』, 비단에 수묵, 108.8×52.9cm, 국립중앙박물관 소장.

것이 평소 지녔던 마음이다." 하며 조금도 흔들림이 없었다. 12월 14일 인조에게 숙사肅謝한 뒤 어머니를 모시고, 이미 서울 근교에 육박한 청의 기병을 피하여 20여 일 만에 평양의 보산성에 도착했다. 이때 도원수 김자점金自點이 패하여 인심이 흉흉하고 군사들은 흩어지고 없었다. 그는 격문을 띄워 흩어졌던 무리를 모으고 수비의 방책을 세워 성을 보존했다.

윤집은 1636년 봄 홍문관 교리로서 척화소를 올렸다. 홍익한과 보조를 맞춘 것이다. 최명길이 조정과 대각臺閣의 공론을 무시하고 화의를 도모하는 부당성을 지적하고 "나라가 대간을 소외시켜 놓고 어찌하려 하는가." 하고 통박했다. 막상 12월 청군의 선발기병대 500여 기가 서울에 밀어닥치어 인조와 조정백관이 남한산성으로 피난할 당시, 윤집은 관직을 파하고 집에 있다가 소식을 듣고 걸어서 왕의 수레를 따라 남한산성으로 들어갔다. 앞에서 언급했듯이 홍익한은 평양서윤으로 좌천된 상태이고 다른 언관들은 몸을 사리는 상태에서, 남한산성 안에서 언관직을 주도한 이는 윤집과 오달제였다.

윤집은 교리의 직책으로 "고성孤城이 위박危迫한 시점에서 강화하지 않고는 적을 물리칠 수 없다고 하는데, 스스로 애걸하면 적은 더욱 경멸하여 화의는 마침내 이루지 못하게 됩니다. 오직 한마음으로 싸워 지킬 수 있음을 보여 준 후에야 강화를 의논할 수 있을 것입니다." 하고 주장했다. 일치 단결하여 싸우겠다는 의지를 확고히 해야만 강화도 제대로 할 수 있지, 비굴하게 애걸하면 상대가 경멸하여 일방적인 굴욕만 당하게 되리라는 현실 인식이었다. 윤집은 무조건 싸우자는 헛된 명분론자가 아니라 유리하게 강화하기 위해서도 조선의 강인함을 보여야 한다는 고차원의 전략을 구사하였던 것이다.

사실 청나라의 목적은 명나라이지 조선이 아니었다. 명을 정벌하여 중원의 주인이 되려는데 조선이 명의 동맹국으로 배후에 있었기 때문에 우선적으로 제압할 필요가 있었던 것이다. 산성을 포위하고 한 달 반 동안 시간을 낭비하고 있던 청 태종도 초조한 상태였기 때문에 조선의 '버티기 작전'은 어느 정도 효과를 거두고 있었다. 그러나 주화론이 현실성을 획득하자 그의 강경한 자세는 '부박하게 이름 날리기만 좋아하는 사람'이라는 비판을 받기에 이른다. 게다가 남양부사로 있던 형 윤계가 패배하여 성이 함락되었다는 소식을 1637년 1월 7일 접하자 체직을 요청하여 물러났다.

1636년 10월 홍문관 수찬의 직책에 있던 오달제는 삼학사 중 가장 젊은 29세의 청년으로 최명길의 주화론을 맹렬히 비판했다. 최명길이 인조의 뜻에 편승하여 척화론으로 모인 언론을 무시하고 화의를 진행하는 행위의 부당성을 지적했던 것이다. 이에 인조는 최명길이 사직에 공이 있는 조정 중신인데 황구소아黃口小兒가 함부로 모욕한다고 책망하고 그러한 국습國習을 한탄했다. 인조와 최명길의 청과 타협하여 국난을 타개하자는 현실론과 언관들이 들고나온 원칙론 내지 이상론이 첨예하게 맞부딪친 것이다. 이 해 12월 병자호란이 일어날 무렵 오달제는 파직되어 집에 있었으나 난이 일어나자 걸어서 왕의 수레를 좇아 남한산성에 들어갔다.

인조반정 이후 사림 정치는 척화론을 지향하였지만 현실 상황은 주화론으로 기울지 않을 수 없게 했다. 청은 화의 성립의 조건으로 척화론의 주모자들을 잡아내라고 요구했고, 조정에서는 수십 명의 척화론자를 청의 진영에 보내려 했다. 그러나 막상 청의 진에 잡혀가려는 사람이 없었다. 척화론을 편 당사자들이 변명하며 시간을 끌자 청음 김

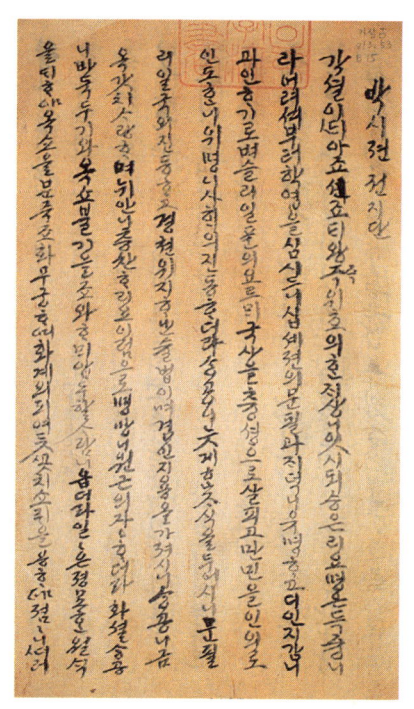

「박씨전」. 청과의 전쟁은 현실에서 패배했지만 소설 속에서는 박씨라는 여성을 통해 승리한 전쟁이 되었다.

상헌·동계 정온桐溪 鄭蘊(1569~1641년)·팔송 윤황八松 尹煌(1572~1639년) 등 세 대신이 자청했고, 산성에 들어와서 이리저리 핑계를 대며 보신하는 다른 언관들을 대신하여 언론을 주도했던 오달제와 윤집도 연명으로 청진에 잡혀가기를 청했다. 결국 홍익한·윤집·오달제 그 세 사람이 청진으로 압송되었는데, 홍익한은 지난 해 봄에 척화를 앞장서서 주장했다고 지목 체포된 경우였다.

삼학사에 대하여 청은 회유 정책으로 일관했다. 먼저 호송된 홍익한에게 연회도 베풀고 조석으로 성찬을 대접하는가 하면 관직으로도 회유했다. 홍익한은 다른 척화인을 실토하라는 협박에도 굴하지 않았다. 청 태종 앞에서도 무릎을 꿇지 않은 채 청의 무례함을 꾸짖고, 정묘호란 때의 약속을 파기한 데 대하여 맹공했다. 청 태종이 척화를 부르짖으면서 포로가 된 현실을 비웃자 홍익한은 붓을 들어 "언관으로서 대의를 밝히는 것일 뿐 성패·존망은 논할 바 아니다."는 의견을 개진하고 "빨리 죽여달라."는 말로 결론을 맺었다. 이 날이 3월 5일이었고, 홍익한은 바로 그 날 심양에서 처형되었다.

윤집과 오달제는 1637년 1월 28일 인조에게 하직하고 29일 최명길을 따라 청진으로 갔다. 청진에 도착하자 적장 용골타龍骨打가 나와서 청 태종의 말이라 하며 "너희들이 만약 나를 두려워하지 않는다면 나와 싸울 일이지 왜 산성에 숨었느냐." 했다. 이들 역시 홍익한과 똑같이 "우리가 말하고자 하는 바는 오로지 대의일 뿐 이기고 지는 일과 존망은 논할 바가 아니다."고 대답했다. 이들 역시 다른 척화인을 대라는 협박에도 굴하지 않고 죽음으로 항거했다. 이들이 심양에 도착한 것은 4월 15일이었고 용골타가 이들 앞에 다시 나타난 것은 19일이었다. 용골타가 이들에게 협박도 하고 회유도 했지만 끝까지 굽히지 않고 결국 심양의 서문 밖 형장으로 끌려가 처형당했다.

힘의 논리에 의거하는 북방족인 청이 조선 언관의 성리학적 대의명분론을 이해하기 어려웠을 것이지만, 이들 세 사람은 굳은 절의와 불요불굴의 태도로 조선 지식인의 만만치 않은 정신 세계를 보여 준 것이다. 그럴수록 청나라로서는 이들의 사기士氣를 꺾어 굴복시키고 싶었을 것이다. 청은 이들이 아직 젊고 수창인首唱人이 아니라 속죄양에 불과하다는 것을 간파하였기 때문에 굴복하기만 하면 살려 줄 의도였다. 그러나 이들 세 사람은 조선 사대부의 기개와 지조를 지키기 위하여 끝내 죽음을 선택했다.

현대의 잣대에 가려진 행적

그동안 역사학계에서는 인조반정 후의 사림 정부가 실리 외교를 지향하지 못하여 병자호란을 자초했다는 현실론적인 입장에서 삼학사를 헛된 명분론자로 평가 절하했다. 이러한 현대사학의 한계에서 탈피하여 조선시대 역사를 올바르게 평가하려는 분위기가 성숙해 가는 이 시

홍학사 비각(포의각). 경기도 평택시 팽성읍 본정리 소재.

점에서 삼학사에 대해 재조명할 필요가 있다.

위에서 확인되었듯이 힘의 논리를 숭상하는 청나라는 현실적으로 이길 승산 없이 척화하는 조선 지식인들을 이해할 수 없었고, 이들 세 언관의 논지는 자신들의 역할이란 이기고 지는 문제나 살아남느냐 망하느냐의 문제가 아니라 대의를 밝히는 것뿐이라는 것이었다. 이들 삼학사와 청 태종이나 용골타가 나눈 문답은 무력에 의존하는 북방족 청나라와 성리학적 명분 사회인 조선의 차별성을 극명하게 보여 준다.

남한산성에 갇혀 항쟁하면서 홍문관 교리직에 있던 윤집이 "내 스스로 애걸하면 적은 더욱 경멸하여 화의조차 제대로 이루지 못하게 됩니다. 오직 한마음으로 싸워 지킬 수 있음을 보여 준 후에야 강화를 의논할 수 있을 것입니다."고 한 데서 확인할 수 있듯이 주화론자들의 종전 협상에 척화론자들의 강경한 태도가 배후 작용을 함으로써 조선은 유리한 입장을 확보할 수 있었던 것이다. 화친론자들도 비록 전란의 다급한 상황에서 방법론상 현실주의인 주화론을 선택했지 기본적으로 북방족에 대한 인식은 척화론자들과 같았다. 이 사실은 주화론의 대표 주자로서 강화를 주도한 최명길조차 후에 심양에 잡혀가 유폐된 사실에서 확인된다.

병자호란 당시 홍익한은 52세, 윤집은 32세, 오달제는 29세였지만, 이들은 모두 언관직에 있었다는 공통점이 있다. 홍익한은 병자호란이 나던 1636년 봄에 사헌부 장령으로 척화론에 앞장 섰다. 윤집은 홍문관 교리, 오달제는 홍문관 수찬으로 모두 호란 당시의 언관들이다. 이들에게는 지식인 사회인 사림의 여론을 공론화해야 하는 의무가 있었으니 척화론에 앞장 선 일도 직무 수행 차원이었다. 척화론은 사림의 사론士論이자 국론이었기에 이들은 소신껏 조정에서 자기 주장을 폈던 것이다.

『삼학사전』으로서 이 세 사람을 재평가한 송시열의 작업은 조선 후기 사회의 재편 과정에서 하나의 상징성을 가진다. 문치 국가인 조선이 무력을 숭상하는 야만족의 청에게 패배하고 극도의 좌절감에 빠져 있을 때 자기 회복의 방법으로 들고 나온 북벌대의北伐大義가 호란시 순국 열사들의 행적을 재평가하는 작업으로 연결된 것이다.

명분 사회인 조선 후기 사회에서 높이 평가되고 현창되었던 삼학사에 대한 역사적 위상은 근대사학이라는 미명 하에 우리 학계를 풍미한 식민사학과 그 이후 실용주의적 현대 사회의 역사 인식 체계에서 평가 절하되었다. 제국주의적 힘의 논리에 입각한 식민사학이나 공리주의적 현대사학의 시각으로는 명분을 중히 여긴 조선 사대부의 행위를 이해할 수도 정당하게 자리매김할 수도 없었기 때문이다.

우암 송시열(尤庵 宋時烈) 1607년(선조 40)~1689년(숙종 15)

도덕적 카리스마로
　　문화 국가의 방향을 잡은 선비

17세기 중·후반 조선 사회는 임진왜란과 병자호란의 후유증을 극복하고 국가 재건에 총력을 기울여야 하는 국가적 당위에 직면했다. 임진왜란과 병자호란은 결국 일본과 청이 명나라를 치기 위해 명나라의 동맹국인 조선을 먼저 친 것이었고, 그 양란의 결과는 조선의 황폐와 명나라의 멸망, 그리고 청나라를 중원의 주인이 되게 하였다. 동아시아 국제 질서의 재편이었다. 따라서 조선은 새로운 국제 질서에 대응해야 하는 과제를 안게 되었다. 이 시기에 조선이 필요로 한 것은 강력한 국가 지도 이념을 구상하고 추진할 수 있는 인물이었다. 이러한 시대의 요구에 부응한 인물이 바로 우암 송시열尤庵 宋時烈(1607~89년)이었다.

송시열은 충청도 옥천군 구룡촌 외가에서 태어났다. 본관은 은진, 아명은 성뢰聖賚, 자는 영보英甫, 호는 우암尤庵 또는 우재尤齋이다. 아버지는 사옹원 봉사司饔院奉事 갑조甲祚이고 어머니는 선산 곽씨다. 송시열은 8세 때부터 뒷날 그와 더불어 양송兩宋으로 불리게 되는 송준길宋浚吉의 집에 가서 함께 공부를 했고, 12세 때부터는 아버지로부터 『격몽요결擊蒙要訣』, 『기묘록己卯錄』 등을 배웠다. 송시열이 연산으로 가서

김창업, 「송시열 초상」, 17세기, 비단에 채색, 91×62cm, 제천 황강영당 소장.

옥류각. 송준길은 송시열과 동문수학했을 뿐 아니라 평생 정치적인 행보를 함께 하는 동반자 역할을 하였다.
옥류각은 회덕 송촌에 자리잡고 있던 송준길 집안에서 세운 정자로 김경여, 송준길, 송시열 등이 함께 어울려 강학하던 장소이다.
대전광역시 대덕구 비래동 소재.

김장생金長生의 제자가 된 것은 18세 때 한산 이씨와 혼인한 무렵이었다. 송시열은 김장생과 김집金集 부자로부터 성리학과 예학을 공부하고 26세에 생원시에서 '일음일양지위도一陰一陽之謂道'라는 논술로 장원급제를 하였다.

송시열은 28세 때인 1635년에 인조의 차남인 봉림대군鳳林大君의 사부師傅가 되었다. 그러나 송시열과 봉림대군, 그 사제지간의 돈독한 유대는 1년 뒤에 일어난 병자호란으로 인하여 일단 끊어진다. 봉림대군이 형인 소현세자昭顯世子와 함께 인질로 잡혀서 청의 수도 심양으로 가고 송시열은 낙향을 하게 된 것이다. 그로부터 13년 동안 송시열은 초야에 묻혀서 학문에만 몰두하고 봉림대군은 청에게 온갖 수모를 당하며 절치부심을 한다. 마침내 청이 중원을 완전 장악함으로써 인질에서 풀려 난 봉림대군은 인조의 뒤를 이어 왕위에 오른다. 봉림대군이 왕위에 올라 효종이 될 수 있었던 것은 형인 소현세자가 부왕 재위시에 죽었기 때문이다.

존주대의와 복수설치

효종은 즉위하자마자 청을 배척하는 세력과 재야학자인 산림을 대거 기용하고, 송시열에게도 세자시강원진선世子侍講院進善과 사헌부 장령司憲府掌令 등의 벼슬을 내려서 불러들였다. 이때 벼슬에 나아가면서 송시열이 올린 장문의 상소가 「기축봉사己丑封事」이다. 송시열의 정치적 소신이라고 할 수 있는 이 「기축봉사」의 내용은 존주대의尊周大義와 복수설치復讎雪恥를 주장한 것으로서, 와신상담의 뜻을 피력한 효종의 북벌 의지와 부합하는 것이었다. 그래서 송시열은 북벌 계획의 핵심 인물로 발탁되었다.

송시열의 존주대의는 곧 존주론尊周論이요 복수설치는 곧 북벌론北伐論이다. 안정된 국제 질서를 무력으로 파괴한 청나라에게 심복할 수 없다는 국민 정서에 기초한 북벌론과, 주나라에서 일어난 중화 문화中華文化(인륜을 중시하는 유교 문화)를 계승 발전시킬 나라는

「기축봉사」(『송자대전』 중). 송시열은 효종의 부름을 받아 벼슬에 나아가면서 「기축봉사」를 올려 존주대의와 복수설치라는 정치적 소신을 밝히고 북벌의 핵심 인물로 발탁되었다.

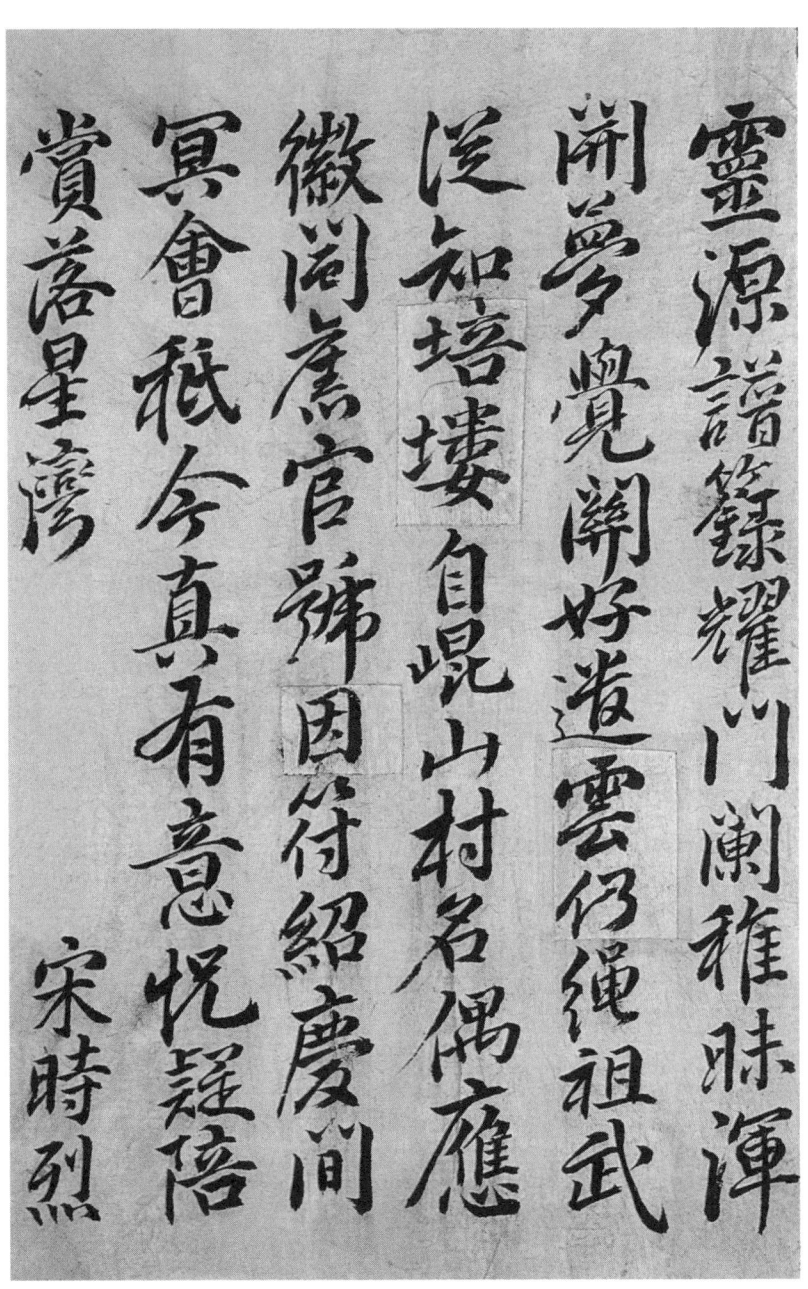

송시열, 「칠언율시」, 종이에 먹, 32.5×21cm.

이제 조선뿐이라는 자의식에 기초한 존주론은 국민단합과 조선 문화 수호의 논리로 전개가 되고 마침내 조선중화주의로 발전을 하게 된다.

효종대의 정책은 대외적으로 대명의리론對明義理論을 천명하고 대내적으로는 예치禮治를 표방하면서 전개되었다. 재조지은再造之恩(조선의 재건을 도와준 은혜)을 입은 명나라에 끝까지 의리를 지키겠다는 대명의리론은 유교 이념을 공통 분모로 하는 동아시아 국제 사회에서 조선의 명분을 강화하는 일이었고, 강제성을 가진 법과 자율성에 기초한 도덕의 중간 입장에 있으면서도 그 두 가지를 아우르는 성격인 예禮를 통치의 이념으로 내세운 예치는 무너진 사회 질서를 회복하고 사회 정의를 구현하는 방법이었다. 결국 대명의리를 지키고 복수설치를 하기 위해 북벌을 하고, 조선 중화朝鮮中華를 이룩하기 위해 예치를 한다는 것인데, 이러한 효종대 정치 이념의 상징적 인물이 송시열이었다.

기해예송과 갑인예송

인간화의 수단이자 정치 명분을 위한 장치인 예치는 몇 차례의 치열한 예송禮訟을 파생시킨다. 예송은 예가 정치 문제화한 것으로서, 남인과 서인 모두 예치라는 기본 노선에는 찬성하지만 그 예의 실천 기준에는 해석의 차이를 보였던 것이다.

기해예송己亥禮訟과 갑인예송甲寅禮訟은 15년의 시차를 두고 일어난다. 이 두 차례 예송은 모두 효종의 계모인 자의대비慈懿大妃(인조의 계비인 장렬왕후) 조씨의 기구한 운명과도 관계가 되는 사건이다. 인조의 계비로 왕비가 되어 자손을 남기지 못한 자의대비 조씨는 그 생전에 전처 소생인 효종과 전처 소생 며느리인 효종비 인선왕후仁宣王后의 죽음

효종의 묘인 영릉. 효종과 함께 북벌의 상징이었던 송시열은 반대파로부터 예송과 효종릉을 정하는 과정에서 효종의 정통성을 위협하려 했다는 공격을 받았다. 경기도 여주군 능서면 왕대리 소재.

을 모두 맞게 된다. 1659년에 일어난 기해예송은 자의대비가 어머니로서 효종의 상복을 얼마 동안 입어야 하느냐의 문제로, 갑인예송은 자의대비가 시어머니로서 효종비의 상복을 얼마 동안 입어야 하느냐의 문제로 각각 남인과 서인이 서로 한 치의 양보도 없이 다툰 사건이다.

1659년 기해년에 효종이 승하하자 계모인 자의대비 조씨가 상복을 입어야 했는데 그 기간을, 송시열로 대표되는 서인은 기년朞年(1년)을 주장했고, 허목許穆(1595~1682년)으로 대표되는 남인은 3년을 주장했다.

이 논쟁의 배경을 얘기하자면 효종의 즉위 과정을 먼저 설명해야 한다. 인질에서 풀려 귀국한 소현세자가 돌아온 지 석 달 만에 죽었는데, 왕위 계승 방법으로 보자면 소현세자의 아들이 세손으로 책봉되어 왕위를 이어야 하는 것이지만, 사림의 반대에도 불구하고 동생인 봉림대군이 세자로 책봉된다. 그리고 이때 소현세자의 아내인 세자빈 강씨는 시아버지인 인조를 독살하려 했다는 누명을 쓰고 사약을 받아 죽고, 소현세자의 세 아들은 제주도로 귀양을 간다. 인조가 승하한 뒤 효종이 즉위했고, 제주도로 귀양간 소현세자의 세 아들 중 장남과 차남은 현지에서 죽고 막내아들만 남게 된다. 그런 상황에서 효종이 승하하고 인조의 계비인 자의대비가 효종의 상복을 입게 된 것이다.

허목을 중심으로 한 남인은 효종이 원래 차남이었다 하나 왕위를 계승했으므로 장남의 대우를 해야 하고, 따라서 조대비는 장남이 죽었으니 상복을 3년 동안 입어야 한다는 주장을 했다. 그러나 송시열을 중심으로 한 서인의 주장은 달랐다. '왕위를 계승했어도 장남이 아닌 경우에는 기년복朞年服이라' 했으므로 조대비는 상복을 1년 동안만 입어야 한다는 것이었다. 그런데 3년과 기년, 이것은 어머니가 아들의 상복을 얼마 동안 입어야 하느냐의 단순한 문제로 끝나는 것이 아니었다. 소현세자의 막내아들이 아직도 제주도에 유배된 채 살아 있었던 것이다. 효종을 차남으로 인정하면 제주도에 살아 있는 소현세자의 막내아들이 왕실의 적통이라는 말이 되고, 효종의 정통성에 타격을 주는 것이 되는데, 송시열의 서인은 효종을 차남으로 못박은 것이다. 효종의 총신인 송시열로서는 자신을 믿고 의지하다 죽은 효종에게 불리한 주장을 한 것이지만 예법에는 충실히 따른 것이었다. 효종의 아들인 현종이 이미 즉위한 상황이었다. 남인이 서인의 기년설을 총력 반박하면서 예송은 끝없이 치열해졌고, 상호 간에 역모를 주장하면서 막다른 곳까지 갔는데, 제주도에서 한 소식이 날아온다. 소현세자의 막내아들마저 죽어 버렸다는 것이었다. 결국 기해예송은 서인측의 주장이 채택됨으로써 일단락되었다.

갑인예송은 기해예송으로부터 15년이 지난 1674년에 일어난다. 효종비인 인선왕후가 승하하자 다시 자의대비 조씨가 며느리인 효종비

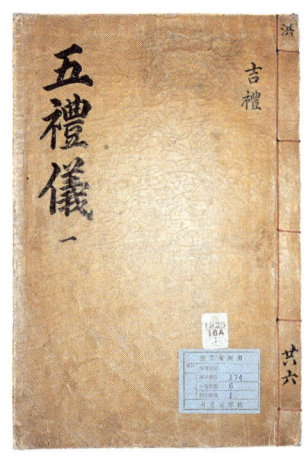

『오례의』. 국가 의례의 기준은 『국조오례의』였다. 그런데 송시열 등은 왕실 역시 일반인과 똑같은 예의 기준에 따라야 한다고 주장하였다.

의 상복을 입는 기간이 정치 문제화한 것이다.

며느리가 죽었을 때 시부모가 입는 복상服喪에 대하여 주자의 『가례』에서는 '맏며느리가 죽으면 기년이요 둘째 며느리가 죽으면 대공大功(9개월)'이라 했고, 『국조오례의國朝五禮儀』에서는 '맏며느리든 둘째 며느리든 모두 기년'이라 했다. 효종비의 상을 당하여 송시열의 서인은 지난번 기해예송 때와 같이 효종비를 자의대비의 차자부次子婦, 즉 둘째며느리로 보고 대공설大功說(9개월)을 주장했는데 남인은 장자부長子婦, 즉 맏며느리로 보고 기년설朞年說(1년)을 주장한 것이다.

자의대비의 효종비 복상에 대한 대공설과 기년설 논쟁에서는 남인이 송시열의 서인을 이겨서 기년복이 채택되었다. 그러나 그것으로 끝나지 않았다. 현종이 갑자기 승하하고 숙종이 즉위한 것이다. 숙종의 즉위를 승세 굳히기의 호기로 여긴 남인이 서인을 맹공하고 서인이 저항하면서 막판 뒤집기를 시도하는 막바지 예송을 벌인다. 그러나 1680년(숙종 6년)의 경신환국으로 서인이 남인을 몰아내면서 정국은 다시 한번 반전된다. 김장생에서 송시열로 이어지는 예禮 지상주의 세력이 예의 논쟁에서 승리했고, 이로써 기나긴 예송의 세월이 일단 마감된다.

그러면 서인과 남인은 왜 이렇게 부질없어 보이는 일에 사활을 걸고 다투었을까. 효종을 장남으로 봐야 한다는 남인의 입장은 왕권을 강화하자는 것이었고, 아무리 왕이지만 효종은 차남이라고 보는 서인의 입

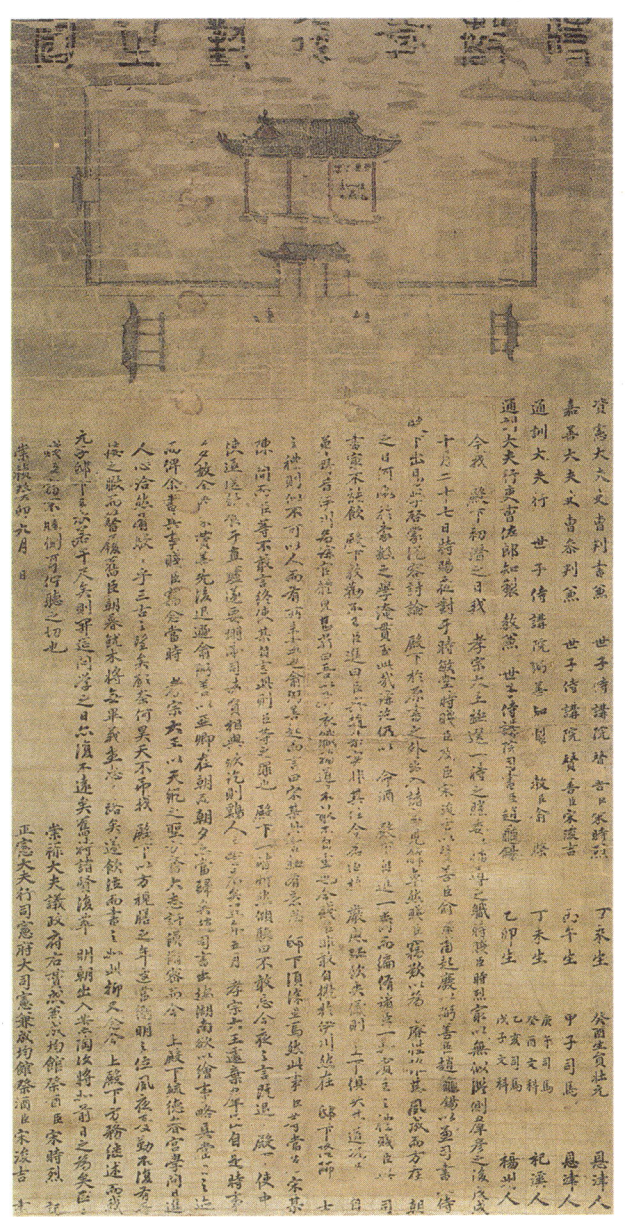

작자 미상, 「시민당야대지도」, 1663년, 비단에 채색, 154.5×80.2cm, 서울대학교박물관 소장.
1663년 현종 때 송시열 등이 시민당에서 현종을 야대한 경과를 기록한 그림으로 송시열의 글과
송준길의 글씨로 되어 있다.

장은 신권臣權을 강화하자는 것이었다. 서인의 영수 송시열은 사회 통합을 위하여 왕도 일반인과 똑같은 예의 기준에 따라야 한다고 주장한 것이다. 예송은 예치사회禮治社會를 건설하기 위한 방법론의 차이로 벌어진 성리학 이념 논쟁이었고, 이상적 정치 형태인 붕당 정치에서 파생한 정치 사건이었다.

붕당 정치 속에 부침한 카리스마

송시열은 민생 안정과 국력 회복을 국정의 중점으로 생각했다. 나라 살림을 절약하여 재정을 충실히 하고, 궁중의 토목 공사를 억제하며, 군포를 양반에게도 부과하는 호포법戶布法을 실시하여 양민의 부담을 줄이라고 건의했다. 또한 노비종모법奴婢從母法(노비의 자식은 어머니의 신분을 따르도록 한 법)을 시행하여 사노비私奴婢의 확대를 억제하여 양민을 확보하고 서얼허통庶孼許通(양반의 첩자에 대한 관직 제한 조치를 풀자는 주장) 등을 건의했다. 이러한 일련의 정책은 이이의 변통론과 맥을 같이 하는 것으로 호포법은 신분 사회인 당시로서는 매우 획기적이었지만 반대 여론으로 무산되었다.

갑인예송에서 서인이 패배하고 남인이 정권을 잡자 다음 해인 1675년 송시열은 덕원으로 유배되고 인조반정 이후의 연립 정권 구도는 깨어졌다. 이후 환국換局(정국이 바뀜)이 계속된 17세기 말은 붕당 정치의 극성기였다. 1680년 경신환국으로 서인 정권이 서자 유배에서 풀려 중앙 정계에 복귀한 송시열은 영중추부사에 임명되고 봉조하奉朝賀의 영예도 받았으나 서인이 노론과 소론으로 분당되는 사태를 지켜볼 수밖에 없었다. 실권한 남인에 대한 정치적 견해가 송시열과 다른 윤증尹拯

(1629~1714년)이 스승의 곁을 떠남으로써 서인은 노론과 소론으로 분당이 된 것이다.

16세기 말 선조대에 영남학파와 기호학파는 동인과 서인을 형성하여 양당 체제를 이루었고, 곧이어 동인이 남인과 북인으로 분리되어 3당 체제가 된 가운데 왜란을 겪었다. 왜란에 공을 세우고 광해군대에 정권을 잡은 북인은 인조반정으로 실권한 뒤 정치 세력으로 재기하지 못했다. 이후 인조반정을 주동한 서인과 암묵적으로 동의하고

작자 미상, 「윤증 초상」, 비단에 채색, 37×29cm.
윤증은 송시열의 수제자였으나 아버지 윤선거의 행적 문제로 송시열과 틈이 생긴 뒤 소론의 구심점이 되었다.

도운 남인의 양당 체제가 반세기 가량 지속되었다. 1674년 제2차 갑인예송으로 남인이 정권을 잡았다가 1680년 경신환국으로 서인이 정권을 잡았다. 여야 정권 교체가 된 것인데, 야당으로 전락한 남인 정파를 처리하는 문제로 여당 내부에서 다툼이 있었다. 그 결과 강경파는 노론, 온건파는 소론으로 분당이 된 것이다. 동인이 남인과 북인으로 분당된 지 1세기 후였다. 따라서 사색四色이 동시에 당쟁을 했다는 통설은 근거 없는 비역사적 이해이며, 기본 구도는 양당 체제였다.

서인이 분당하게 된 또 하나의 계기는 윤증의 아버지인 윤선거尹宣擧(1610~69년)의 묘지명 문제였다. 윤선거는 병자호란 때 구차스럽게 살아남아 벼슬을 단념하고 포의布衣(벼슬하지 않은 선비)로서 일생을 마쳤는

데, 송시열은 제자인 윤증의 간절한 부탁에도 불구하고 자신의 친구이기도 한 윤선거의 묘지명에서 그를 높이 평가해 주지 않았다. 이는 양란의 후유증을 극복해 가는 사건의 하나로서 송시열이 얼마나 엄정한 잣대로 일 처리를 했는지 단적으로 말해 순다.

송시열은 노론의 영수가 되고 윤증은 소론의 영수가 되니, 이 사제 간의 의리 문제는 이른바 회니시비懷尼是非라 하여 이후 지속적으로 문제가 된다. 송시열의 고향이 회덕懷德이고 윤증의 고향이 니성尼城이어서, 회니懷尼를 두 사람의 대명사로 쓴 것이다. 윤증이 배사背師(스승을 배신함)했느냐 아니냐 하는 문제는 18세기 탕평 정치 하에서 노·소론 간 정쟁의 주요 쟁점이 되었다.

1689년(숙종 15년) 1월 숙의 장씨가 아들(후일의 경종)을 낳자 원자元子(세자 예정자)의 호칭을 부여하는 문제로 기사환국이 일어나 남인이 집권하자 원자(후의 경종) 책봉에 반대하는 상소를 올렸던 송시열은 제주도로 유배되었고, 다시 서울로 압송되던 도중 정읍에서 83세의 고령으로 사약을 받았다. 그의 죽음을 제자들은 신념을 위한 순교로 받아들였고 그들은 스승의 뜻을 받들어 18세기 조선 문화 전성기를 구가하는 역군이 되었다.

중화조선의 송자

주자의 학설을 계승한 것으로 자부한 송시열은 주자의 교의를 신봉하고 실천하는 것을 평생의 사업으로 삼았다. 『주자대전朱子大全』과 『주자어류朱子語類』의 연구에 심혈을 기울였는데 그 연구 업적이 『주자대전차의朱子大全箚疑』와 『주자어류소분朱子語類小分』이었다. 그는 학문뿐만 아니라 말마다 '주자'를 인용했다 한다. 그의 학문적 연원은 조광조의 지치주의至治主義 이념, 이이의 변통론變通論, 김장생의 예학禮學 등 조광조-이이-김장생-김집으로 이어진 기호학파의 학통을 충실하게 계승한 것이다.

송시열은 수신의 기초를 직直의 실천에 두었다. 그는 모든 인간 생활의 저력은 기상이며, 그것은 정직으로만 길러진다고 인식했다. 따라서 정직은 수양의 덕목 가운데 가장 중요한 것으

이명기, 「권상하 초상」, 18세기, 129.3×88.7cm, 개인 소장. 권상하는 스승의 유지를 받들어 만동묘를 설치하는 등 송시열 명분 계승의 상징이었다.

로 간주되었다. 그의 강인한 추진력은 정직이라는 무기가 있었기에 가능했다. 퇴계가 경敬을 강조하고 율곡이 성誠을 강조한 것과 비교된다. 특히 그가 강조한 요점은 '천리를 밝혀 인심을 바로 잡는다明天理 正人心'는 것인데, 여기서 천리, 즉 하늘의 이치란 우주 만물을 아우르는 자연 질서의 이치를 뜻한다. 자연의 이치를 밝혀야만 사람의 마음을 그 이치에 따라 바로잡을 수 있다는 주장은 오늘날에도 음미할 만하다.

송시열은 학계와 정계에서 가졌던 위치와 명망으로 하여 교유 관계가 넓었고 추종한 제자도 많았다. 김장생·김집 부자 문하에서 동문 수학한 송준길, 이유태李惟泰, 유계俞棨, 김경여金慶餘, 윤선거, 윤문거尹文擧, 김익희金益熙 등이 대표적인 인물인데 이들과 함께 세칭 산당山黨으

만동묘의 묘정비. 존주대의의 상징이었던 만동묘는 폐허가 되었고, 묘정비는 글자를 알아볼 수 없게 쪼아낸 채로 오랫동안 흙 속에 묻혀 있었다. 충청북도 괴산군 청천면 화양리 소재.

로 불렸다. 한때는 남인인 권시權諰, 윤휴尹鑴와도 절친하게 지냈다. 제자로는 윤증이 수제자였으나 소론으로 갈라진 후에 권상하權尙夏가 학통을 계승하였고, 김창협金昌協, 이단하李端夏, 이희조李喜朝, 정호鄭澔 등이 꼽힌다.

송시열에 의하여 재정비된 조선성리학은 조선 학계의 정통으로 자리매김되고, 그의 동지 및 많은 제자의 광범위한 활약으로 그의 학문과 사상은 조선 후기 사회에서 가장 강력한 지배 이념으로 작용할 수 있었다. 율곡의 제자들이 서인 정파가 되어 17세기 조선 사회 재건에 기여했다면, 송시열의 제자들은 노론 정파로 결집되어 18세기 조선 고유 문화 창달에 공헌했다.

송시열의 시호는 문정文正이며 문묘에 배향되었고 화양동서원을 비롯하여 전국 70여 개 서원에 제향되었다. 그가 화양동서원에 세운 만동묘萬東廟는 존주대의의 상징으로 왜란 때 도와준 명의 황제 신종과 명의 마지막 황제 의종을 제사지낸 곳인데, 그 뜻을 국가에서 계승하여 창덕궁에 대보단大報壇을 창설하기도 하였다. 송시열의 위상은 사후에 보다 커져 18세기에는 정조대왕에 의하여 송자宋子로 존칭되고, 그의

화양동서원 터. 송시열이 만년을 보낸 곳으로 주변에 있는 환장암에 효종의 밀찰을 보관하였다. 만동묘와 함께 한 시대를 이끈 상징이었으나 흥선대원군에 의해 폐허가 되었다. 충청북도 괴산군 청천면 화양리 소재.

문집이 『송자대전』으로 발간되었다.

송시열을 비롯한 조선 중기의 큰 인물들은 명문거족 출신이 아닌 경우가 많았다. 퇴계도 그러했듯이 송시열 역시 학문적 능력으로 좌의정에까지 올랐다. 또한 관직의 고하와는 별개로 그는 17세기 인조·효종·현종·숙종 4대에 걸쳐 사림의 상징적 인물이 되어 도덕적 문화 국가로 방향타를 잡고 조선이 동아시아의 문화 중심국으로 부상하는 데 견인차의 역할을 했다. 강인한 정신력과 불요불굴의 투지로 조선 사회 재건에 앞장선 카리스마적 인물이요, 사약 앞에서도 흔들림 없이 소신을 지키며 죽음에 임한 선비의 표상이었다.

도곡 이의현(陶谷 李宜顯) 1669년(현종 10)~1745년(영조 21)

전환기의 처세,
　　　정변기의 입지

도곡 이의현陶谷 李宜顯(1669~1745년)은 17세기 후반 서인 가문에서 태어나 18세기 영조대에 영의정에까지 오른 인물이다. 그가 태어나서 산 시대는 정계에서 강세를 보이던 서인이 노론, 소론으로 갈라지고 환국이 거듭되던 시대였다. 이의현의 활동기인 18세기 전반에 치열하게 전개된 정쟁은 대부분 노론·소론의 갈등이었는데, 그의 당색은 노론이었다. 18세기 전반은 영조의 탕평책에 의해 당파 간의 첨예한 대립과 갈등이 둔화되었다고 하지만 실상 노론 전권의 계기를 마련해 준 시기라고 할 수 있다. 이의현은 노론의 승세를 타고 최고위직까지 진출했다.

　이 시대는 사상적으로 조선성리학 일변도의 풍조에 차츰 회의와 반성이 일어나 새로운 사조가 움튼 시기였다. 변화의 조짐이 먼저 나타난 쪽은 정권에서 소외당한 남인 계열이었다. 일찍이 17세기 후반부터 사상적 전환을 모색한 근기남인은 육경을 학문의 기반으로 하는 원시유학으로 돌아갈 것을 주장했고, 18세기 들어 정계에서 완전히 실각당하자 오로지 '사士'의 입장으로 돌아가 남인 실학파를 형성했다.

　한편 집권당인 노론 내에서는 호락논쟁湖洛論爭이 일어나고 있었다.

작자 미상, 「이의현 초상」, 1745년, 비단에 채색, 43.2×32.2cm, 국립중앙박물관 소장.

호락논쟁이란 호서湖西(충청도 지방)의 사림이 호론湖論으로서 한원진韓元震의 '인물성이론人物性異論〔인성(人性)과 물성(物性)은 본질적으로 다르다〕'에 동조하고, 낙하洛下(서울 지방)의 사림은 낙론洛論으로서 이간李柬의 '인물성동론人物性同論(인성과 물성은 본질적으로 같다)'에 동조하면서 일어난 사상적 쟁론이었다. 이 과정을 거치면서 인물성동론을 주장한 낙론계의 세가자제世家子弟들이 부조父祖의 북벌론을 비판·지양하며 북학 사상을 배태시키고 있었다.

청빈을 가훈으로 삼고

이의현은 1669년(현종 10년) 5월 18일 서울 북부 진장방鎭長坊 소격동의 연일 정씨 외가에서 출생했다. 본관은 용인, 자는 덕재德哉, 호는 도곡陶谷이다. 아버지 이세백李世白(1635~1703년)은 17세기 후반 서인계의 중요 인물로서 좌의정에 올랐고, 할아버지 이정악李廷岳(1610~74년)은 파주목사를 역임했다.

이의현은 외가에 대한 자부심이 대단했다. 어머니를 회고하면서 할아버지인 정유성鄭維城(1596~1664년)의 가르침을 받아 "유범遺範을 각별히 지켜 안팎이 숙연하고 문정門庭이 물과 같았다."고 했고 자신도 "유범을 받들어 지켜 감히 실추하지 않았다."고 했다. 외가의 가훈인 청빈이 자신에게 계승되었다고 생각한 것이다. 어머니 연일 정씨의 할아버지, 즉 그의 외증조 정유성은 우의정을 지냈는데, 정몽주의 후손으로 자부하면서 청빈을 가훈으로 삼은 인물이었다.

이의현의 생애는 대체로 세 시기로 구분할 수 있다. 제1기는 출생해서 1694년 26세가 될 때까지의 수학기다. 이 시기에 그는 아버지 이세백의 부임지를 따라 경향으로 옮겨 다녔다. 아홉 살에 『사략史略』과 당시唐詩을 읽고, 당시 대사간이던 이혜李嵇와 윤이건尹以建 형제에게 배우기 시작했다. 열한 살에는 이모부인 이수실李秀實에게 수학하여 『사략』 7권을 마치고 『소학』을 배웠다. 그는 스스로 "천성이 책 읽기를 즐겼다."고 할 정도여서 일과로 주어진 책 이외에도 많은 책을 읽어 약관에 이미 가장서家藏書를 전부 독파했다. 열두 살에 『효경孝經』, 『논어』, 『시전詩傳』, 『사기史記』, 당시, 한시韓詩(한유의 시)를 읽고 열세 살에 『맹자』, 『대학』과 이백李白의 시를 읽었으며, 우홍성禹弘成에게 왕래하며 수학했다.

열다섯 살이 되던 1683년 4월 10일 농암 김창협農巖 金昌協을 빈객으로 모셔 관례를 올렸고, 『강목綱目』과 『사기』를 읽었다. 이 해 가을 함종 어씨와 초혼했고, 이듬해 16세에는 황해감사로 부임하는 아버지 이세백을 따라가 공부하면서 석담石潭·광석廣石·수양산首陽山 등 여러 경승지를 유람하고 소현서원紹賢書院과 문헌서원文憲書院을 배알하는 등 순례를 통하여 경험을 넓혔다.

초취부인 어씨와는 자식 없이 사별하고 재취부인인 은진 송씨에게서 아들 하나와 딸 둘을 얻었다. 은진 송씨 역시 사별하고 삼취부인 전주 유씨에게서 딸 둘을 더 얻어서, 슬하에 1남 4녀를 두었다.

21세 되던 1689년(숙종 15년)에 기사환국이 일어나 서인이 패배하고 남인 정권이 들어서자 이의현은 아버지를 따라 고양의 원당에서 살다가 다음해 다시 아버지를 따라 경기도 광주의 저도촌楮島村으로 이주했다. 이로부터 1693년 25세까지의 5년 간은 아버지를 모시고 가르침을 받으면서 학문에 정진했다. 이 시기에 『장자』, 『초사楚辭』, 『논어』, 『시전』, 한문韓文〔한유(韓愈)의 문장〕, 『한서漢書』 등 이미 읽었던 책들도 다시 이의현 글씨, 송시열 찬, 「금양위박미신도비」, 탁본.
박미는 선조의 부마로 명에서 유행한 의고문체를 수용하여 고문 부흥에 참여했던 문장가이다.

음미하며 섭렵하고 고시古詩와 율시律詩도 수천 수씩 짓는 등 집중적인 훈련을 했다.

1694년(숙종 20년)은 그의 생애에서 가장 중요한 전기가 되는 해로서 두 가지 사건이 있었다. 첫째는 평생의 스승이 된 농암 김창협을 찾아뵌 일이고, 둘째는 갑술환국이 일어난 것이다. 이 해 정월 이의현은 부급負笈(책상자를 메고 유학함)하여 김창협을 찾아가 『논어』를 강질講質했다. 이미 그의 기초 공부는 마무리되었으므로 본격적인 경학 연구의 단계로 접어든 것이다. 특히 노론 가문이 실세한 1689년의 기사환국 이래 5여 년 인고의 세월은 그에게 정신적 성숙의 발판이 되었다. 이의현은 김창협에게 산림에의 포부를 밝혔다. 서인의 복권이 불확실한 남인 정권 하에서 산림 이외에 달리 선택의 여지가 없었고, 그를 학자로 대성시키려는 아버지 이세백과 스승 김창협 사이의 묵계도 있었을 것이다.

이때 이의현이 김창협에게 이런 말을 했다.

"옛 사람들이 과거를 보는 것은 장차 도道를 행하려는 목적이었는데, 지금 사람들은 가문의 영광과 일신의 부귀를 계산하는 것뿐인 듯합니다. 이미 과거에 든 후에는 서책書冊을 포기하고 명리名利를 따라다니다 일생을 마치는 풍조가 온 세상에 도도하니 어찌 개탄스럽지 않겠습니까. 나로 말하자면 문질文質하여 저촉되는 바 없고, 이미 도를 행한다는 그럴 듯한 말이 없고, 아버지의 지위는 재상에 이르렀으니 내가 비록 현달하지 못해도 문호門戶에 손해가 없습니다. 단지 환해宦海의 물결 가운데 머리를 들락날락하는 일은 내가 감당할 일이 못 되며, 오늘날은 실로 과거를 볼 때가 아니며, 설령 세도世道가 갱신更新된다 한들 과거에 응시하지는 않으렵니다. 선생과 장자長者를 따라 놀며 경사經史를 강구강究하고, 고인古人의 문장을 박관博觀하며 스스로 물을 댐으로써 추누椎陋(어리석고 더러움)하고 이름 없는 사람을 면하려는 것이 내 뜻입니다."

그러나 바로 이해 4월 갑술환국이 이루어서 남인 정권이 무너지고 서인이 복권을 하자 이의현의 진로도 급전하여 그의 의사와는 전혀 다른 방향으로 전개된다. 갑술환국과 함께 서울로 돌아온 이의현은 9월에 음직으로 통덕랑에 가자加資되고 12월에는 주위의 강권으로 별시에 응하게 된다. 기사환국 때 장희빈에게 중전 자리를 넘겨주고 쫓겨났던 인현왕후仁顯王后가 갑술환국을 맞아 복위를 하고 중전 장씨는 대빈大嬪으로 강등되었는데, 이 별시는 인현왕후가 중전에 복위된 경사를 기념하여 베푼 시험이었다. 이 별시의 성격은 서인 자제에게 기회를 제공하기 위한 것이라고 할 수 있었다. 그러나 이의현은 지난 봄에 스승에게 한 약속도 있어서 응시하기를 주저하였는데, 아버지 이세백은 스승 김창협과 논의한 끝에 과거에 응시하라고 적극 설득한다.

"너의 뜻은 진실로 가상하다 하겠으나 이번 과거는 예사 과거가 아니니 응시하지 않을 수 없다. 이후에 다시 과거를 폐하고 네 본래의 뜻을 행한다 해도 불가不可하지 않다."

초지를 굽히고 응시하여 합격했을 때 주관자는 이의현의 답안을 보고 '기氣가 있다'는 칭찬을 했다고 한다.

역경을 수련의 계기로

과거에 합격한 26세 때부터 1722년 신임사화辛壬士禍로 인하여 실각하는 54세까지의 30여 년은 이의현 생애의 제2기다. 이 시기에 그는 청요

노론 사대신

경종 때 화를 당한 노론 사대신의 완전한 신원 여부는 영조 즉위 기간 내내 노론의 정치적 명분이었다.

작자 미상, 「김창집 초상」, 1720년, 비단에 채색, 호암미술관 소장.

작자 미상, 「이이명 초상」, 비단에 채색, 37×29cm.

작자 미상, 「이건명 초상」, 비단에 채색, 37×29cm.

작자 미상, 「조태채 초상」, 비단에 채색, 37×29cm.

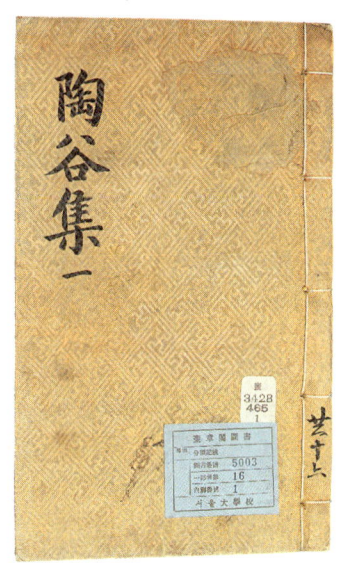

이의현, 『도곡집』, 규장각 소장.

직을 두루 거쳐 계속 승진했다. 1703년(숙종 29년) 35세 때 아버지 이세백이 사망하여 3년복을 입고, 1705년 5월 지평으로 다시 벼슬을 시작하면서 소론과의 정쟁으로 약간의 기복은 있었으나 계속 승진하는 관운을 누렸다. 그리고 1709년 9월 수원부사로 나간 기회를 이용하여 금강산 유람도 하는 등 여유를 즐기기도 했다. 1717년 12월 49세 나던 겨울 어머니 정씨가 사망하여 3년복을 입고, 1720년에 대사간으로 정계에 복귀하여 예조판서에 이르렀으나 1722년(경종 2년) 54세에 일어난 신임사화로 소론이 노론을 대숙청할 때 운산雲山에 유배당했다.

신임사화는 장희빈의 아들로서 소론의 뒷받침을 받아 즉위한 경종의 즉위 다음해인 1721년부터 2년 간 계속된 옥사인데, 이때 노론 계열의 인물들이 대거 축출을 당했다. 특히 노론 사대신四大臣으로 불리는 김창집金昌集, 이이명李頤命, 이건명李健命, 조태채趙泰采 등이 죽음을 당하는 등 극악한 사태였으므로 이의현의 운산 유배는 중형이 아니었다. 이때의 3년 유배 생활은 그에게 새로운 계기가 되었다.

유배 생활을 하면서 이의현은 벼슬살이의 다망함 때문에 멀리했던 학문에의 열정을 다시 불태웠다. 일과를 짜서 『논어』, 『맹자』, 『중용』, 『대학』의 사서와 『시경』, 『서경』, 『주역』 등 삼경 및 『예기』, 『소학』, 주서朱書(주자의 서신), 한문韓文(한유의 문장) 등을 통독하면서 반복 궁구했다.

이러한 자기 극복의 방법으로 귀양살이의 고통을 잊을 수 있었다고 스스로 말했는데 이는 조선시대 사대부의 공통된 유배 생활 방식이었다. 그들은 고통의 시절에 오히려 자기 계발을 하고, 훗날 재기할 때를 대비했던 것이다.

유배지의 이의현은 부근에 더불어 벗할 만한 사람도 없었거니와 오히려 고적한 분위기가 그의 생리에 맞았던 듯하다. 대문 밖에 있는 돌샘의 물맛으로 마음을 달랬는가 하면, 거처에는 「소행와素行窩」라는 편액을 걸고 청형淸迥·유조幽阻의 아취를 즐기며 유유자적하였다고 훗날 술회했다.

공인으로서의 영예, 사인으로서의 불행

이의현 생애의 제3기는 1725년 영조의 즉위와 함께 유배 생활에서 풀려난 때로부터 1745년까지의 20여 년 간이다. 1724년 갑자기 승하한 경종의 뒤를 이어 노론의 지지를 받던 영조가 즉위하자 1725년 1월에 사면령이 내려지고 이의현은 급거 상경을 했다. 그의 나이 57세였다.

형조판서로 복권된 이의현은 정적인 소론 타도의 선봉에 섰다. 신임사화 때 사약을 받고 죽은 노론 사대신의 신설伸雪을 들고 나왔고, 소론 대신들의 죄상을 논하여 탄핵했다. 이 해 6월 21일 이의현은 양관 대제학兩館大提學(홍문관 대제학, 예문관 대제학)을 제수받아 이재李縡, 이병상李秉常에 이어 영조조 제3대 문형文衡의 자리에 오른다. 이의현의 인생에서 제3기에 속하는 이 시기는 노론이 전권을 구축한 시기로서 노론의 핵심 인물인 그는 혼신의 힘으로 그 임무를 다했다.

1727년(영조 3년) 우의정으로 승진했으나 7월에 정미환국丁未換局이 일

장득만·정흥래 외, 「본소사연(本所賜宴)」, 「기사경회첩」 중, 비단에 채색, 43.5×67.8cm, 국립중앙박물관 소장.
기로소에 들어가는 것은 관리로써 얻을 수 있는 최대의 영예이다. 이 그림은 국왕인 영조 자신이 51세의 나이로 기로소에 들어간 것을 기념하기 위한 것이다.

어나 소론이 정권을 잡자 또 한 번 실권의 쓰라림을 안고 양주 선산 아래 도산촌사陶山村舍로 물러갔다. 그의 나이 59세 때였다. 그러나 이번의 실각은 오래 가지 않았다. 다음해(1728년) 이인좌李麟佐의 난이 일어나자 재기용된 것이다. 그는 군대 동원의 권한을 가진 소론이 반란 평정을 핑계로 획책할 수 있는 모든 요소를 경계하면서, 오히려 이때를 영조의 왕권 안정과 노론 재기의 기회로 삼았다. 이후 이의현은 생활 근거지를 계속 도산촌사에 두고 벼슬살이를 했는데, 1732년 64세에 사은정사로 청나라에 다녀왔고, 1735년 67세에 영의정이 되었다.

이의현은 1738년 70세에 기로소에 들어감으로써 최대의 복록을 누렸다. 그러나 두 해 후인 1740년, 두 번째 부인 송씨에게서 47세에 얻은 외아들 보문普文이 요절하는 불운을 겪는다. 공인公人으로서는 영예를 극했지만, 사인私人으로서는 두 번 상처喪妻하여 세 번 결혼하는 불행과 함께 늦게 얻은 외아들마저 자기 손으로 장사지내는 아픔을 겪으며 인간적 고뇌를 골고루 맛본 셈이다.

77세 되던 1745년(영조 21년) 4월 6일 서울 남부 명례방明禮坊 남동南洞의 집에서 마지막 숨을 거두자 나라에서는 그의 죽음을 애도하여 철조輟朝(왕이 조정에서 정사를 폐지함)의 예를 차리고 조제弔祭하였다. 양주 금촌 마산에 있는 초취부인 어씨와 재취부인 송씨의 분묘 사이에 예장했다가 삼취부인 유씨가 12년 뒤인 1757년 사망하자 합장하고 그가 살아생전에 스스로 지은 묘표를 세웠다.

그가 죽은 지 2년 후인 1747년 12월 21일 문간文簡의 시호를 하사받았는데 '근면하게 배우고 묻기를 좋아하니 문文이고, 정직하여 사邪가 없으니 간簡이다勤學好問曰文 正直無邪曰簡' 라는 의미다.

사천 이병연(槎川 李秉淵) 1671년(현종 12)~1751년(영조 27)

진경 문화 시대의 조선적 시인

사천 이병연槎川 李秉淵(1671~1751년)의 본관은 한산, 자는 일원一源으로 18세기 전반 영조대를 대표하는 시인이다. 이 시대에는 조선적 특수성을 내포한 문물 제도가 재정비되고 조선적 예술 양식이 창안되는 등 조선 문화의 고유 현상이 나타나고 있었다. 특히 겸재 정선謙齋 鄭敾(1676~1759년)이 창출한 진경산수화眞景山水畵는 조선 고유화 현상의 구체적 예증으로서, 이 시대를 대표하는 예술 양식이며 조선성리학이라는 시대 사상의 결실이었다.

조선 사회가 18세기 전반기에 이르면서 대청명분론에 의한 북벌론은 시대적 당위성을 상실하고, 조선성리학에 입각한 조선중화주의가 시대 정신의 기능을 발휘하였다. 지난 세기에 일어난 양란의 후유증이 극복되고 국력이 축적되어 자신감이 붙으면서 문화 자존 의식이 일어났고, 그러한 문화적 자존심이 조선의 제반 문화 현상에 고유색의 창출로 나타난 것이다. 이러한 사상계와 정계를 주도한 정파는 서인 계열의 노론 세력이었다.

사천 이병연과 겸재 정선은 노론 가문 출신으로서 노론의 집중 거주

정선, 「행호관어(杏湖觀漁)」, 1740~41년, 비단에 채색, 23×29cm, 간송미술관 소장.
행주 일대에는 서울 세가의 별서들이 들어서 있었다. 맨 왼쪽은 이병연의 이종사촌 아우 김동필의 낙건정, 가운데는 스승 김창흡의 이질 송인명의 장밀헌, 오른쪽은 스승 김창흡의 삼종질로 동문인 김시좌의 귀래정이다.

지인 북악산 아래 같은 동네에서 출생하고 성장했다. 그들의 가문이자 정계 주도 세력인 노론이 지향한 사상은 조선중화주의였고, 그것은 곧 시대 사조가 되었다. 이병연과 정선이 창출한 새로운 예술 양식은 이러한 시대 사조에 힘입은 것이었다.

백악산 아래서 시회를 열고

이병연과 정선은 낙론洛論의 중심 인물인 안동 김문安東金門 삼연 김창흡三淵 金昌翕의 제자였다. 김창흡은 우리 나라 산천의 아름다움을 노래한 진경시眞景詩 문학 운동의 선두 주자로서, 북악산 아래 순화방을 중

정선, 「장안연우(長安烟雨)」, 1740~41년, 종이에 수묵, 30.1×39.9cm, 간송미술관 소장.

심으로 그 운동을 전개했다. 이들이 모여서 시회詩會를 열고 고금의 역사를 담론하는 모습이 다음 시에 잘 나타나 있다.

> 백악산 아래 문주文酒 여니
> 제공諸公은 모두 머리가 희끗희끗하구나.
> 아침햇살에 뒤쫓아 말을 매었더니
> 밤비에 연상連床을 잃었네.
> 가는 풀 길에 가득 돋아나고
> 맑게 개인 산은 담장에 반쯤 솟았네.
> 고금의 일이 모두 강론과 토론에 돌아가고
> 담변談辯은 왕양汪洋히 넓고 넓도다.

이때 모인 장소는 이병연의 집이었고, 모인 사람은 좌장인 김창흡을 비롯하여 이병연과 정선, 그 이웃에 살던 관아재 조영석觀我齋 趙榮祏이었다. 조영석은 진경풍속화의 단초를 연 사대부 화가로서 이들이야말로 백악시단을 주도하던 중심 인물이고, 시와 그림을 함께 한 진경 문화의 주역들이었다.

기존 조선 화단의 전통을 이은 정선은 조선의 산하를 직접 여행하고 사생하면서 중국의 화풍이 아닌 조선의 화풍과 표현 기법을 창안해야겠다는 생각을 하게 되었고, 그 길에 매진을 했다. 그리고 조선의 경개절승과 조선의 강토 산하를 실제 경치보다 더 아름답게 화폭에 담아내는 일을 구현해 내었다. 화보를 모사한 것이 아니라 자신이 직접 기행하고 사생한 진경산수화였다. 한편 이병연 역시 국내 곳곳을 여행하며 그 지방의 기후, 풍물, 지형, 인심과 더불어 경승을 찬미하는 진경시를 지어냄으로써 겸재의 진경산수와 함께 시화詩畵 쌍벽을 이루었다.

현존하는 사천의 시는 그가 지었다고 전해지는 작품 수에 비하면 근소한 500여 수에 불과하지만, 당대 조선의 경개 절승을 남다른 감수성과 정감으로 읊어 냄으로써 조국 산천에 대한 애착과 애정을 표출하고 있다. 또한 겸재가 남긴 적지 않은 진경산수의 명품들은 그가 조선 산하의 풍토에 맞는 화법을 창안하기 위해 얼마나 고심했는지 미루어 짐작하게 한다.

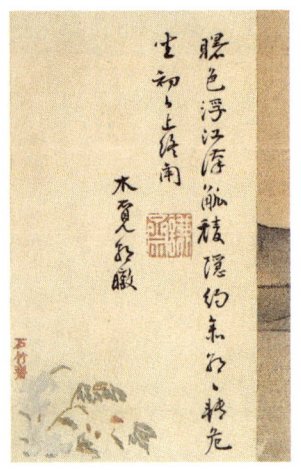
이병연의 시, 「목멱조돈」.

두 사람이 시와 그림이라는 예술 양식으로서 상호 작용하며 진경 예술을 확장해 가는 과정은 정선이 이병연에게 그려 보낸 『경교명승첩京郊名勝帖』으로 확인된다. 『경교명승첩』은 정선이 65세부터 5년 간 양천 현감으로 재직하면서 서울 안팎과 서울 부근, 특히 한강변을 집중적으로 그린 33폭의 그림첩이다. 이들 그림에는 모두 이병연의 시가 붙어 있는데, '시와 그림을 서로 바꾸어 보자'는 약속을 두 사람이 서로 충실하게 지킨 것이다.

정선이 양천현의 관아에서 서울 쪽을 바라보며 남산에 해 뜨는 광경을 그린 그림에는 이병연의 다음과 같은 시가 있다.

새벽빛 한강에 뜨니 큰 집들 낚싯배에 가린다.
아침마다 나와 오뚝 앉으면 첫 햇살 종남산에 오른다.

정선, 「목멱조돈(木覓朝暾)」, 1740~41년, 비단에 채색, 23.0×29.4cm, 간송미술관 소장.

　새벽빛이 아슴푸레 흐르는 이른 아침, 멀리 남산 위로 떠오르는 아침 해가 반쯤 보이고 부지런히 노 저어 가는 낚싯배 뒤로 강 건너편 동네 집들이 잠긴 듯이 보이는 그림 속의 풍경이 시 속에 사실적으로 묘사되어 있다. 그림과 시가 하나로 어우러져 그림이 시고 시가 그림이라 할 만하다.

　현재 올림픽도로를 타고 김포공항 쪽으로 가다가 왼쪽으로 보면 행주산성과 마주보는 위치에 개화산이 있는데, 거기에 지금은 약사사라고 이름이 바뀐 개화사開花寺가 있었다. 그 개화사를 그린 정선의 그림 위에 이병연은 다음과 같은 시를 지어 적었다.

정선, 「개화사」, 1740~41년, 비단에 채색, 31.0×24.8cm, 간송미술관 소장.

봄이 오면 행주 배에 오르지 마오.
손님 오면 어찌 꼭 소악루小岳樓〔양천현아의 뒷산인 파산(巴山)에 있던 누대〕
에만 오르나.
두세 권 책 다 읽을 곳이라면
개화사에서 등유를 써야지.

젊은 시절 이 곳에서 독서하던 추억을 되살리며 만년의 독서를 기약하는 시다. 우정을 새롭게 하려는 시며 그림이라 생각된다.
위의 시에 등장하는 소악루에서 달맞이하는 광경을 그린 그림에는 다음과 같은 시가 있다.

파릉巴陵에 밝은 달 뜨면 이 난간에 먼저 비친다.
두보杜甫의 제구題句 없는 것, 끝내 소악루를 위해서겠지.

교교한 달빛에 잠긴 양천 강변의 밤 경치를 그린 정선의 그림에 부친 시다. 뒷산인 파산에서 조감하여 오른쪽에 양천의 탑산, 두미암, 선유봉이 차례로 솟아 있고 대안의 절두산이 근경으로 보인다. 이병연은 파릉(양천의 별칭)의 달밤 풍경을 노래하면서 자신을 두보에 비유하는 등 시인으로서의 자부심을 내보이고 있다.

정선의 그림 속에 살아나는 이병연의 시

이병연의 시가 없으면 정선의 그림이 무색해지고, 반대로 정선의 그림이 아니면 이병연의 시가 빛을 잃었으리라 생각될 만큼 두 사람은 상호 보완적인 관계를 맺었다.

친척 한 사람이 이병연의 집을 방문했다가 서재 가득 쌓아 놓은 중국 서적을 보고, 어떻게 이 많은 서적을 수집할 수 있었느냐고 묻자 그는 서슴지 않고 대답했다.

"내 친구 정선의 그림이 중국에서 인기가 있어 고가로 팔린다. 나는 어려서부터 그와 친구 사이로 많은 그림을 얻었다. 사행으로 중국에 가는 사람에게, 정선의 그림을 팔아서 책을 사 오라 했다. 그렇게 모은 책들이다."

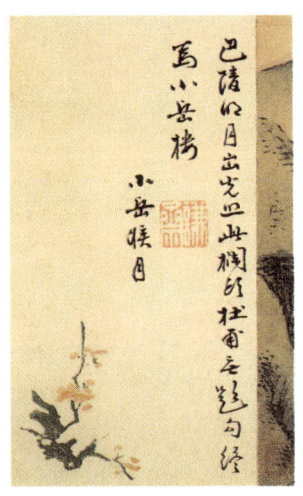

이병연의 시, 「소악후월」.

정선의 그림이 중국에서 고가로 거래되었다는 사실과, 이병연이 정선의 그림을 많이 소장하였다는 사실을 잘 설명하는 일화이다.

이들 두 사람은 비록 표현 매체가 시와 그림으로 달랐으나 '시와 그림을 서로 바꾸어 보자'는 약속 아래 서로의 작품을 비평, 격려, 추만推輓하여 조선 예술사상 가장 화려한 꽃을 피워 냈다. 시와 그림을 바꾸어 보자는 뜻을 형상화한 시화상간화詩畵相看畵를 진경산수가 아니라 이념산수로 표현한 사실도 재미있다.

시냇가 풀밭 노송 아래 두 노인이 시축과 그림을 놓고 비교하며 담론하는 한유閒遊의 모습을 그린 그림에 다음과 같은 이병연의 화제畵題가 실려 있다.

> 나와 겸재는 시가 가면 그림이 오도록 왕복을 기약하여 내 시와 그대의 그림을 서로 바꾸어 보자 하였다. 시와 그림의 경중을 어찌

정선, 「소악후월(小岳候月)」, 1740~41년, 비단에 채색, 23.0×29.2cm, 간송미술관 소장.

값으로 따지겠는가. 시는 가슴에서 나오고 그림은 손을 휘둘러서 이루어지니, 누가 쉽고 누가 어려운지 모르겠더라.

이처럼 이병연의 시풍은 평지에서 돌출한 것이 아니라 평생의 지기이며 당대 진경산수화의 대가인 겸재 정선의 예술 경향과 연관이 있다. 또한 당시에 고조되었던 문원文苑의 대세를 반영했다고 보아야 하며 스승인 김창흡으로 소급해 보아야 한다. 김창흡은 형 농암 김창협農巖 金昌協과 함께 문명을 날렸는데, 노론학파가 18세기 초에 와서 호론과 낙론으로 나뉘는 분기점에서 낙론의 핵심 인물이 된 학자이다. 18세기 후반 정조는 이들 형제의 시문詩文을 이렇게 평했다.

정선, 「시화상간(詩畵相看)」, 1740~41년, 비단에 채색, 29.0×26.4cm, 간송미술관 소장.

"농암 김창협의 시문은 우아하며 깨끗하고, 삼연 김창흡의 시문은 맑고 고담古淡하다. 김창흡은 부귀한 가문의 자제로 초야에서 종신終身하였으니, 그 형제의 시도 그러하다."

형 김창협의 시문이 우아하고 깨끗한 데 비하여 동생 김창흡의 시문은 맑고 고담하다는 평은 형제의 시문을 비교적 객관적으로 평가한 것이다. 그러나 이러한 정조의 평가는 결코 긍정적인 것이 아니었다. 조선의 문체가 식암 김석주息庵 金錫胄(1634~84년)와 농암 김창협에 이르러 일변했고, 조선의 문폐文弊(문장의 폐단)가 여기서부터 유래했다고 지적한 것이다.

"우리 나라의 문체는 김석주와 김창협에 이르러 일변하여 한 세상을 풍미하니 모두 이를 좇았다. 대개 전 시대 사람을 능가한 듯싶지만 원기元氣는 아득하여 부진하였다. 문폐가 이에서 점차 생겨났다."

이것은 무슨 의미일까. 학문이나 학식이 부족한 사람들이 두 사람의 문체만을 모방함으로써 생겨난 부작용을 지적한 것이다. 정조는 즉위 초부터 문체가 정치의 흐름을 반영한다는 발상을 하고, 문풍복고文風復古의 기치로서 문체반정文體反正 운동을 일으켰다. 이는 문화 정책을 탕평책의 일환으로 추진한 것으로서, 노론 벽파 계열의 인재를 포섭하기 위한 공작이었다. 김석주나 김창협의 문체가 비판 대상이 된 것은 정조가 표방하는 고문古文, 즉 순정문醇正文의 문체에 위배되었기 때문이다. 고문의 문체에 위배된다는 것은 조선적 색채가 강한 문체를 구사했다는 뜻이 되는 것이니, 두드러진 조선풍을 지적한 것이었다. 이를테면 속담, 속어, 조선의 제도, 지명, 관명 등 문물 제도가 시어로 구사되는 문풍을 비판한 것이다.

조선 산하를 조선의 토속어로

이병연의 시 세계는 이상과 같은 스승의 영향을 받았다. 이병연의 시 세계는 조선의 토속어와 조선화한 언어로서 조선 산하, 조선 강토, 조선 풍물을 직접 여행하면서 읊어 낸 것으로 요약할 수 있다. 이러한 기

敬次
錦平都尉感
君恩詩韻
奎璧交麗 寶墨存
先拜賜詩恩六都尉裹神
僊骨四聖朝間雨露痕
譜天宣太常樂香醱春滿
外饔樽鳳簫獨恨冰圓調
明月秦樓半掩門
戊午暮春韓山李秉淵拜手

이병연, 「금평도위수연시(錦平都尉壽宴詩)」, 종이에 먹, 54.0×36.5cm, 간송미술관 소장.

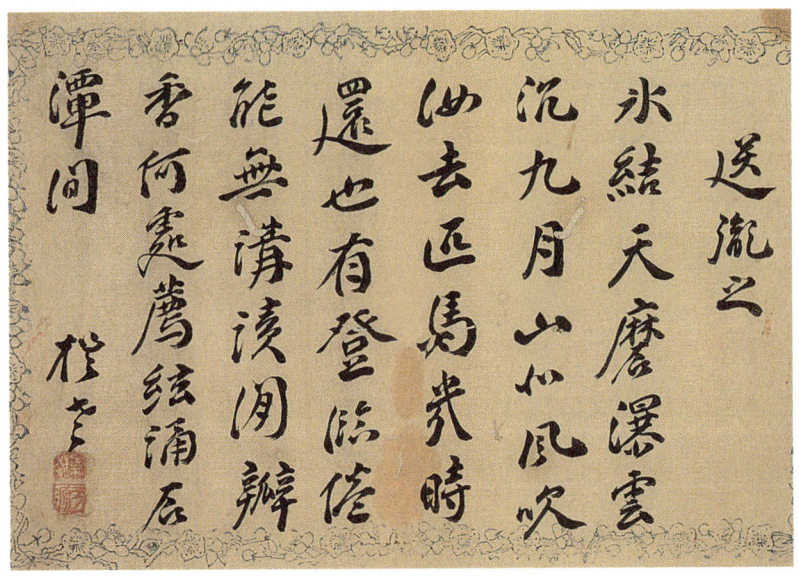

送胤之
氷結天磨瀑雲
沉九月山似風吹
如去匹馬光時
還也有登臨倚
能無清淺閑辦
雲何處鷹鸛浦居
潭間
拙壽

이병연, 「송윤지(送胤之)」, 종이에 먹, 28.6×37.9cm, 서울대학교박물관 소장.

행 위주의 창작 태도는 전대의 여러 서인이나 뒷날의 사람들과도 다른 독특한 세계였고, 중국 역대 시인의 시를 모방하거나 차운次韻하는 기본 틀에서 크게 벗어난 것이다.

이병연의 진경시는 당시 이름난 명승지는 물론 조선 방방곡곡의 지명을 시제詩題로 택하고 있으므로 그 지방의 특징과 고유색, 그리고 조선적 색채를 강렬하게 나타내고 있다. 이러한 흐름은 그의 스승 삼연 김창흡이나 농암 김창협에서 이미 나타나고 있었으나 이병연에 와서 뚜렷한 특색을 갖게 되는데, 그 까닭은 정선의 진경산수화가 출현을 한 데서 찾을 수 있다. 스승의 영향과 친구와의 동시대적 교감이 날줄 씨줄로 엮어진 교차선 상에서 이루어진 문학적 소산인 것이다.

진경 문화의 시대인 18세기 전반기를 대표하는 시인 이병연과 화가 정선은 같은 동네에서 출생 성장하여 같은 스승(김창흡)에게서 동문 수학했고, 당색도 같은 노론으로서 출신 성분이 같았을 뿐만 아니라, 이병연이 5세 연상이나 평생의 지기로 일관한 불가분의 관계였다. 한 사람은 시로, 또 한 사람은 그림으로 조선 문화 창달에 혼신의 힘을 다한 이들 두 사람의 우정은 1751년 이병연이 81세로 사망할 때까지 계속되었다.

이병연의 시와 정선의 그림은 18세기 전반 조선 문화와 예술의 진수를 남김없이 보여 주는 실증이며, 당시대 조선 문화계의 수준을 가늠케 하는 생생한 징표라 할 수 있다.

겸재 정선(謙齋 鄭敾) 1676년(숙종 2)~1759년(영조 35)

조선의 금수강산이
붓끝에서 완성되다

겸재 정선謙齋 鄭敾(1676~1759년)이 살던 시대는 진경시대眞景時代이다. 진경시대는 숙종대에서 영조대까지인데 겸재의 활동기인 영조대에는 진경시대 중에서도 전성기다. 진경시대란 조선 후기 사회가 양란의 후유증을 극복하고 조선 고유 문화인 진경 문화를 이루어 낸 시기를 의미한다. 이 문화의 주도자는 왕조시대의 특성상 군주인 숙종과 영조, 정조지만 구체적인 문화 현장에서 당시대가 진경시대임을 작품으로 실증해 준 이는 정선이다. 그래서 그는 화성畫聖으로 불러도 손색이 없다는 평가를 받고 있다.

양란 후 조선 사회는 전란 후의 혼란 상황을 수습하기 위해 자아 정체성을 확립하는 작업부터 시작했다. 우선적으로 상처받은 민족 자존심을 회복하는 방안을 강구했으니 명·청이 교체된 세계 질서 재편기에 무력으로 중원을 제패한 청나라의 야만성을 부각시켰다. 청이 명나라를 치기 위하여 동맹국인 조선을 선제 공격한 것이 병자호란이므로, 조선은 침략자인 청에 대한 문화적 우월감을 고취하는 것으로 전쟁 후 유증 극복의 장치로 삼았다. 또한 평화 공존하는 세계 질서를 무력으

정선, 「인곡유거(仁谷幽居)」, 1740~41년, 종이에 옅은 채색, 27.3×27.5cm, 간송미술관 소장.

로 파괴한 청나라는 세계(당시의 동아시아)의 주도국이 될 수 없다고 치부하고, 조선이야말로 예의를 숭상하고 인륜을 지키는 도덕적 문화 국가의 핵심이라 자부하면서 동아시아의 문화 중심국임을 천명했다. 조선 문화의 본질은 평화와 애경을 기본으로 하는 자연 친화적인 것이었다. 그리고 문화의 주도층인 지성들이 숭상하는 선비 정신과 검소 질박한 삶의 방식이 그대로 국민적 공감대를 형성하여 생활 양식의 주류가 되었다.

한호, 『후출사표』, 종이에 먹, 30.5×20cm.
한호는 조선 전기에 유행하던 조맹부의 송설체를 넘어 왕희지체와 안진경체의 재해석을 통해 조선 고유의 서체를 이루어 냈다.

진경을 절묘하게 묘사한 산수화의 수요가 폭증한 것도 이때였다. 조국 산천을 삼천리 금수강산이라 일컬으며 산천 경개 유람하는 국토 순례가 유행을 했는데, 왕을 비롯한 궁중 사람들이나 여행 할 처지가 못 되는 사람들이 그 사실적 산수화의 수요자였다. 그러한 문화계의 흐름 속에서 진경산수화의 화법을 완성한 화가 중의 화가가 겸재 정선이었다.

진경산수화가 겸재의 손에서 완성되기까지 조선의 독자성을 형성하기 위해 고심한 여러 인사의 사상적, 문화적 움직임이 있었다. 문학에서는 송강 정철鄭澈(1536~93년)이 가사문학으로서 국문학 발전의 서막을 열었고, 글씨에서는 석봉 한호韓濩(1543~1605년)가 송설체를 뛰어넘는 조선 고유 서체인 석봉체를 이루어 냈으며, 그림에서는 창강 조속趙涑(1595~1668년)이 전국을 유람하면서 경개 절승의 감흥을 읊고 그림으로써 진경시화의 기틀을 닦았다.

조선 왕조는 중국 송나라에서 형성된 성리학을 국학으로 채택하여 성립한 국가이다. 따라서 조선 왕조의 입국 체제는 송나라의 제반 문물을 모방한 것으로서, 불교 예술이 발달한 고려의 미술이 불상 조각을 중심으로 발달한 점과 비교된다. 고려 말에 성리학과 함께 원나라에서 도입된 중국의 강남 문화는 송의 한족 지식인들이 이어온 성리학을 기반으로 하는 문화였다. 이 문화의 특징은 사대부의 교양 필수로서 시·서·화를 겸수하는 것이었다. 이때 조맹부趙孟頫의 송설체松雪體가 들어와서 조선 전기 서체의 전범이 되었듯이 강남의 산수화가 조선 화단의 주류를 이루었다.

진경산수 탄생의 배경

조선 전기는 외래 사상인 성리학을 이해하여 자기화해 간 시기였는데 시대의 꽃인 예술도 성리학을 뿌리로 하여 자기화를 촉진하였다. 예컨대 전기의 그림에서는 산천도 중국 남방의 산천이요, 의관도 문물도 중국의 것이었다. 그림에 나타나는 인물들은 중국 옷을 입었고, 소도 조선의 소가 아니라 구부러진 긴 뿔을 가진 중국 남방의 물소였다.

이러한 경향이 바뀌기 시작한 것은 16세기 말 사상계의 변화와 맞물린다. 퇴계 이황退溪 李滉에 의하여 외래 사상인 성리학의 이해가 완결되고 율곡 이이栗谷 李珥에 의하여 성리학이 조선에 토착화하자 제반 문물도 고유색을 띠기 시작했다. 성리학이 조선에 와서 조선 풍토에 맞는 신사상으로 재정립된 것이다.

　조선성리학으로 무장한 사림이 자신의 이상을 정치 현실에 구현하려는 시점에서 일어난 것이 임진왜란과 병자호란이었다. 이 양란은 조선성리학의 자부심을 가지고 있던 사림에게 엄청난 좌절감을 안겨 주었다. 그리고 양란의 후유증을 극복하고 난 뒤에 모색된 것이 조선중화 사상이었다. 조선이야말로 동아시아의 문화 중심국이라는 자부심이 고양되었고, 나의 국토, 나의 산하가 가장 아름답다는 국토애가 고양되었다. 17세기의 양란 후유증 극복 과정을 거쳐 18세기의 문화 전성기가 도래한 것이다.

　이러한 시기에 태어난 겸재는 자신의 시대 사명을 그림으로 이루어 낸 화성이다. 화강암의 바위산으로 이루어진 우리 산천을 표현하기 위하여 새로운 필법을 창안하고, 산천을 음양대비로 표현하는 음양기법도 창안했다. 그의 금강산 그림에서 음양대비법이 극명하게 구사되고 있다. 가까운 곳의 흙산土山을 육산肉山으로 표현하고 먼 곳의 바위산巖山을 골산骨山으로 표현했으니 육산은 음陰으로서 양陽에 해당

조속, 「호촌연응(湖村煙凝)」, 종이에 엷은 채색, 27.6×38.5cm, 간송미술관 소장. 구름과 아지랑이 가득한 호수 풍경을 미법(米法) 산수의 기법으로 표현하였다. 조속은 사대부 화가로서 사생과 함께 중국 산수화의 기법을 임모해 가며 진경 산수의 화법을 찾아간 선구자이다.

하는 골산을 부드럽게 에워싸는 형국을 이루었다. 육산은 먹물이 뚝뚝 흘러내릴 듯한 붓질로 수많은 점을 찍어 무성한 숲을 표현하고, 골산은 수직으로 내려긋는 선의 묘사로 바위산의 강경한 기세를 표현하였던 것이다. 이러한 겸재의 화법은 조선의 산천을 표현하기에 적합한 진경산수화법으로 일세를 풍미하며 조선 고유 문화의 징표가 되었다.

겸재는 80세 이상 장수하면서 마지막 순간까지 화필을 놓지 않았다. 「인왕제색도」처럼 우람하고 힘찬 산수화는 물론, 신사임당류의 조선적 정조가 흐르는 섬세하고 아름다운 「초충도草蟲圖」에 이르기까지 모든 회화 분야에서 발군의 실력을 발휘했다. 금강산 그림에서 특히 이 양자의 요소가 잘 조화되어 있다. 겸재 그림의 변화 과정은 몇 차례에 걸쳐 금강산을 여행하면서 그때마다 새롭게 그린 금강산 그림들에서 가장 잘 나타나 있다.

겸재는 당대의 대시인이자 평생지기인 사천 이병연槎川 李秉淵과 시화상간詩畵相看의 약속을 하고 시와 그림을 바꾸어 보면서 선의의 경쟁을 했다. 시 속에 그림이 있고 그림 속에 시가 있는, 이른바 시와 그림이 서로 보완하는 경지를 개척했다. 그의 그림은 대부분 실제 경치를 사생한 진경이지만 소나무 아래 두 노인이 시축詩軸을 펴놓고 앉아 있는 「시화상간」 그림은 두 사람의 우정과, 시와 그림이 만나는 경지를 형상화한 것이다.

그림으로 일세를 울리다

겸재의 그림 활동에서 빼놓을 수 없는 부분이 후원 세력이다. 당대의 명가인 안동 김문이 그를 후원했고, 겸재는 그에 대한 감사의 뜻으로

작자 미상, 「영조대왕 어진」, 1900년 이모, 비단에 채색, 110×68cm.
영조는 세제 시절 정선에게서 그림 수업을 받았을 정도로 관심과 소질을 보였고, 진경 문화의 적극적인 후원자였다.

안동 김문의 주거지인 청풍계淸風溪를 여러 번 그렸다. 그가 청풍계 그림에 얼마나 공을 들였는가 하는 것은 현재 남아 있는 겸재의 그림 중에서 최고 명품으로 꼽히는 데서 확인이 된다. 아울러 최고 권력자인 영조의 후원이 있었다. 영조는 세제世弟(경종의 이복동생으로서 후계자에 책봉되었다) 시절 그에게서 그림 수업을 받을 만큼 그림에 남다른 관심과 소질이 있었다.

조선 왕조는 왕과 후계자인 세자에게 성학聖學(제왕학)을 강조하면서 신하들에 의한 평생 교육인 경연과 서연을 지속적으로 행했기 때문에 성학이 완성된 군주들이 출현할 수 있었다. 숙종도 그림과 글씨에 일가를 이루었지만 영조는 시·서는 물론 그림에도 탁월한 재능과 관심을 보였다. 영조가 군사君師로 자부하게 되는 배경에는 성숙된 학문과 더불어 빼어난 시·서·화의 경지가 있는 것이다. 임금이면서 신하의 스승 역할까지 할 수 있다는 영조의 자부심은 그대로 정조에게 계승, 발전되었다.

이와 같이 신하들의 학문을 능가하는 학자 군주가 연이어 탄생하면서 진경시대가 열렸으니, 시대의 꽃에 해당하는 진경 예술이 탄생한 것

정선, 「금강전도」, 1734년, 종이에 수묵담채, 130.7×94.1cm, 호암미술관 소장.
정선은 화강암으로 된 우리 산천을 표현할 새로운 필법과 흙산과 바위산을 음양대비로 표현하는 기법을 창안하여 금강산 그림에서 이를 극명하게 구사하였다.

정선, 「단발령망금강산(斷髮嶺望金剛山)」, 1711년, 비단에 엷은 채색, 34.3×39.0cm, 국립중앙박물관 소장. 『신묘년풍악도첩』은 1711년 이병연의 초청으로 금강산 여행을 함께 한 뒤 그린 첫 금강산 그림이다.

은 당연한 귀결이었다. 겸재는 이 진경시대의 중심부에서 영조의 후원을 받는 영광을 누렸다. 영조는 그를 청하현감으로 임명하여 금강산 그림의 완결판인 「금강전도」를 그릴 기회를 주었고 양천현감으로 임명하여 한강변의 경승을 그린 『경교명승첩京郊名勝帖』 제작의 기회와 여건을 제공했다.

겸재는 1676년(숙종 2년) 1월 3일 서울 북부 순화방 유란동(오늘날의 청운동)에서 아버지 시익時翊과 어머니 밀양 박씨(박자진(朴自振)의 딸) 사이에서 2남 1녀 중 맏이로 태어났다. 부모 모두 당시로서는 만혼이었고, 겸재가 14세에 아버지가 사망했으므로 같은 동네의 외가에서 의탁하여 성장했다.

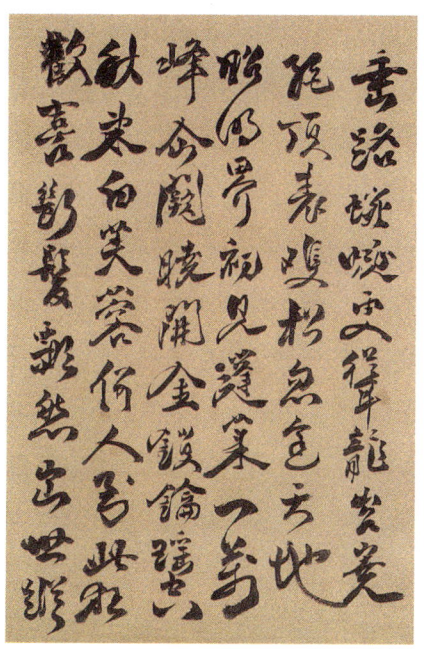

「단발령망금강산」에 붙인 이병연의 시.

겸재 정선의 그림은 1711년 『신묘년풍악도첩辛卯年楓岳圖帖』을 제작하면서 세상에 알려졌다. 1710년 5월 금화현감에 부임한 사천 이병연은 그 다음 해에 친구 겸재를 초청하여 금강산 여행을 함께 한다. 이때 겸재는 그의 첫 금강산 그림인 『신묘년풍악도첩』을 그렸다. 그리고 이 해에 겸재의 후원자인 안동 김씨 가문의 육창六昌 (김수항의 昌자 항렬 여섯 아들) 중 첫째인 김창집金昌集이 동지정사로 북경에 갈 때 넷째인 김창업金昌業은 자제군관子弟軍官으로서 겸재의 그림을 가지고 갔다. 이로써 화가 겸재의 명성이 북경에까지 알려지게 되었고, 그 후 겸재의 그림은 북경에서 대단한 인기를 끌고 고가로 거래되었다.

겸재는 안동 김문 육창 중 셋째인 김창흡金昌翕의 제자였다. 효종의 딸 숙경공주淑敬公主의 손자로서 영조대의 대표적인 탕평대신인 원경하元景夏(1698~1761년)는 김창흡의 시와 겸재 정선의 그림을 다음과 같이 평했다.

"김창흡의 시와 정선의 그림이 있으면 높은 곳에 수고로이 오르지 않고도 중향성衆香城과 만폭동萬瀑洞이 눈앞에 삼연森然하다. 문을 닫고 안석에 기대앉아 하나하나 읊조리노라면 이 몸은 늘 금강산에 있고, 누

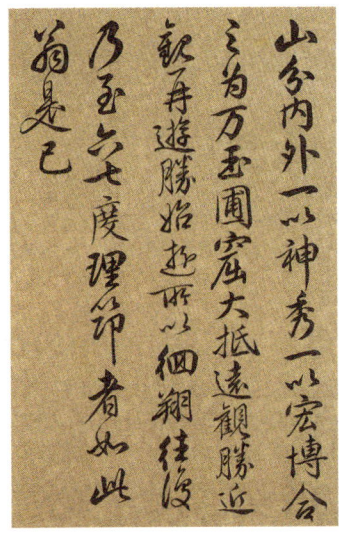

「금강산내총도」에 붙인 김창흡의 제사.

작자 미상, 「김창흡 초상」, 비단에 채색, 37×29cm, 김창흡은 조선의 산천 풍물을 자기 소리로 읊고 영물시도 조선의 문물을 위주로 했다.

정선, 「금강산내총도」, 비단에 채색, 28.2×33.6cm, 고려대학교박물관 소장.
영의정 이천보는 세상에 그림을 논하는 자는 반드시 정선의 그림에 김창흡의 시를 맞춘다고 평했다.

워서 명산을 유람하니 옛사람이 부럽지 않다. 시와 그림을 다시 논하겠는가."

제자인 정선이 그리고 김창흡이 시를 붙인 금강산 동국진경이, 서울에 앉아서 금강산의 명승을 감상할 수 있을 만큼 핍진하게 시화일치의 경지를 이룬 데 대한 찬사이다.

영조대의 영의정 이천보李天輔(1698~1761년)도 김창흡과 정선 사제 간에 이룬 시화일치의 경지를 이렇게 평가했다.

"세상에서 그림을 논하는 자는 반드시 정선의 그림에 김창흡의 시를 맞춘다."

김창흡과 정선이 이룬 시화일치·시화상보詩畵相補의 전통이 김창흡 사후에는 이병연과 정선으로 이어졌다.

겸재 정선의 친구인 사천 이병연도 김창흡의 제자이다. 김창흡과 이병연의 시는 조선의 산천 풍물을 자기 소리로만 읊고 묘사하는 사경시寫景詩를 주종으로 함으로써 그 개성을 확연히 드러냈다. 자연 경물景物의 아름다움을 노래하는 영물시詠物詩 역시 조선의 문물을 주로 했는데 특히 그의 매화시는 명품으로 높이 평가되었다.

겸재는 40세의 늦은 나이에 음직으로 출사했다. 김창집의 천거였는데, 화가로서 이름을 천하에 떨치게 된 것이 39세경이므로 그 명성에 힘입은 바 컸을 것이다. 1721년에 하양현감으로 부임하여 5년 간 지방에 있는 동안 신임사화가 일어났다. 그의 후원자 김창집이 노론 사대신四大臣의 한 사람으로 사사賜死되고 중앙 정계에는 폭풍이 몰아쳤다. 그러나 겸재는 지방관으로 재직하면서 화도畵道에만 전념하여 이 정변을 모면했다. 1726년 임기를 마치고 경상도의 명승을 그린 『영남첩嶺南帖』을 가지고 중앙에 복귀했을 때는 신임사화의 폭풍이 지나간 뒤였

정선, 「내연삼룡추」, 1733~35년, 종이에 엷은 채색, 29.7×21.1cm, 국립중앙박물관 소장. 영조는 즉위 후 정선을 경상도에서 가장 경치 좋은 청하현감으로 발령했으며, 정선은 이곳의 명승 내연산 삼룡추를 화폭에 담았다.

다. 그리고 뒷날 그의 후원자가 된 영조가 즉위했다.

　영조는 진경 문화 전성기의 군주답게 예술에 상당한 조예를 갖고 있었다. 영조는 겸재의 이름을 부르지 않고 꼭 호로만 부를 정도로 그 재능을 아끼고 존중했다. 영조는 1733년 58세의 겸재를 경상도에서 가장 경치가 좋은 청하현감으로 발령했다. 사천 이병연은 바로 한 해 전에 삼척부사로 제수되었으므로 이들 친구는 함께 해악海嶽 간을 노닐면서 시를 짓고 그림을 그렸다.

　65세인 1740년에 양천현감으로 부임하여 그린 그림이 『경교명승첩』이다. 양천은 경강의 초입으로서 서울의 요충지일 뿐만 아니라 삼각산으로부터 북악산, 인왕산으로 이어지는 백색바위 봉우리들이 한강과 어우러지는 모습을 한눈에 조망할 수 있는 곳이다. 그는 양천현에서 서울 근교의 명승들과 한강변의 명승들을 그렸다.

　겸재는 1747년 72세의 노인으로 또다시 금강산 여행을 떠났다. 이때의 작품집으로 현존하는 것이 『해악전신첩海嶽傳神帖』이다. 30대인 1711년에 그린 『신묘년풍악도첩』과 비교되는 그림이다. 전자는 패기 넘치는 무명 화가답게 날카로운 필법을 구사하고 있는 데 비하여 72세의 노대가가 그린 후자는 세련되고 부드러운 필치로 달관의 경지를 보여 준다. 그러나 필묵 사용법의 기본 원칙과 음양 조화의 원칙은 한결같이 지키고 있다.

　만년의 겸재는 점차 추상의 세계에 몰입했다. 대상에 대한 대담한 생략과 단순한 색조로 대상의 본질만을 명료하게 표현하는 화풍을 이루어 낸 것이다. 이로써 그림이 도달할 수 있는 최종 경지에 이른다. 겸재가 80세를 넘길 즈음에는 그의 그림을 거의 집집마다 소장할 만큼 애호가가 많았다.

정선, 「문암관일출」, 『해악전신첩』 중, 비단에 채색, 1747년, 25.5×33.0cm, 간송미술관 소장.
『해악전신첩』의 금강산 그림은 기본 원칙은 지키면서도 세련되고 부드러운 필치로 달관의 세계를 보여 준다.

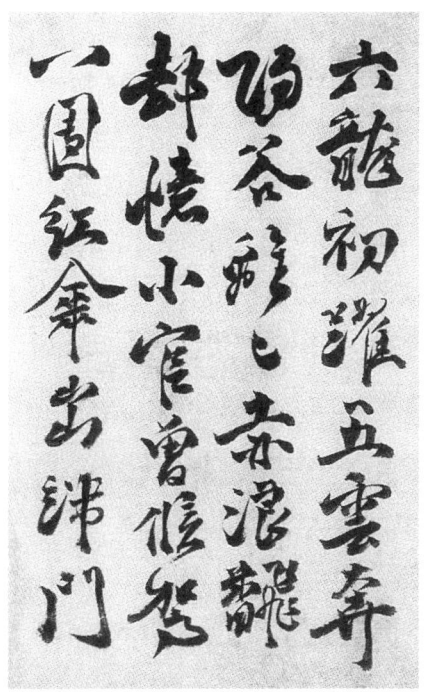

이병연, 「문암관일출」, 종이에 먹, 1747년, 25.5×33.0cm, 간송미술관 소장.

겸재는 화가로서 누릴 수 있는 최대한의 영예를 누렸다. 벼슬은 재상의 반열인 종2품 동지중추부사에까지 오르고, 벼슬이 없던 부조父祖 3대의 추증도 받았다. 그림으로 일세를 울렸고 그림으로 경제력도 다졌다. 그가 태어난 동네 부근에 만년의 주거지인 인곡정사仁谷精舍도 마련했고, 이곳에서 1759년(영조 35년) 3월 24일 84세를 일기로 서거했다. 생전에 마련해 둔 터였던 현재의 도봉구 쌍문동에 안장되었다.

성호 이익(星湖 李瀷) 1681년(숙종 7)~1763년(영조 39)

새로운 학풍을
세운 재야 실학자

성호 이익星湖 李瀷(1681~1763년)은 조선 문화의 전성기인 18세기 전반 영조대에 활약한 재야 지식인이다. 흔히 조선 후기 사회의 새로운 사상적 흐름을 실학이라고 하는데, 이익은 실학 사상 형성기의 대표적 학자로 평가되고 있다.

18세기는 진경시대로 불릴 만큼 조선 문화가 고유화한 시대이다. 그 문화의 주도자는 군사君師(임금이자 스승)로 자부할 만큼 학문적, 정치적으로 확고한 위상을 가진 숙종, 영조, 정조의 세 군주였다. 이 군주들의 탁월한 영도력에 의하여 양란으로 와해되었던 조선 사회는 자기 정체성을 확립하게 되었다.

붕당은 16세기 말 사림 사회의 학파가 정파로 전환되어 정치 세력화한 이념 집단으로서, 자신들의 학문적 이상을 현실 정치에 구현하려는 의지를 갖고 있었다. 학자 정치인인 이들은 각기 자신이 처한 지역적, 학문적 배경을 토대로 사림 사회의 여론인 청의淸議를 중앙 정계에 반영하여 공론화하면서 양당 정치 체제를 구축했다. 국왕은 국체의 상징으로서 최고 통치권자였지만 최종 결재자에 불과한 것이 17세기 붕당

이익 초상

정치기의 정치 상황이었다.

17세기 조선 사회 재건기에 가장 시급한 과제가 군사 대국인 청나라와의 관계 설정이었다. 조선은 개인 간에만 의리와 명분을 지키는 것이 아니라 국제 간에도 의리와 명분을 지킨다는 원칙을 고수하였다. 이미 멸망하고 없는 명나라에게도 대명의리론을 설정한 조선이었다. 그러나 평화 공존하는 국제 질서를 무력으로 와해시킨 청나라에게는 대청복수론인 북벌론으로서 국민을 단결시키고 국력을 결집했다.

당쟁의 멍에

17세기 후반에는 국가 의례를 둘러싼 격렬한 이념 투쟁인 예송禮訟이 일어났다. 예송은 도덕적 문화 국가 건설을 위한 예치禮治의 방법론이 당파 간에 서로 달랐기 때문에 일어난 논쟁이다. 1623년 인조반정 이래 서인이 주도하고 남인이 협조하던 연립 구도가 두 차례 예송으로

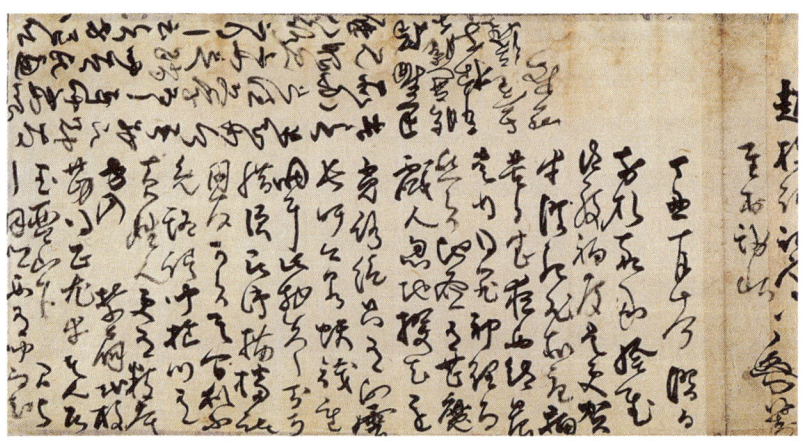

이익, 「서간」, 1757년, 종이에 먹, 24.3×49.5cm.

272

하여 깨어지고 서인 정파와 남인 정파는 전권 체제를 구축하기 위한 치열한 경쟁에 돌입했다.

성호 이익은 바로 이 정쟁의 와중에 아버지의 유배지에서 출생했다. 태어날 때부터 당쟁의 멍에를 짊어지고 나왔다고 할까. 1674년 제2차 예송인 갑인예송에서 남인이 승리하자 성호의 아버지 이하진李夏鎭은 남인 정권의 핵심 관료로서 사헌부 대사헌, 사간원 대사간 등 언관의 수장직을 주로 맡

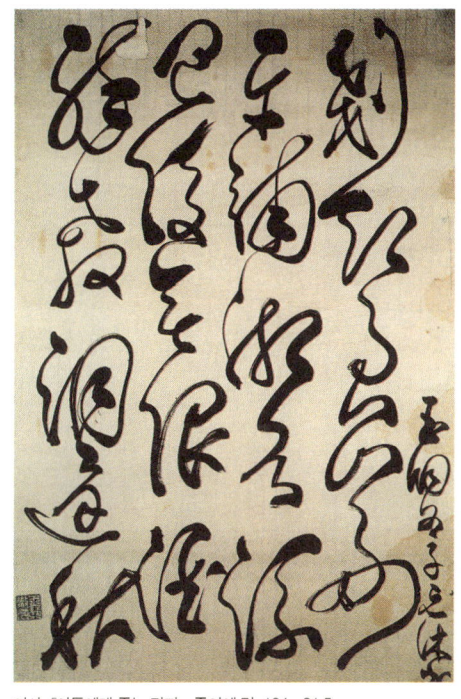

이서, 「아들에게 주는 편지」, 종이에 먹, 104×81.5cm.
이익의 이복형 이서는 윤순, 이광사를 거쳐 동국진체를 낳게 한 글씨의 대가였다.

았다. 그러나 이하진은 1680년 경신환국으로 남인이 패배하고 서인 정권이 들어서자 진주목사로 좌천되었다가 운산으로 유배되었고, 그 다음해인 1681년 10월 18일 이곳에서 후부인 권씨가 막내 성호 이익을 낳은 것이다. 그가 태어난 다음해에 아버지 이하진은 전부인 소생의 3남 2녀와 권씨 소생의 2남 2녀를 남기고 55세로 운산에서 별세했다.

선영이 있는 고향 안산의 첨성리로 돌아온 이익은 편모 슬하에서 병약한 아이로 자랐다. 10세가 되자 비로소 둘째 형인 이잠李潛에게서 글을 배우기 시작했고, 25세가 된 1705년 증광시에 응시했으나 격식에 문제가 있다고 하여 시험을 보지 못했다. 1706년 그의 스승이기도 한

성호사당. 18세기 전반 근기남인 재야 학파는 이익 일문의 집단 가학에 의해 학파로서의 존재 가치를 얻었다. 그들은 농촌 현실에 뿌리박고 토지 제도와 지방 행정의 문제점과 해결책을 제시하였다. 경기도 안산시 일동 소재.

형 이잠이 장희빈을 옹호하는 상소를 올렸다가 역적으로 몰려서 47세를 일기로 옥사하자 이익은 벼슬길을 단념하고 고향에 은거했다. 새로운 학문을 모색하는 재야 학인의 길로 접어든 것이다.

성호 이익은 17세기 근기남인학파의 새로운 학문적 지평을 연 미수 허목眉叟 許穆에게서 육경학六經學의 고학풍을 사숙했다. 원시유학인 육경의 원의에서 새로운 시대 학풍을 찾던 허목의 탐구는 이익에 이르러서, 공자와 맹자 단계의 유학인 수사학洙泗學을 기초로 하고 경세학에 무게 중심을 둔 학문적 문호를 개창하고 학파를 형성했다. 이른바 근기남인 실학파의 탄생이다.

당시의 집권층인 서인 정파가 노론과 소론으로 갈리긴 했지만 주자 성리학의 조선적 전개에 몰두하고 있는 데 반하여, 정치적으로 몰락한 남인 계열의 학자들은 일찌감치 변화 논리를 모색하였고, 18세기 전반에 성호학파로서 비판 학풍을 성립시킨 것이다. 이들은 농촌으로 낙향하여 농민 생활을 가까이서 지켜볼 수 있었을 뿐만 아니라 자신들의 처지도 농민이나 마찬가지여서 비판 의식이 더욱 날카로울 수밖에 없었다.

현실에 바탕을 둔 토지 개혁론

조선성리학이 예송논쟁을 거치고 나서 다시 호락논쟁湖洛論爭을 야기하면서 정밀한 심성론을 전개하고 있을 때 근기남인들은 그 반론으로 형이하학인 경제지학經濟之學을 들고 나왔다. 성리학이 유학의 여러 분야 가운데서 의리지학義理之學이라는 인간학이라면, 경제지학은 오늘날의 정치학이나 경제학처럼 기술학적 측면이 강조된 경국제세經國濟世의 학문을 말한다. 성호 이익의 학문을 실학이라 규정한 이유가 여기에 있다.

   실학이라는 용어는 어느 시대에나 있었고, 사용이 되었다. 고려 말에는 불교에 대하여 새로운 사상인 성리학을 실학으로 인식했고, 조선 전기에는 사장학詞章學(문장학)에 대하여 경학經學을 실학으로 규정한 적도 있었다. 조선 후기에 와서 조선성리학의 관념화에 대하여 경세학을 주로 하던 학자들을 실학자의 범주에 넣고 변화 논리로서 연구하였는데, 이러한 연구 경향은 일제하 조선학 연구 열풍에서 비롯하였다.

   성호학파는 중농학파重農學派로 불리기도 한다. 농촌 중심의 농업 사회를 지향하여, 화폐 발행이나 상공업 장려책에 적극 반대했기 때문이다. 농촌에 뿌리를 박고 농촌 현실에 대한 비판 의식을 키운 이 학파의 구성원들은 거의 모두 토지 제도에 관한 개혁론을 제시하였다. 성호의 토지 개혁론인 한전론限田論은 토지 소유의 하한을 설정한 점에서 특이하다. 중국 고대의 토지 제도인 정전제井田制에 이상을 두되 조선 현실에 맞게 재구성한 것이다. 한 가정이 꼭 필요로 하는 전지를 1결로 작정하여 영업전永業田으로 삼고, 그 이상의 땅을 소유한 자에게는 자유 매매를 허용하되 그 이하의 땅에 대해서는 매매를 엄금하도록 하자는 것이다. 일체의 토지 매매는 관청에 보고하게 하여 전안田案을 비치하고 문서를 발급하여 법적 보증이 되게 한다는 것이다. 이렇게 계속하다 보면 토지 소유가 점차 균등화되어 갈 것이라는 것이다.

농촌 현실에 대한 비판은 토지 제도에 머무르지 않았다. 지방 행정의 문제점을 지적하고 그 해결책을 제시하는 개혁론으로 이어진 것이다. 성호학파의 특징적 면모 중 하나인데, 성호 이익보다 한 세기 후에 노론 핵심 가문에서 태어나고 도시 중심의 생활권에서 성장한 북학파의 홍대용洪大容, 박지원朴趾源 등이 상공업 사회에 대한 전망과 대비책을 제시한 사실과 비교가 된다. 또한 과거 제도를 기득권 세력을 확대 재생산하는 장치로 인식하고, 인재를 추천하여 선발하는 방식인 공거제貢擧制를 과거 제도와 병행할 것을 주장했다. 이러한 인재 추천 제도는 집권층의 관직 독점 현상에 대한 이의 제기로서 어느 시대에나 개혁 세력에 의해 제기되는 사안이었다.

그의 붕당론은 다분히 현대적인 시각을 보여 준다. 그는 당쟁 격화의 원인을, 관료 예비군에 비하여 관직의 수가 턱없이 모자라기 때문이라고 분석한 것이다. 이러한 해석이 가능하게 된 것은 탕평책이 실시되었기 때문이다. 탕평책은 국왕이 인사권을 쥐고 사색 붕당에 골고루 안배하는 정책으로서 격화된 당쟁을 잠재우기 위한 것이었다. 그러나

「붕당론」,(『성호사설』) 중. 당쟁의 순기능을 체험할 수 없었던 남인 출신인 이익은 당쟁을 관료 예비군에 비해 턱없이 부족한 관직의 수 때문에 나온 밥그릇 싸움으로 보았다.

탕평책은 조선 사회를 안정시킨 순기능이 있었는가 하면 붕당 정치의 핵인 의리와 명분이 퇴색하고 공리주의 현상이 나타나는 역기능도 초래했다. 이해의 분배라는 잣대가 중요한 기준이 된 탕평 정책의 빛과 그림자였던 셈이다. 당쟁의 대한 성호 이익의 해석은 관직 나누어 먹는 밥그릇 싸움이라는 것이었다. 붕당 정치의 순기능을 체험하지 못한 이익으로선 재야 학인으로서의 비판 의식과 가문에서 당한 피해 의식으로 당쟁을 이해할 수밖에 없었던 것이다. 이러한 성호의 인식은, 모든 관계를 이해 관계로만 해석하는 현대적 잣대와 맞아떨어져 오늘날 가장 참신한 해석으로 인정받고 있지만 17세기 붕당 정치의 이해에는 걸림돌이 되고 있다.

선비의 체모는 내핍과 절약으로서 유지해야 한다는 것이 재야 지식인인 성호 이익의 인식이었다. 아버지와 형님이 당쟁에 희생되었을 뿐만 아니라 실권당인 남인에 속해 있어서 관직도 가지지 못한 그에게 경제적 어려움도 크나큰 짐이 되었을 것이다. 그는 당시의 집권층이 경화세족京華世族으로 귀족화하고 사치 풍조가 성행하는 사회 현실을 비판하며 삼두회三豆會를 조직했다. 삼두회란 콩죽, 콩장, 콩나물 등 콩으로 만든 음식을 먹으며 절식 생활을 하자는 취지로 만든 친척 모임이었다.

그의 생애는 26세를 기점으로 갈린다. 그때까지가 그의 성장기이자 과거 준비기였다면 그 이후는 과거 시험을 포기하고 고향인 안산의 첨성리에 은거하면서 재야 학인의 길을 걷는 시기다. 그는 83세에 작고할 때까지 고향에서 학문에 침잠하고 제자를 양성하여 학파를 형성했다. 그의 호인 성호는 안산에 있는 호수의 이름을 차용한 것이며, 자신의 전장의 이름도 성호장星湖莊이라 했다. 그가 평생을 고향에서 학문에만 열중하고 방대한 학문적 업적을 성취할 수 있었던 여건은 그의 아버지 이하진이 1678년 연행사로 청나라에 다녀오면서 청나라 황제의 궤사은饋賜銀으로 사온 수천 권의 서적이 있었기 때문이다.

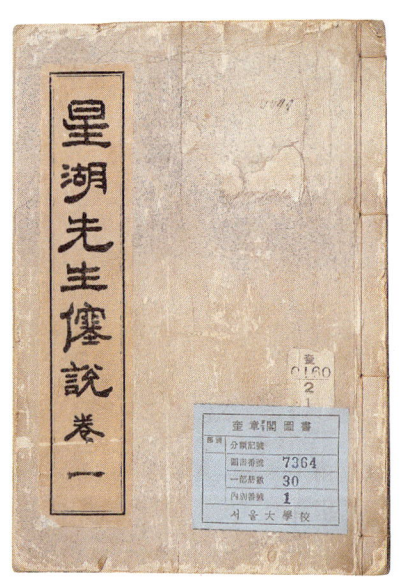

『성호사설』. 성호 이익의 백과전서적 저술로 이익의 다음 세대에는 국학 전반으로 시야가 확대되고 각각 전공 분야가 명확해졌다.

그는 고대 국가의 시조가 알에서 나왔다거나 신인神人이 하강했다는 비합리적인 설화를 부정하고 실증적인 역사 의식을 피력했다. 역사에서 가장 중요한 것은 시세時勢라고 하여 역사적 추세를 강조했다. 이는 시대 상황으로 풀이해도 큰 무리가 없다. 역사를 제대로 보려면 시세를 잘 살펴야 한다는 것이 그의 주장이었다. 이 시대의 변화 징후 중의 하나가 공리주의 현상이므로 이익은 그러한 추세를 예리하게 읽어 냈던 것이다.

이익은 기본적으로 유교적 왕도 정치에 입각한 덕치德治를 인정하면서도 인정仁政과 형정刑政은 병행해야 한다는 현실 인식을 보여 준다. 동양 유교 국가들의 이상은 한결같이 인정仁政에 있었지만 현실 정치는 법가적인 형정을 아우르지 않을 수 없다는 점에 그 역시 동의했으니, 이는 특히 18세기 서울의 도시화와 조선 사회의 상공업화라는 변화에 조응하는 것이기도 하다.

문중의 학문으로 일군 실학

18세기 전반 경기도 광주 지방을 중심으로 성립한 중농학파, 즉 근기 남인 재야 학파는 17세기 후반 남인 학계의 허목이나 유형원 등을 계승하면서 성호 이익 일문의 가학家學에 의해 학파로서의 존재 가치를 얻는다. 이익의 아들 맹휴孟休의 지리학, 조카 병휴秉休의 경학, 용휴用休의 문학과 손자 구환九煥의 지리학, 족손 삼환森煥의 경학, 중환重煥의 지리학, 가환家煥의 서학西學 및 수학 등이 그것인데, 전공 분야가 분명해지고 국학 전반에 대한 시야가 확대된 것이 특징적이다. 『성호사설星湖僿說』과 같은 백과 사전류의 학풍이 이들에게 한 과목씩 전공으로 채택되어 다기한 학문적 업적으로 나타났던 것이다.

성호의 학풍은 실세한 근기남인의 정신적 지주로서 18세기 중·후반에는 문하에 많은 제자를 배출했는데, 그 제자들은 학문과 체질적 차이 때문에 두 갈래 노선으로 나뉘게 된다. 안정복 계열의 우파와, 서학으로 경도되는 좌파이다. 우파의 맹장이며 적통인 순암 안정복順菴 安鼎福(1712~91년)은 『하학지남下學指南』이라는 저서에서 자신이 힘쓰는 바가 하학 즉 형이하학에 있음을 밝혔는데, 이는 성리학의 형이상학적 관념론에서 사회 과학·자연 과학으로의 선회를 의미하며, 명분론에서 실리론으로의 시각 조정이라 여겨진다.

우파에 속하는 학자는 경학과 역사를 주 전공으로 하는 안정복을 필두로 조선어학의 신경준申景濬·윤동규尹東奎, 지리학의 정상기鄭尙驥, 수학의 신후담愼後聃을 들 수 있는데, 민족 문화 및 내 언어, 내 산하에 대

이익의 묘. 이익은 조선 문화 전성기에 변화의 조짐을 읽고 새로운 시대를 열어가기 위한 학문 탐구에 일생을 바친 선각자이다. 경기도 안산시 일동 소재.

한 애정과 관심을 고조시켜서 일종의 국학 연구 붐으로 해석할 수 있다. 좌파에 속하는 이벽李檗, 권철신權哲身·권일신權日身 형제, 이기양李基讓, 이승훈李承薰, 정약전丁若銓·정약종丁若鍾·정약용丁若鏞 형제 등은 중국을 통해 전파, 수용된 천주교에 경도되어 서학, 즉 천학天學을 전공하는 새로운 흐름을 이루었다.

이익은 조선 문화의 전성기에 그 변화의 조짐을 읽고 새로운 시대를 열기 위한 학문 탐구에 일생을 바친 근기남인학파의 선각자로 평가할 수 있다. 그의 간고한 일생은 정치권에서 소외되었으나 자존심을 잃지 않고 선비로서의 전형을 지켜 낸 조선 지성인의 꼿꼿한 면모를 적나라하게 보여 주며, 현실에 좌절하지 않고 미래를 위하여 씨를 뿌리고 가꾸는, 원려심모遠慮深謀하는 동양 지식인의 모습을 대변한다.

연암 박지원(燕巖 朴趾源) 1737년(영조 13)~1805년(순조 5)

세계화의 기치 올린
비범한 선각자

연암 박지원燕巖 朴趾源(1737~1805년)은 조선 후기에 새로운 시대 사상으로 등장한 실학 사상의 한 조류인 북학 사상을 배태시키고 북학 운동을 시작한 북학파의 영수이다. 북학파는 18세기 이후 청나라의 새로운 시대 학문인 고증학과 기술 문명을 배우자고 주장한 학파로서 연행사에 수행원으로 따라갔던 집권층의 젊은이들이 주축이 되었다.

북학 운동은 병자호란(1636년) 이후 조선 후기 사회의 국가대의로 기능하던 북벌론의 시의성이 퇴색하고 선진화하는 청나라의 현실을 인정한 결과였다. 조선 사회는 임진·병자 양란 이후 한 세기에 걸친 국가 재건 사업을 마무리하고 18세기에 이르러 조선 고유 문화의 전성기인 진경시대를 이루었지만, 문화 전성기 다음의 문화를 열기 위한 새로운 시대 정신이 요구되었고, 그러한 전환기의 징후들이 나타났다. 조선중화주의에 빠져서 고립된 사이에 조선의 민생이 청나라에 비해 낙후하였다는 인식과, 농경 사회에서 상공업 사회로 전환해야 한다는 인식이 일어났던 것이다.

박주수(박지원의 손자), 「박지원 초상」, 후손 박찬우 소장.

도래할 상공업 사회를 위하여

북학파들은 도시에서 출생하여 성장한 집권 노론 핵심 가문의 자제들로서 국제 감각이 빠르고 변화에 민감했다. 이들이 주장하는 북학 논리는 미구에 도래할 상공업 사회에 대한 준비 작업으로서의 변화 논리였으며, 집권층의 자기 혁신을 위한 개혁론이었다. 상업을 중요시하는 이들을 중상학파重商學派로 부르기도 하는데, 성호 이익을 중심으로 하여 18세기 전반에 형성된 남인 실학파인 중농학파와 비교된다. 중농학파는 토지 개혁론이나 농촌 사회의 지방 행정 개혁론을 주장하며 농경 사회의 기본 골격을 유지하려 했던 것이다.

홍대용洪大容·박지원 등 노론 학계의 낙론洛論계 인물들이 18세기 중반에 시작한 북학 운동은 정조의 규장각에서 국가적 지원을 받으며 추진되었다. 선진 문화 수용론으로 성립한 북학론은 중세 농경 사회의 운영 논리인 성리학의 보완 논리로 기능했다. 북학파는 중농적 실학자들과는 달리 상업을 중시하고 대외무역론을 전개하면서 새로운 기술 도입과 생활 개선을 제창했다.

이들이 제창한 것 중에 대표적인 것으로 용거用車(수레 이용)·용벽用甓(벽돌 이용)을 들 수 있다. 가난의 원인을 유통·교류가 제대로 행해지지 못한 데 있다고 보아서 수레의 활용을 주장했고, 주택·성곽·누대·분묘·창고 등 토목 건축에 광범위하게 이용할 수 있는 벽돌 제작을 위하여 조벽 기술造甓技術(벽돌 만드는 기술)을 도입하자고 주장했다. 이들은 용거와 용벽을 가난 구제책과 국가 부강책의 첩경으로 보았던 것이다. 북학파는 여기에서 더욱 발전하여 중국에 전래된 서양의 과학 기술과 자연 과학도 아울러 배울 것을 주장했으며, 농기구의 개량, 관개 시설의 확충, 상업적 농업의 장려, 영농 기술의 도입 등도 제시했다. 1798년에 박제가가 올린「진북학의소進北學議疏」는 이를 뒷받침하고 있다.

이러한 북학 사상은 19세기 전반 김정희에 의해 학문적으로 성숙되어 한송불분론漢宋不分論(한학과 송학은 분리하여 따로 할 것이 아니라 함께 추구하여 조화를 이루어야 한다는 이론)으로 이론적 정립을 이루었다. 한학漢學이란 한나라 때의 훈고학을 뜻하지만 청나라의 시대 학문으로 각광받는 고증학을 간접 지칭한 것이고, 송학宋學이란 송나라에서 성립한 성리학을 뜻하지만 조선의 국학으로 기능하는 조선성리학을 지칭한 것이다. 학문의 기초를 제공하는 방법론으로서의 고증학과 인간 삶의 원칙론으로서의 성리학은 상호 보완 관계로 추구해야 한다는 것이다. 이러한 북학 사상은 19세기 후반 개화기에 동도서기론東道西器論(윤리적, 도덕적인 측면 등 정신 문명은 기존의 조선 것을 지키되 산업 기술 등 물질 문명은 서양의 것을 수용하자는 논리) 형성의 사상적 바탕이 되었다.

벽돌을 일부 사용하여 건설한 수원성의 모습. 북학자들은 수레 이용과 벽돌 사용을 가난 구제와 국가 부강의 지름길로 보았다. 경기도 수원시 소재.

개혁, 법고와 창신의 균형

박지원은 어려서부터 학문에 매달리지도 않았고 일정한 스승도 없었다. 1752년(영조 28년)에 전주 이씨 보천輔天의 딸과 혼인하면서 『맹자』를 중심으로 학문에 정진하게 되었는데, 특히 보천의 아우 양천亮天에게서 사마천司馬遷의 『사기史記』 등 주로 역사 서적을 교육받아 문장 쓰는 법을 터득하고 많은 논설을 습작했다. 수년 간의 학업에서 문장에 대한 이치를 터득했고, 처남 이재성李在誠은 평생의 친구로서 그의 학문에 충실한 조언자가 되었다. 1765년에 처음으로 과거에 응시했으나 낙방한 뒤 과거 시험의 뜻을 버리고 오직 학문과 저술에만 전념했다.

1768년 박지원은 오늘날의 파고다공원인 백탑白塔 근처로 이사하면서 이웃에 사는 박제가朴齊家·이서구李書九·유득공柳得恭 등과 깊은 학문적 교유를 하였다. 북학파 형성의 계기였다. 박지원은 이들과의 참된 사귐을 「백탑청연기白塔淸緣記」라는 글로 남겼다. 이때를 전후하여 홍대용洪大容·이덕무李德懋 등과 서부 지방을 여행하는 등 자주 만나면서 이용후생利用厚生에 대하여 토론하였는데, 이로 인하여 이들을 이용후생학파로 별칭하기도 한다.

당시는 홍국영洪國榮이 세도

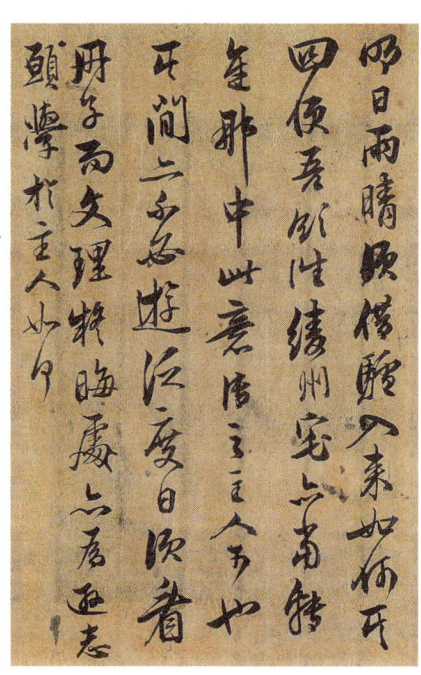

박지원, 「서간」, 종이에 먹, 25.9×16.0cm, 서울대학교박물관 소장.

박지원, 「국죽도」.

정치로서 국정을 전횡할 때여서 노론 벽파의 박지원은 생활의 궁핍뿐만 아니라 생명의 위협까지 느끼고 있었다. 결국 황해도 금천金川의 연암협燕巖峽으로 은거하였는데, 그의 아호가 연암으로 불린 것은 이에 연유한다. 그는 이곳에 있는 동안 농사와 목축의 장려책을 정리하였다.

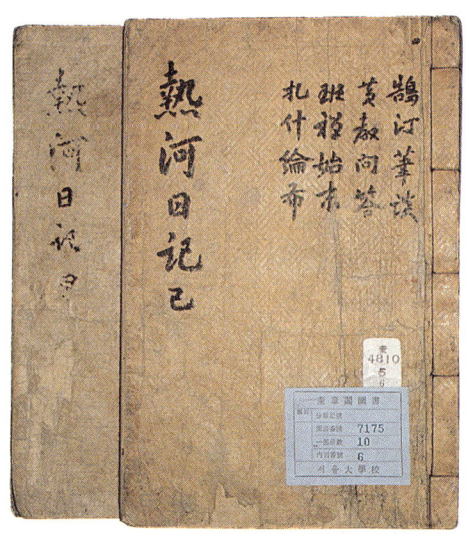

『열하일기』. 박지원이 1780년 삼종형 박명원의 자제군관으로 북경과 열하를 여행하고 돌아와 견문을 정리한 책이다. 이용후생에 대한 생각과 새로운 문체로 문명을 얻었지만 한편으로는 호된 비판 속에 문체 반정의 대상이 되었다.

1780년(정조 4년)에 처남 이재성의 집에 살다가 삼종형 박명원朴明源이 청의 고종 70세 진하사절 정사로 북경에 갈 때 자제군관子弟軍官으로 수행하여 압록강을 거쳐 북경·열하를 여행하고 돌아왔다. 이때의 견문을 정리한 책이 『열하일기熱河日記』이며, 이 속에는 그가 평소에 생각하던 이용후생에 대한 생각이 구체적으로 표현되어 있다. 이 저술로 인하여 그의 문명이 일시에 드날리기도 했으나 그의 새로운 문체인 신체문新體文은 호된 비판을 받아 문체반정文體反正의 대상이 되었다.

정조의 문체반정은 박지원을 비롯한 북학파의 새로운 사조와 새로운 문체에 대한 비판이라는 외피를 쓰고 있지만, 실제 정치 상황과도 무관하지 않다. 정조는 자신을 정점으로 하는 집권 체제를 구축하기 위해 문화 정책 연구 추진 기관인 규장각을 신설했다. 기존의 붕당을 해체하고 정치적인 포섭 작업을 추진하기 위한 것이었다. 그러나 기존의 당론을 강고하게 고수하는 노론 벽파의 거센 저항에 부딪쳤고, 이에 대응하기 위해 문체반정을 들고 나온 것이다.

문체반정의 비판에 대하여 박지원은 고문古文과 시문時文의 차이를 들어서 반박했다. 지금 고문으로 평가하는 육경의 글도 중국 고대에는 시문이었으며, 비판받는 신체문도 먼 훗날에는 고문이 될 것이라고 반박

『과농소초』, 『연암집』 중. 문체 반정에 대해 새로운 고문론으로 버티던 박지원은 결국 『과농소초』를 써 올리고 처사 생활에 종지부를 찍었다.

한 것이다. 세상의 모든 사물이 시간에 따라 변화한다는 역사성의 갈파였다. 그러나 박지원은 반성의 뜻으로 정조에게 순정한 문체의 『과농소초課農小抄』를 써 올리고 처사 생활에 종지부를 찍었다.

1786년에 음사蔭仕로 선공감 감역에 제수된 것을 필두로 한성부판관, 안의현감, 면천군수 등을 거쳐 1800년에 양양부사를 끝으로 관직에서 물러났다. 면천군수 시절의 경험으로 『과농소초』, 『한민명전의限民名田議』, 『안설按說』 등의 저술을 남겼다. 지방관으로서의 그는 작은 일에 일일이 간섭하는 것이 아니라 대덕大德을 세우고 대체大體를 위주로 하여 백성을 괴롭히지 않는 것에 주력했다. 그가 남긴 저술 중에서 『열하일기』와 위의 책들은 그가 추구한 현실 개혁의 포부를 이론적으로 펼쳐 보인 것이다. 특히 『열하일기』에는 중국 중심의 세계관 속에서 청나라의 번창한 문물을 받아들이고 조선의 기술 문명을 발전시키

자는 주장이 집대성되어 있다. 그러나 명나라에 대한 의리론과 청나라에 대한 북벌론이 잔존하는 시대 상황이어서 그의 주장은 급진적인 것으로 간주되었다. 북학 사상으로 불리는 그의 주장은 청나라의 기술 문명을 수용함으로써 조선의 현실이 개혁되고 풍요해진다면 과감하게 받아들여야 한다는 것이었다.

박지원이 주장하는 북학 사상의 요점은 정덕正德(덕을 바르게 하여 인간화를 이루는 것)에 있다. 이용·후생 이후에 정덕을 해야 한다는 주장으로서, 정덕 뒤에 이용·후생을 해야 한다는 기존의 방법과는 그 발상에서 일대 전환을 이룬 것이라고 할 수 있다. 경제 문제에서는 화폐 정책·중상 정책 등을 비롯하여 토지 개혁론까지 다양한 문제를 제기하였는데, 현실의 문제를 개혁하지 않는 한 미래의 비전도 없다는 점을 강조하였다. 이러한 그의 생각은 그가 남긴 문학 작품 속에서도 잘 나타나고 있다. 그는 당시 문학의 흐름인 복고풍을 벗어 던지고 현실의 문학을 했다. 이것은 그의 사고가 고정 관념에서 일대 전환을 시도한 것과 맥락을 같이 하는 것으로서 문학의 매개체인 언어의 기능을 이해하고 당대에 맞는 문체의 개혁을 주장하게 된 것이다.

법고창신法古創新(옛 것을 본받아 새로운 것을 창조한다)으로 표현되는 그의 문장론은 당시에 유행한 시속문時俗文(세속적인 문체)을 인정한 것이지 패관소설 등을 찬양한 것은 아니다. 초기에 쓴 아홉 편의 단편은 대개가 당시의 역사적 현실과 연관시킨 것들이거나 인간의 내면 세계 혹은 민족 문학의 맥을 연결하는 것으로서 강한 풍자성을 내포하고 있다.

박지원은 주어진 기득권에 안주하지 않고 귀족적 타성에서 벗어나 시대의 선각자로서 새로운 시대의 거름이 되는 길을 선택했다. 그가 문장론으로 주장한 법고창신론을 살펴보면 그의 지향점이 분명해진다. 지나치게 옛 것을 본받는 법고法古에 집착하면 때문을 염려가 있고, 새로운 것을 창조하는 창신創新에만 경도되면 근거가 없어져서 위험하다는 것이다. 이것은 문장뿐만 아니라 세상 모든 일에 적용될 수 있는 원론이라 할 수 있다.

사후 1세기가 지나서야 평가받아

박지원은 1737년(영조 13년) 2월 5일 서울 서쪽 반송방盤松坊 야동冶洞에서 아버지 사유師愈, 어머니 함평 이씨(창원(昌遠)의 딸) 사이의 2남 2녀 중 막내로 출생했다. 본관은 반남潘南, 자는 미중美仲 또는 중미仲美, 호는 연암이다. 1910년(순종 4년) 좌찬성에 추증되고, 문도공文度公의 시호를

경남 함양군 안의면 안의초등학교에 있는 박지원 기념비. 박지원은 1791년 겨울에서 1796년 봄까지 이곳에 재직하며 중국에서 보았던 기계들을 만들어 시험해 보기도 했다.

받았다. 아버지가 포의로 지냈기 때문에 지돈령부사를 지낸 할아버지 필균弼均에게서 양육되었다. 15세 연상의 형 희원喜源(1722~59년)과 형수는 부모 별세 후에 부모를 대신하는 역할을 했다. 박시원은 전주 이씨와 결혼하여 2남 2녀를 두었다. 맏아들 종의宗儀는 후사가 없는 형 희원에게 출계出繼하고 둘째 아들 종채宗采가 대를 이었는데, 종채의 아들이 한말韓末에 활동한 규수珪壽와 주수珠壽, 선수瑄壽이다. 박종채는 아버지의 일대기를 정리한 『과정록過庭錄』을 편찬하기도 했다. 연암의 손자 박규수는 평안도 관찰사로 있던 1866년 대동강을 무단 침입한 미국 선박 제너럴 셔먼호를 군·관민 합동의 힘을 빌어 격퇴했고, 이른바 개화파로서 1876년 판중추부사 재직시에 일본과 강화도조약을 체결하는 데 앞장 섰다. 김옥균金玉均, 박영효朴泳孝 등이 박규수의 영향을 받았다.

저서로는 『열하일기』, 작품으로는 「허생전許生傳」, 「민옹전閔翁傳」, 「광문자전廣文者傳」, 「양반전」, 「김신선전金神仙傳」, 「역학대도전易學大盜傳」, 「봉산학자전鳳山學者傳」 등이 있다. 이러한 저작들이 『연암집燕巖集』이라는 이름으로 간행되기 시작한 것이 1900년이고, 시호를 받은 시점도 1910년이다. 사후 1세기가 지난 뒤에야 그에 대한 평가가 제대로 이루어졌음을 알 수 있

「허생전」(『연암집』 중). 박지원은 선각적 언행으로 인해 속인들의 오해와 비난을 받았다. 그는 해학과 풍자 속에 자신을 감추고 세상에 대한 비판 의식을 잠재웠다.

다. 선구자적 주장으로 인하여 살아 있을 당시에는 공식적인 인정을 받지 못하고 시대와 불화 관계였음을 알 수 있다.

박지원은 그의 비범성과 당대를 뛰어넘으려는 선각적 언행, 강한 기상과 고준高峻한 성격 때문에 속인들의 오해와 비난을 많이 받았다. 그는 해학과 풍자 속에 자신의 모습을 감추고 세상에 대한 비판 의식을 잠재웠다. 그의 해학적이고 풍자적인 면모는 세상사에 비판적이고 사시적斜視的인 그의 도도한 성격의 일면이기도 하지만, 어쩌면 자신의 비타협적이고 직선적인 성격을 완화 내지 위장한 하나의 방편이었을 것이다. 실제로 그의 행위는 상당히 진지했으니, 아버지 병환 중에 손가락을 자르는 효성을 보였고 평생 친구인 홍대용과는 서로 존경하는 언사를 쓰면서 도의를 잃지 않았다. 그는 매사를 살펴서 행하고 격에 맞게 처신했다.

박지원은 조선시대 지식인인 선비의 삶에서 볼 때 정규의 길이 아닌 일탈의 길을 걸은 것으로 평가할 수 있다. 과거 시험을 치르고 벼슬길에 나아가 사대부가 되는 길도 아니고, 몇 년씩 초야에서 학문에 전념하여 학파의 영수가 되고 산림으로 예우받는 길도 아닌 제3의 길을 택했던 것이다. 그것은 새로운 시대, 새로운 사士의 모습이었다.

다산 정약용(茶山 丁若鏞) 1762년(영조 38)~1836년(헌종 2)

『여유당전서』에 담은 격변기의 삶

다산 정약용茶山 丁若鏞(1762~1836년)이 태어나서 살다간 18세기 후반부터 19세기 전반의 조선 사회는 농경 사회에서 상공업 사회로 변화하는 시기였다. 따라서 농경 사회에서 그 나름의 보편성과 합리성을 가진 철학 체계로 사상적 지주가 되었던 성리학은 시대 사상으로서의 역할을 더 이상 감당할 수 없었다. 상공업 사회에 부응하는 기술 문명과 부국강병의 관심을 제고하는 북학 사상이 새로운 시대 사상으로 18세기 중반에 태동한 배경이다.

정약용은 자신의 사상적 기반인 성호학파(성호 이익이 중심이 된 중농학파)의 경학經學적 기초 위에 그 학파의 비판적이고 개혁적인 학문 풍토를 계승하였다. 그는 한 걸음 더 전진하여 노론 북학파의 북학 사상도 적극 수용함으로써 선배의 한계성을 극복하고 전진적인 지식인상을 수립했다. 토지의 공유와 균등 분배를 통한 경제적 평등의 실현을 기저로 하는 그의 경제 사상이나, 인정仁政과 덕치德治를 통한 민본주의적 왕도 정치를 중핵으로 삼는 그의 정치 사상은 기본적으로 선배 실학자들의 입장을 계승한 것이다.

작자 미상, 「정약용 초상」, 종이에 채색, 91.5×53.5cm, 개인 소장.

그러나 정약용의 정치·경제 사상은 세부적인 면에서 질적인 차이를 보인다. 그의 균전론均田論은 사·농·공·상의 직업 차이나 개인 능력을 무시한 인구 비례의 토지 균등 분배 사상이 아니다. 직업 분화를 철저히 인식하고, 토지는 오직 농민에게만 점유되어야 하며 농민의 경작 능력에 따라 토지 점유와 소득 분배에 차등을 두어야 한다는 생각이었다. 정치 사상에서도 사士를 정치 담당 세력으로 인정하고, 학자인 독서 계급이 민본주의적 왕도 정치 내지 현인 정치賢人政治를 해야 한다고 한 점에서는 종래 사림의 주장과 다를 것이 없지만, 통치권의 근거를 백성에서 찾음으로써 민권 사상을 이론화한 점에 그 독창성이 있다.

유교 경전의 해석이나 철학 사상의 근거가 되는 정약용의 경학 사상은 독자적 경지를 채척했다. 성리학 체계에서는 천리天理와 인륜人倫을 하나의 체계 속에 일원적으로 파악하여 '천리를 밝혀 인심을 바로 잡는다明天理 正人心'고 했는데, 정약용은 천리와 인륜 도덕을 완전히 분리하였다. 인간 문제는 어디까지나 인간 사회의 문제로 파악하고 천리와 분리함으로써 인간의 주체성을 강조한 것이다. 역사 인식 역시 독자적 영역을 개척했다. 신라 중심의 연구 경향에서 탈피하여 최초로 백제사 연구에 주목하고, 백제 최초의 도읍지인 위례성의 위치는 직산稷山이 아니라 현재의 서울이라고 밝혔는데, 당시로서는 획기적인 연구였다. 발해의 중심지는 요동이 아니라 백두산 동북쪽 연변 지방이라고 고증해 낸 것도 그의 실증주의적 학풍의 결실이었다.

사환, 유배 그리고 귀향

정약용의 일생은 크게 성장·수학기(1762~83년), 사환기仕宦期(1783~1800

년), 유배기(1801~18년), 귀향기(1818~36년)로 구분할 수 있다.

제1기는 다시 두 시기로 나눌 수 있는데, 1762년 자신이 태어난 마재에서의 유·소년 시절과 1776년(정조 4년) 상경하여 증광생원시에 합격한 1783년(정조 7년)까지의 시기다. 정약용은 1762년(영조 38년) 6월 16일 경기도 광주군 초부면 마현리馬峴里(마재)에서 태어났다. 이곳은 현재 남양주군 조안면 능내리다. 그의 탄생지인 마재는 천마가 비동하는 듯한 철마산鐵馬山을 등지고, 남한강과 북한강·초천강苕川江이 합류하는 풍치 좋은 경승지다. 그 강산의 풍경이 매우 아름다워 그의 시문에는 향토미가 자주 반영되었다.

그의 가계는 근기남인 중 시파時派[영조 말에서 정조대에 걸친 정치적 분파로서 정조의 정치 노선에 동조하고 사도세자(思悼世子)를 동정한 계열]에 속했다.

정약용의 생가인 여유당. 원래 생가는 한강의 대홍수에 쓸려 가고 이후에 중건하였다. 경기도 남양주시 조안면 능내리 소재.

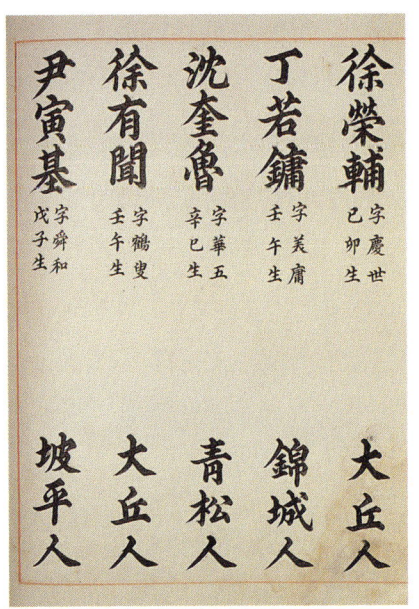

『초계문신제명록』에 쓰여진 '정약용' 이름. 규장각 초계문신으로 선발된 뒤 정약용은 북학파와 지적 공감대를 가지고 수원성 축조 등에 자신의 과학 지식과 재능을 발휘했다.

아버지 정재원丁載遠은 일찍부터 벼슬하여 지방 수령을 역임하다가 1762년(영조 38년) 임오화변壬午禍變으로 정조의 생부인 사도세자가 죽임을 당하자 관직에서 물러나 고향에 돌아왔다. 바로 이 해에 정약용이 출생했으므로 그의 아명을 귀농歸農이라 했다. 본관은 나주 또는 압해押海이고, 이름은 용鏞으로 생략하여 부르기도 했다. 자는 미용美鏞이고, 호는 사암俟庵, 여유당與猶堂, 열초洌樵, 죽옹竹翁, 탁옹籜翁 등 많았지만 다산茶山이 가장 보편적으로 쓰였다. 어머니는 해남 윤씨의 명문으로 유명한 고산 윤선도尹善道의 후손이며, 그림으로 이름을 떨친 윤두서尹斗緖의 손녀이다.

제2기라 할 사환기 중 1783년 22세로 소과에 합격하여 성균관에 입학, 1789년 28세로 대과에 합격하기까지의 전반기는 역시 수학기라 생각된다. 당시 성균관 유생인 그의 뛰어난 학식과 재주를 아끼던 정조와의 만남을 통해 자신의 식견과 포부를 폈다. 1789년(정조 13년) 이후 1800년(정조 24년)까지 10여 년은 정약용의 전성기였다. 규장각의 초계문신抄啓文臣에 선발되어 젊은 문신으로서 학문의 깊이를 더 했고, 과학기술 등 신문명에 관심을 가진 북학파와 지적 공감대를 가짐으로써 국리 민복을 위한 사업에 자신의 과학 지식과 재능을 발휘했다. 한강에 배다리를 설계·가설하고, 수원성 축조에 성제설城製說을 제안하여 거중기를 창제·실용화함으로써 비용을 절감했다.

정약용이 농민을 위한 정치·경제 개혁안을 구상·발표한 것은 33세 때 암행어사로서 경기도 각 지방을 순찰하면서 농촌의 참상을 목격했기 때문이다. 농촌의 비참한 실정을 시로 표현하고 탐관오리를 색출·처단하면서 진보적인 농촌 경제 개혁안을 구상하게 된 것이다. 그는 반대파의 공작에 걸려 지방 수령으로 나가 있을 때도 지방 행정의 치적을 올렸다. 1797년 36세 때 황해도 곡산부사로 나가 있을 때는 지방 수령 2년 만에 민정, 재정, 형정 제 방면에 크게 치적을 올렸고, 왕권 강화와 국정 쇄신이라는 그의 기본 경세 사상을 지방 행정에 구현하려고

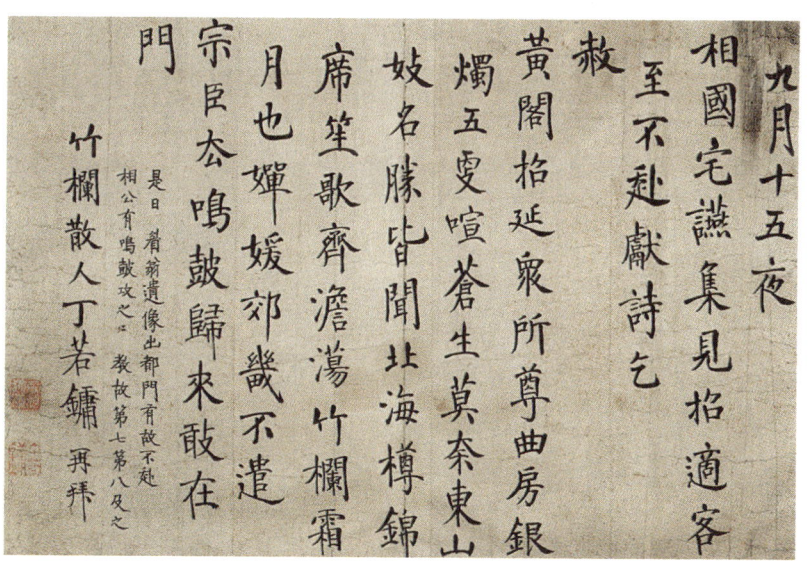

정약용, 「헌시걸사」, 32.3×48.6cm, 성균관대학교박물관 소장.
허목의 유상이 도성문을 나서는데도 일이 있어 나아가 뵙지 못한 것을 사죄하는 의미로 올린 시다.
남인 재상 채제공 등은 이황에서 허목으로 이어지는 도통을 자신의 정치적 기반으로 삼았다.

다산 정약용 299

정석. 정약용이 강진 유배 시절에 다산초당 옆 바위에 새긴 글씨. 그의 대부분의 업적은 이때 이루어졌다. 전라남도 강진군 도암면 만덕리 소재.

애썼다. 그의 강직한 성격은 백성의 사랑과 칭송을 받았지만, 조정에서는 시기와 견제의 대상이었다. 성조대 남인 시파의 중추석 존재였던 채제공蔡濟恭, 이가환李家煥을 계승할 핵심 인물로서 그가 부상하자 노론 벽파의 견제가 생겨난 것이다. 금정金井찰방과 곡산부사로 나가게 된 것도 그 때문이었다.

제3기인 1801년 40세부터 1818년 57세까지의 유배기는 그의 인생에서 가장 참담한 시절이었지만, 그 고통의 세월을 학문의 대성기로 전환하는 위대성을 발휘하기도 하였다. 우문정치右文政治를 표방하고 청요직을 재건하여 노론청류老論淸流를 중심으로 탕평 정책을 추진, 남인과 소론도 정권에 참여시켰던 정조가 1800년 승하하자 노론 벽파가 정권을 잡고 정적을 타도하기 위해 일으킨 사건이 1801년 순조가 즉위하던 해의 신유사옥이다. 순조가 어리다는 이유로 영조의 계비인 정순왕후貞純王后 김씨가 수렴청정을 하면서 많은 시파계 인물을 제거했는데, 이때 남인 중의 상당수 인사가 천주학을 신봉한다는 이유로 숙청당했다.

정약용은 이 당시 교인이 아니었지만, 그의 형인 정약종丁若鍾과 친척인 이승훈李承薰, 황사영黃嗣永 등이 모두 천주교인이었고, 노론 벽파의 시파 타도라는 정치 구도에서 벗어날 수 없었다. 겨우 죽음만 모면

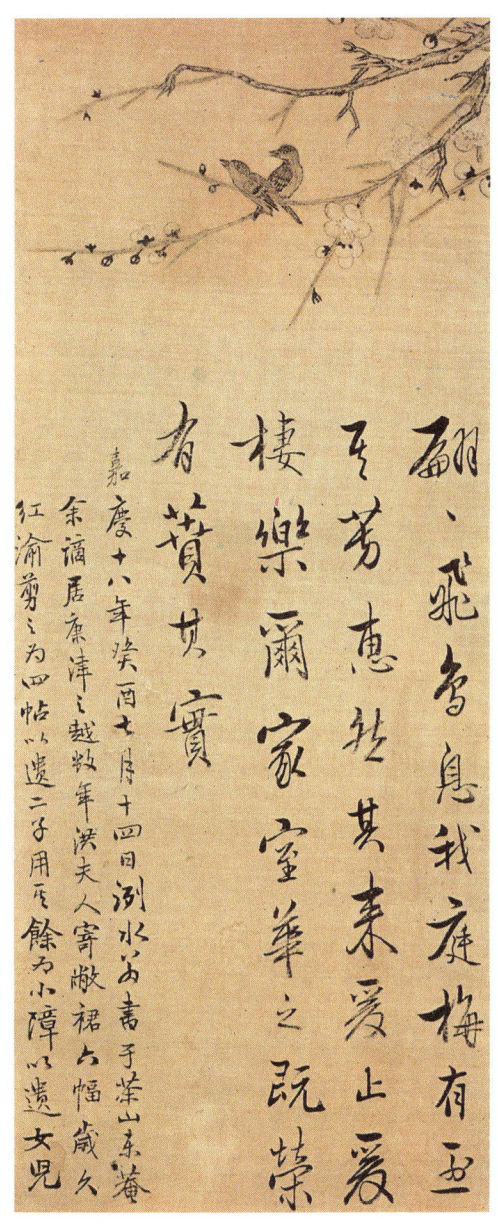

정약용, 「매화병제도」, 1813년, 비단에 엷은 채색, 44.9×18.5cm, 고려대학교박물관 소장.
강진에 귀양 간 몇 해 뒤 부인 홍씨가 보낸 빛 바랜 헌 치마를 잘라 그림을 그려 아들에게 주고 남은 것으로 만들었다는 작은 병풍 그림이다.

한 채 경상도 장기에 유배되었다가 곧 강진으로 이배되었다. 처음 7년은 읍내의 주막에서 보내다가 만덕사 옆에 있는 처사 윤박尹博의 정자로 옮겨 다산정茶山亭이라 이름하고 학문에 열중했다. 정약용의 대부분 업적이 이 시기에 이루어졌고, 사회 문제 해결을 위한 여러 이상적 개혁안을 제시한 것도 이 시기였다. 그 지방 학생들의 교육에도 열의를 보여서 독서와 저술에 몰두하는 틈틈이 많은 제자를 양성했고, 지방 문화 창달에도 기여했다.

제4기는 유배에서 풀려 고향 마재로 돌아간 1818년 57세부터 1836년 75세를 일기로 세상을 떠날 때까지의 은퇴기를 말한다. 이 시기에는 사대부로서 실천의 기회인 벼슬길은 막혔지만, 인근의 학자들과 당색을 초월한 교유를 하면서 강진에서 미처 못다 한 학문 연구를 마무

정약용의 묘. 경기도 남양주시 조안면 능내리 소재.

리지었다. 향리에서의 생활 중 한두 차례 벼슬의 기회가 있었지만 사퇴했고, 『상서尙書』 중심의 경학 연구에 치중했다.

정약용은 1836년(헌종 2년) 2월 22일 오전 8시경 마재 본가에서 운명했다. 그 날은 부인 풍산 홍씨와의 회혼일로서 자손과 친척들이 모여 있을 때였다. 4월 1일, 본가 뒤편 산자락 자좌오향子坐午向의 묘지에 매장되었다.

실학의 집대성, 북학과의 만남

다산 정약용을 흔히 성호학파의 좌파로 분류하고, 실학을 집대성한 것으로 평가한다. 그러나 그 자신이 직접 성호 이익星湖 李瀷을 사사한 것은 아니다. 그가 15세 때 다시 벼슬길에 오른 아버지를 따라 서울로 올라와서야 비로소 이익에 대하여 알게 되었는데 이때는 이미 이익이 사망한 상태였다. 이익의 가르침은 유고遺稿를 통한 것이었다. 고향 마재에서 약현若鉉, 약전若銓, 약종 세 형 밑에서 기초 학문을 익힌 정약용은, 서울에 온 15세 때에 이가환, 이승훈, 권철신權哲身 등 남인 학자들과 교유하면서 성호 이익의 학문에 접하게 되었고, 성호의 제자들을 통해 사숙함으로써 성호학파의 막내로 입문하였던 것이다.

그의 가문이 재등용된 것은 정조가 즉위하면서였다. 그 후 그의 영달은 정조의 후의에 힘입은 바가 크다고 할 수 있다. 따라서 그는 정조의 영향을 많이 받았다. 박지원朴趾源, 이덕무李德懋, 박제가朴齊家 등 북학파와 교유한 것은 초계문신으로 발탁되어 정조의 문화 정치 상징 기관인 규장각에서 일하면서였다. 이때 맺은 북학파와의 교분은 그의 인생 후반기에 가서 추사 김정희秋史 金正喜와의 교제로 이어진다. 정조

조정에서 장기간 재상을 지낸 채제공과의 인연 또한 그의 경세 사상과 관련이 있다.

그의 서학 사상 수용에는 이벽李蘗의 영향이 컸다. 이벽은 정약용 맏형수의 아우로서 사돈 간인데, 23세 때인 1784년 4월 집안 일로 그와 만나 서학의 상세한 안내를 받고 토론할 기회가 있었다. 뒷날 그에게서 『천주실의天主實義』를 얻어 보고 서학에 깊은 관심을 가지게 되었고 종교적 차원으로 발전을 한 것이다.

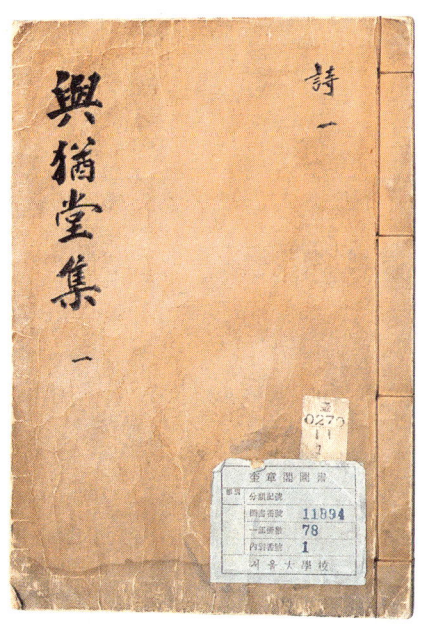

『여유당전서』. 정약용의 학문은 이익의 학문과 서학의 영향을 받았으며 북학파, 채제공, 노론학자들 간의 교분과 토론 등을 통하여 그 폭이 확대되었다.

1818년 유배에서 풀려 귀향한 이후에는 당색을 초월하여 학문적 교유를 했다. 환갑이 되던 1822년 봄 김매순金邁淳[호는 대산(臺山), 당색은 노론]과 경의(經義)에 대한 문답을 하고, 6월에는 신작申綽[호는 석천(石泉), 당색은 소론]과 『주례周禮』의 육향지제六鄕之制를 논했다. 72세 때인 1833년에는 홍석주洪奭周[호는 연천(淵泉), 당색은 노론]가 연경에서 가져온 완원阮元의 『십삼경교감기十三經校勘記』를 빌려 읽었고, 『상서』에 대해 토론했다. 홍석주와 김매순은 연대문학淵臺文學으로 당대에 날리던 학자들인데, 이 노론계 학자들과의 토론은 정약용의 학문 폭을 넓히는 계기가 되었다.

실학자 정약용의 면모는 경학 연구와 경세론經世論이라는 두 가지 측

 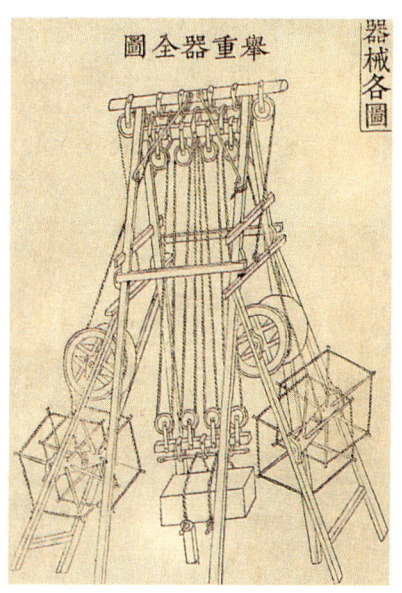

기중기(왼쪽)와 거중기(오른쪽). 정약용은 선교사 J. 테렌츠가 중국에 소개한 기중기를 참고하여 거중기를 제작, 수원성 축조에 활용하였다.

면에서 주목된다. 『상서』를 핵으로 하는 경학 연구는 성리학자로서의 기초를 다지는 것이었다. 정약용이 살다 간 18세기 후반에서 19세기 전반은 조선이 중세 농경 사회에서 근대 상공업 사회로 변화하는 시기이므로, 중세 농경 사회에서는 합리적 사상이었던 성리학이 더 이상의 시대적 역할을 상실했을 때였다. 이 한계성을 극복하기 위해 근기남인 학파는 원시유학인 육경학의 연구로 선회했지만, 시대는 그보다 좀더 전진된 것을 요구하였다. 이때 정약용은 실학으로 제기된 북학 사상에 주목하고, 과학 기술에 관심을 집중, 전환함으로써 북학 연구에 업적을 남겼다. 그의 경세론 부분은 이 과학적 세계관에 입각한 것이다.

정약용은 중국이 세계의 중심이라는 종래의 세계관을 탈피하여, 지구는 둥글고 자전하며 지구상에는 수많은 국가가 존재한다는 사실을

정약용, 「산수도」, 26×33cm, 종이에 엷은 채색, 동아대학교박물관 소장. 북송 화가 범관(范寬)의 필의(筆意)와 남송 화가 서희(徐熙)의 묵법(墨法)을 빌어 잎이 핀 나무 사이에 앙상한 가지로 남은 고목을 그렸다.

인식했다. 기술을 천시하던 종래의 유교적 통념을 비판했고, 기술의 중요성을 강조했으며, 기술의 발전을 확신했다. 인간이 동물과 구별되는 것은 인륜을 가졌다는 점 외에 기술을 소유한다는 점과, 그것을 발전시켜 나가는 점에 있다고 보았다. 그는 기술 문명에서 낙후된 조선의 현실을 개탄하면서, 서양의 근대 기술 문명을 받아들여 나라를 부강하게 하고 백성의 생활을 향상시켜야 한다고 역설했다. 그러므로 부국강병 및 이용후생과 직결되는 농업 기술, 방직 기술, 군기 제조 기술, 의료 기술의 혁신을 무엇보다 중요시했다. 이용감利用監이라는 관청을 신설하여 '북학으로 오로지 직책을 삼을 것專以北學爲職'을 주장한 것도 이러한 맥락으로 이해할 수 있다.

정약용의 문학관은 기본적으로 도문일치론道文一致論에 입각했다. 문학 작품은 '도道'라는 철학 내지 사상을 탐구하는 학문적 축적에서 발원하는 것이지 손끝의 잔재주나 기예가 아니라는 것이다. 그의 이러한 입장은 당시의 퇴폐적인 문풍文風을 비판하고 순정醇正한 문체로 돌아가야 한다는 정조의 문체반정에 적극 동조한 데 잘 나타나 있다. 그는 스스로 시를 좋아하지 않는다고 하면서도 "시는 긴요한 것은 아니지만 성정性情을 도야하는 데 무익한 것은 아니다." 하여 시의 공용성을 인정했다. 그러나 소설에 대해서는 강경하게 반대 입장을 표명했다.

그는 3,000수에 가까운 시와 부賦를 비롯하여 500여 권에 달하는 방대한 저술을 남겼는데, 현존하는 『여유당전서與猶堂全書』에 수록되어 있다.

추사 김정희(秋史 金正喜) 1786년(정조 10)~1856년(철종 7)

시·서·화에 능했던
천부적 학자

추사 김정희秋史 金正喜(1786~1856년)는 18세기 말에 태어나서 19세기 외척 세도 정치기에 활동한 조선 예원의 마지막 불꽃 같은 존재이다. 조선이 고유 문화를 꽃피운 진경시대의 세계화에 성공한 예술가일 뿐만 아니라, 진경시대의 학문 조류인 북학 사상을 본궤도에 진입시킴으로써 조선 사회의 변화 논리에 힘을 실어준 장본인이다.

그는 영조가 지극히 사랑한 화순옹주和順翁主와 김한신金漢藎의 증손자이다. 왕실의 내척內戚으로서 태어날 때부터 경축 분위기에 싸여 있었을 뿐만 아니라 신비스러운 탄생 설화도 갖고 있다. 아버지 노경魯敬과 어머니 기계 유씨 사이의 장남으로 24개월 만에 출생했는데, 그가 태어난 향저(충청남도 예산군 신암면 용궁리)의 뒷뜰에 있는 우물물이 말라 버리고 뒷산인 오석산의 원맥 팔봉산의 초목이 모두 시들었다가 그가 태어나자 샘물이 다시 솟고 초목이 생기를 되찾았다고 한다. 그가 어린 시절 서울 집 대문에 써 붙인 입춘첩의 글씨를 우연히 보게 된 재상 채제공蔡濟恭이 그의 아버지에게 충고했다는 일화가 있다.

"이 아이는 글씨로서 대성하겠으나 그 길로 가면 인생 행로가 몹시

이한철, 「김정희 초상」, 유지에 채색, 35.0×51.0cm, 간송미술관 소장.

추사고택. 김정희는 조선 후기 교목세가의 하나인 경주 김씨 출신으로, 영조의 딸인 화순옹주의 남편 김한신의 증손자이다. 충청남도 예산군 신암면 용궁리 소재.

험할 것이니 다른 길을 선택하게 하시오."

　천재성이 그의 인생에 빛과 그림자를 아울러 드리우고 있음을 노재상이 알아본 것이다. 그가 살다간 19세기 조선 사회는 18세기의 진경문화에서 벗어나 청나라의 선진 문물을 조선 문화의 보편성으로 흡수해야 하는 전환기에 직면해 있었기 때문이다.

한송불분론, 북학 사상의 지렛대

김정희는 조선 후기 교목세가喬木世家의 하나인 경주 김씨 출신으로 어려서부터 천재성이 널리 알려졌다. 따라서 주변의 기대를 한 몸에 받으며 학문에 전념했다. 그는 어려서 북학파의 이론서인 『북학의北學議』를 저술한 박제가朴齊家에게 배우면서 북학에 눈을 떴다. 농경 사회에서 상공업 사회로 전환한 18세기 중반 조선 사회에 제시된 북학 운동은 당시로서는 가장 진보적인 운동이었다. 집권층인 노론의 젊은이들이 제기한 이 변혁 운동은 홍대용洪大容, 박지원朴趾源이 선두 주자이고 다음 세대가 이덕무李德懋, 유득공柳得恭, 박제가, 서이수徐履修 등 규장각 사검서四檢書들이며, 그 아래가 김정희인데, 새로운 시대 사상인 북학은 19세기 전반 추사 김정희에 이르러 그 사상적 틀을 확고히 하였다.

1809년 10월, 24세의 청년학자 김정희는 동지부사로 연행하는 아버지의 자제군관으로 청나라의 수도 북경에 갔고, 거기서 청나라 대학자들인 옹방강翁方綱과 완원阮元에게 신학문을 배웠다. 그의 여러 호 중에 하나인 완당은 바로 이 완원에게서 연유한 것이다. 그는 추사나 완당 외에도 100여 개의 호를 가진 것으로 유명하다. 그는 다음해 3월 귀국할 때까지 최고조에 이른 청나라 고증학의 진수를 터득했으며 옹방강의 한송불분론漢宋不分論으로서 자신의 학문 체계를 세웠다. 한송불분론이란 한나라의 훈고학과 송나라의 성리학은 따로 떼어서 할 수 있는 것이 아니라 상호 보완해야만 제대로 경학을 할 수 있다는 이론이었다. 다시 말하면 훈고학에서 나온 청의 고증학은 방법론적인 성격이고, 성리학은 우주와 인간에 대한 원론의 성격이므로 양자를 절충, 탐구해야 한다는 것이다.

한송불분론은 새로운 시대에 조응할 보완 논리를 요구하는 조선 사회에도 절실하게 필요한 이론으로서, 이후 조선 사회에 방향타의 구실을 했다. 북학 사상의 지렛대인 이 논리는 19세기 말 개화 사상이 시대 사상으로 부상하자 동도서기론東道西器論으로 전환했다. 원론으로는 조선성리학적 기준을 지키되 방법론으로서 서양의 이기利器나 과학 기술 문명을 받아들이려는, 동양과 서양의 양자 보완 논리로 진전한 것이다.

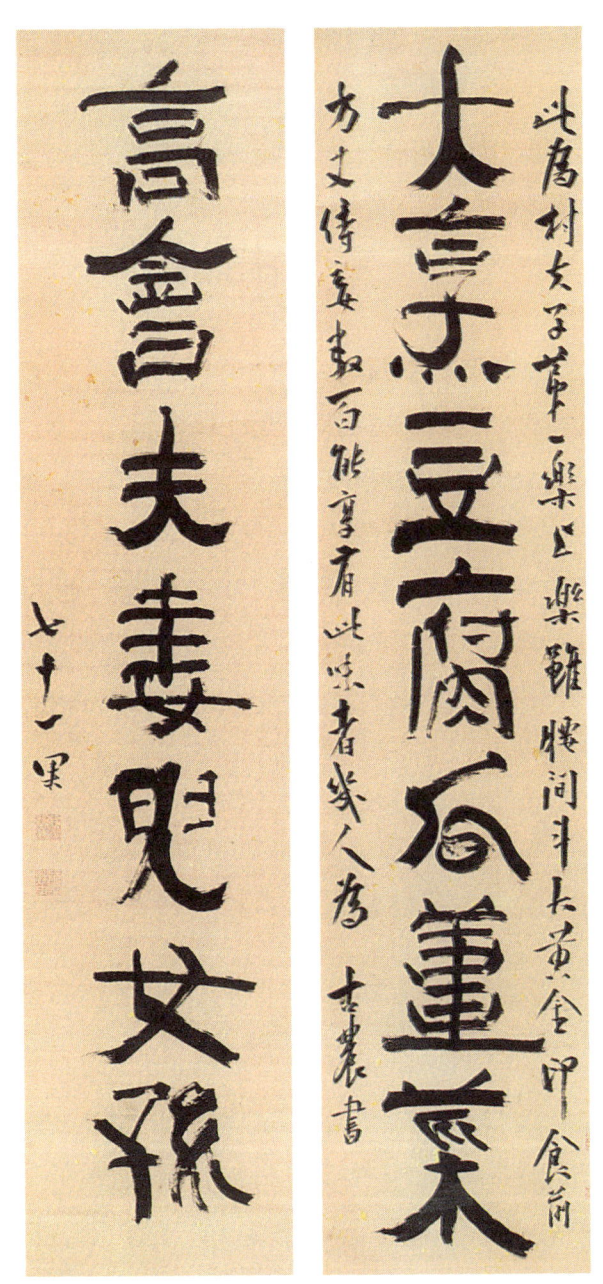

김정희, 「예서」, 종이에 먹, 각 31.9×129.5cm, 간송미술관 소장.

추사체, 「세한도」에 깃든 문자향 서권기

학문적 지향점을 분명히 하여 조선 학계의 진로를 제시한 김정희의 천재성은 사대부의 교양 필수인 시·서·화의 세계에서 한층 두드러지게 발휘된다. 그림에서는 진경산수에 대응하여 이념미를 추구하는 문인화文人畵의 새로운 경지를 개척하고, 글씨에서는 추사체秋史體라는 글씨체를 창안한 것이다. 그는 한송불분론의 기초 위에 세운 학문과 시·서·화 겸수의 예술 세계를 통합함으로써 지성과 감성이 잘 조화된 학예 일치의 이상적인 인간형에 도달했다고 할 수 있다.

김정희의 천재성은 모진 시련 속에서 한층 빛을 냈다. 그는 생애의 시련기에 새로운 예술을 창조해 내었다. 당시는 안동 김씨의 세도 정치기인데, 김정희와 풍양 조씨 조인영趙寅永과 영의정을 역임한 권돈인權敦仁은 안동 김씨의 세도 정치를 비판하는 인물이었다. 안동 김씨 세력은 당연히 이들을 위협적인 존재로 인식했고, 그 결과로 김정희는 두 번이나 귀양살이를 했다. 김정희의 추사체는 1840년부터 48년까지 8년 동안 제주도에서 유배 생활을 하면서 완성한 글씨체이다. 청나라 학자들이 이상으로 삼았으되 미처 이루어 내지 못한 서체로 평가받은 추사체가 아닌가. 기후 풍토가 척박한 유배지의 외롭고 고달픈 유배 생활 중에 추사체를 완성하여 조선 서예사의 한 장을 완결한 것이다. 상당한 경지에 이른 조선 학계와 예술계의 수준이 김정희와 같은 천재 탄생의 배토가 되었겠으나, 그 천재는 천재를 도야하기 위한 고통의 세월과 역경을 뛰어넘으려는 의지와 노력이 있었기에 가능한 것이었다.

한말에 활동한 북학 계열의 많은 인재는 그의 제자이거나 그의 영향을 받은 사람들이다. '추사의 문하에 삼천 명의 선비가 있다秋史門下三千士'라는 시 구절에서 확인되듯이 그는 많은 제자를 키웠는데, 특히

시대의 변화를 감지하여 중인 출신의 제자를 양성했다. 그 중 이상적李
尙迪은 제주에 귀양 사는 김정희와 청나라의 지식인들을 이어주는 교
량 역할을 감당했다. 이상적은 시문에 능한 당대 최고의 통역관으로
열두 차례나 연행하면서 귀중한 책을 구입하여 제주도의 스승에게 보
냄으로써 스승의 학문 정진에 이바지했다. 또한 그는 글씨 연구에 절
대적으로 필요한 청나라의 금석문 자료를 입수하여 스승에게 전하고
스승의 글씨를 청의 예원에 소개했을 뿐만 아니라 멀고 험한 바닷길을
건너 제주도에까지 스승을 찾아뵈었다.

유명한 「세한도歲寒圖」는 김정희가 1844년(헌종 10년) 제자 이상적의
의리에 보답하기 위해 그려 준 그림이다. '추운 계절이 된 뒤에야 소나
무와 잣나무가 푸르게 남아 있음을 안다歲寒然後 知松柏之後凋'라는 공자
의 명언을 주제로 삼아 겨울 추위 속에 소나무와 잣나무가 청청하게
서 있는 모습을 화폭에 담아낸 것이다. 황한荒寒과 적막寂寞 속에 네 그
루의 소나무와 잣나무가 고고하게 서 있고, 그 사이로 초옥 한 채가 인
적 없이 들어앉아 있다. 그 이외에는 텅 빈 공간이다. 거기에는 쓸쓸함
과 비움의 미학이 있고, 추사의 심정이 살아 있다.

전통 시대 선비는 벼슬길에 나가 사대부라는 학자 관료의 길을 가다
가 뜻에 맞지 않으면 미련 없이 사직하고 다시 선비의 위치로 돌아갔
고, 귀양살이를 하더라도 세속에 얽매여 소홀히 했던 학문 연마에 몰두
하는 것이 상식이었다. 추사가 「세한도」를 그린 취지는 뒤에 붙은 소
서小序에 잘 나타나 있다.

> 일반 세상 사람들은 권력이 있을 때는 가까이 하다가 권세의 자리
> 에서 물러나면 모른 척하는 것이 보통이다. 내가 지금 절해고도에

제주도의 추사 적거지. 추사체는 유배지 제주의 외롭고 고달픈 생활 중에 완성되었다. 제주도 남제주군 대정읍 안성리 소재.

김정희, 「용필법」, 26×33.5cm.

추사 김정희 315

서 귀양살이하는 처량한 신세인데도 이상적이 예나 지금이나 변함없이 이런 귀중한 물건을 사서 부치니 그 마음을 무어라 표현해야 할까. 공자는 '세한연후歲寒然後 지송백지후조知松柏之後凋'라 하였으니, 그내의 정의야말로 추운 겨울 소나무와 잣나무의 절조節操가 아닐까.

이 한 폭의 그림에는 지조와 의리를 중히 여기는 전통 시대 지성들의 선비 정신이 깃들어 있고, 한 시대 최고의 경지에 이른 그림과 글씨의 어우러짐이 있고, 사대부 스승에서 중인 출신 제자에게 계승되는 문

김정희, 『세한도』, 1844년, 종이에 수묵, 23.7×69.2cm, 개인 소장. 유배 시절에 제주까지 찾아 준 제자인 역관 출신 문인 이상적의 의리에 보답하여 그려 준 그림이다. 이상적은 제주에 귀양간 김정희와 청나라 지식인을 계속 이어준 교량 역할을 담당했다.

화의 흐름이 암시되고 있어서 보면 볼수록 감개 무량해진다.

김정희는 가슴속에 만 권의 책이 들어 있어야 그것이 흘러 넘쳐서 그림과 글씨가 된다고 말했다. 그의 그림과 글씨는 서권기書卷氣(책에서 나오는 기운)나 문자향文字香(글자에서 나오는 향기)으로 상징되는 치열한 수련과 작가 정신뿐만 아니라 그가 경험한 사무친 고독의 반영이라고 생각된다.

안동 김문의 김정희에 대한 의구심과 견제는 계속 되었다. 김정희는 8년 간의 제주도 유배에서 방면되어 온 지 불과 3년 만에 다시 함경도 북청으로 귀양을 갔다. 남북의 원악지遠惡地에만 유배당하는 쓰라림을

추사 김정희 317

맛본 것이다. 안동 김문은 철종의 처가로서 국정을 전횡했는데, 영의정 권돈인은 안동 김문이 허수아비 다루듯 하는 철종의 정통성에 이의를 제기한 인물이며, 김정희는 권돈인의 배후 이론가로 지목되는 인물이었으니, 타협을 모르고 원칙만 내세우는 김정희를 안동 김문이 용납할 리 없었다. 66세의 노구를 이끌고 추운 북쪽 변방으로 가라는 것은 죽음으로 몰아넣는 것이나 다를 바 없으나 김정희의 정신력은 그 고통을 이겨 냈다. 그리고 1년 만에 돌아와 과천에 은거하다가 1856년 71세를 일기로 서거했다.

김정희, 「죽로지실」, 종이에 먹, 30×133.7cm, 호암미술관 소장. 전서의 형체를 살리어 기교를 직접 드러낸 예외적인 작품이다.

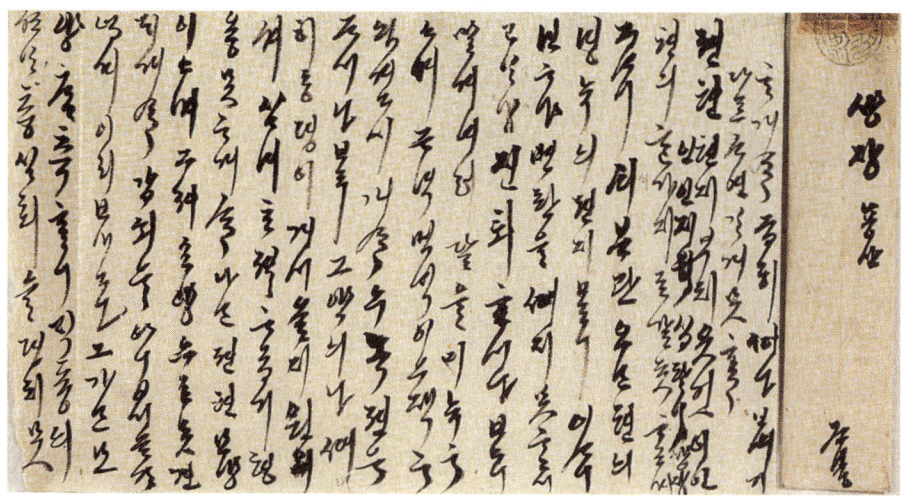

김정희, 「부인 예안 이씨께 보낸 편지」, 1842년, 22×35cm.

고증학의 높은 경지

김정희의 일생에서 23세까지가 학문과 인격을 닦은 성장기이자 수기修己의 단계였다면 24세에서 54세까지는 활동기였다. 이 시기에 그는 아버지를 따라 연경에 가 머물면서 청나라 거유巨儒들과 교유하여 국제적 명성을 쌓았고, 학문적 도약을 하고 귀국하여 활약했다. 그의 벼슬길은 학자적 소양과 왕실 내척으로서의 겸양으로 예조참의, 성균관 대사성 등에 그쳤으나 중앙 정계에서의 비중은 막강하여 정치권에서는 그를 태풍의 눈으로 보았다.

55세 이후 8년 간의 제주도 유배 생활과 66세인 1851년부터 1년 간의 함경도 북청 유배 생활. 이 좌절의 시기에 학문과 예술이 높은 경지에 이르렀으니, 이 시기야말로 그에게는 고통과 환희가 교차한 인생의 완성기라고 평가할 수 있다. 김정희는 인생의 절정기라고 할 55세부터 63세까지 최악의 상황에서 제주도 유배 생활을 했고, 그 시기에 불후의 명작인 「세한도」를 남기고 추사체라는 불세출의 글씨체를 창출했다. 그러한 김정희를 청나라 사상계에서는 '해동제일통유海東第一通儒'라고 평가했다.

'실사에서 진리를 구하고 징험하지 않으면 믿지 않는다實事求是無徵不信'는 그의 학문 정신은 고증학의 높은 경지를 개척하여 금석문 연구에 몰두하도록 유도했다. 그 결과 북한산의 진흥왕 순수비를 발견하고 『금석과안록金石過眼錄』 같은 탁월한 저서를 남겼는데, 실사구시학파의 종장이라는 평가가 여기에서 나왔다. 그 학파의 주요 인물로는 친구인 조인영, 권돈인을 비롯하여 신위申緯, 신관호申觀浩, 조면호趙冕鎬 등을 들 수 있고, 예술의 후계자로는 허유許維, 이하응李昰應(흥선대원군), 조희룡趙熙龍, 전기田琦 등을 꼽는데, 당시의 서화가로서 그의 영향을 받지

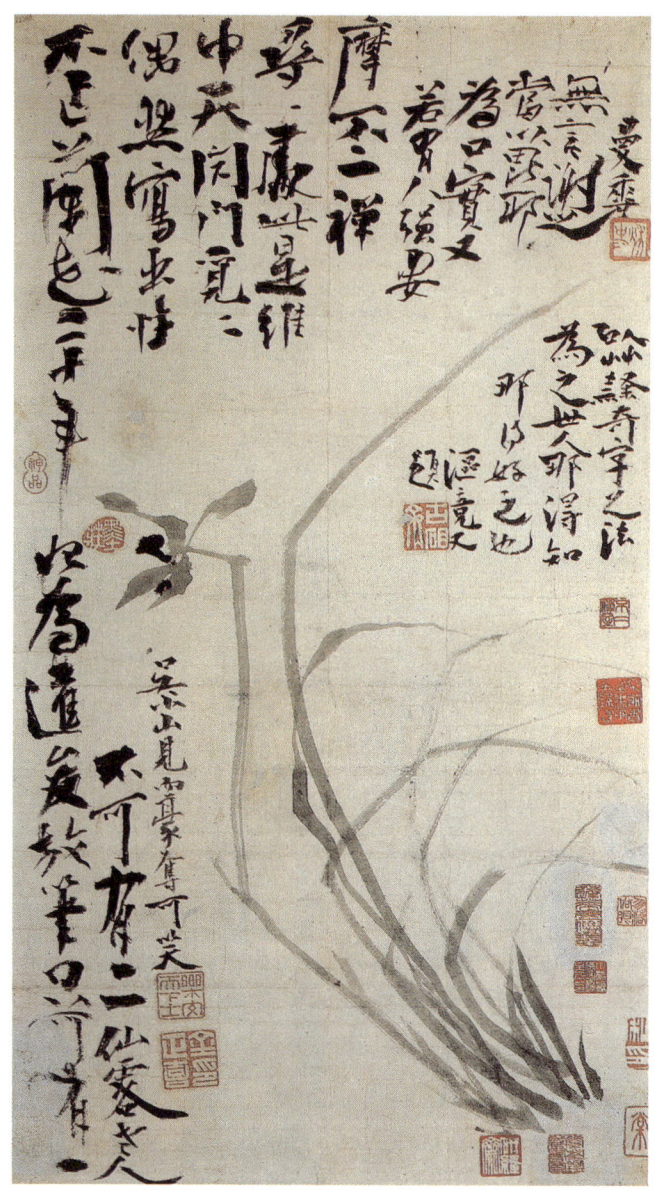

김정희, 「불이선란」, 19세기, 종이에 수묵, 55×30.6cm, 개인 소장.
난을 그리다 중단한 지 20여 년 만에 초서와 예서의 필법을 써서 그린 그림이라는 제가 붙어 있다.
불이선(不二禪)이란 「유마힐경」에서 선열에 들어간 유마가 아무 말도 하지 않았다는 데서 나온 말로
말과 글로 설명할 수 없는 진정한 법을 말한다.

않은 사람은 거의 없다고 할 만하다.

그의 교유 관계에서 불교계와의 교섭도 간과할 수 없다. 그의 예산 향저 경내에 가문의 원찰願刹인 화암사가 있어서 어릴 때부터 승려들과 친숙했고, 많은 불경을 섭렵했으며, 불교의 교리에 대하여 당대 고승들과 고증학적 안목으로 논쟁했다. 특히 백파白坡·초의草衣 두 선사와 깊은 우정을 나누었으며, 만년에는 봉은사에 기거하면서 선지식善知識의 대접을 받았다.

김정희의 문집은 네 차례에 걸쳐 출판되었는데 1934년 종현손 익환이 『완당선생전집阮堂先生全集』 10권 5책을 최종적으로 보충 간행했다. 그가 태어난 고택은 충청남도 유형문화재 제43호로 지정되어 잘 보존되고 있다. 크지 않은 규모에 짜임새 있는 공간 설정은 격조 있는 사대부 가문의 생활상을 여실히 보여 준다. 이 고택 옆에 그의 묘소가 있다.

호산 조희룡(壺山 趙熙龍) 1789년(정조 13)~1866년(고종 3)

불우한 처지를
예술로 승화한 위항시인

19세기 전·중반기에 활동한 호산 조희룡壺山 趙熙龍(1789~1866년)은 우리에게 낯선 인물이다. 중인 신분에다 벼슬은 미관말직이었고 정사正史에서 조명받지 못한 인물이기 때문이다. 그러나 조희룡이 활동한 시기는 북학 사상이라는 새로운 조류를 타고 시·서·화 겸수兼修의 문인 취향을 가진 중인층 지식인이 대거 등장했던 때이다.

조희룡은 김정희金正喜의 제자이다. 김정희는 명문대가 출신이지만 선각자다운 예지로서 서얼 출신인 박제가朴齊家를 스승으로 받들었고, 조희룡·이상적李尙迪·방희용方羲鏞·허유許維·전기田琦·김병선金秉善·오경석吳慶錫·김석준金奭準 등 중인 출신의 제자를 많이 배출했다.

조희룡은 스승 김정희의 그림과 글씨에 심취하여 필법이 방불한 경지에 이르고 매화그림과 난초 치는 데도 일가를 이루었다. 또한 조희룡은 당시 시단詩壇의 주류인 위항문학委巷文學 운동의 핵심으로 활동한 시인이었다. 18세기 이후 중인 이하 계층인 위항인委巷人들에 의해 활발하게 전개된 위항문학 운동은 규장각의 서리書吏 등 서울의 아전이 주축이 되면서 18세기 말 정조 재위 당시의 옥계시사玉溪詩社에서 성황

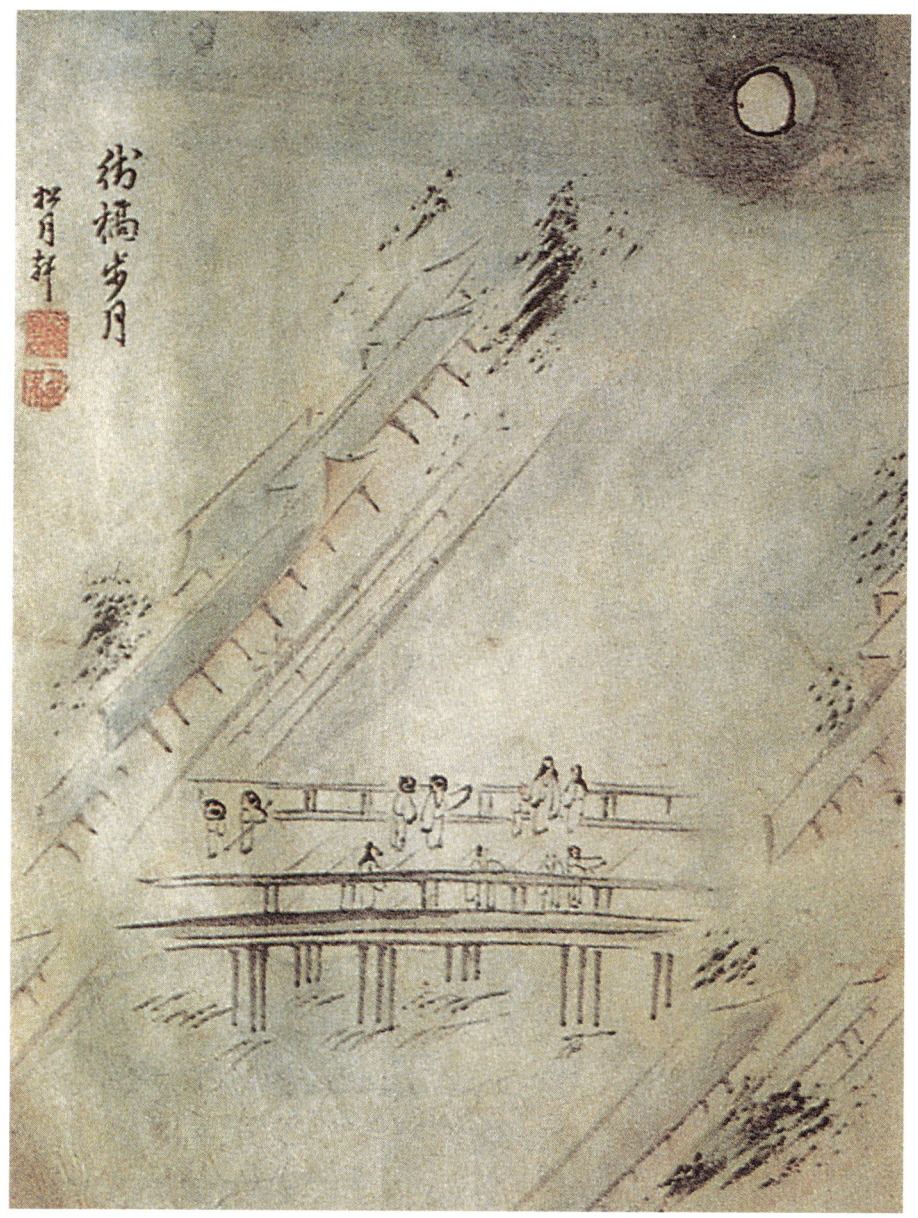

임득명, 「가교보월(街橋步月)」, 『옥계시첩』 중, 1786년, 삼성출판박물관 소장.
조희룡은 인왕산 주변 직하시사에서 활약한 위항문학 운동의 핵심이었다. 천수경 등 서울 아전들이 중심이 되어 결성한 옥계시사는 인왕산 언저리에서 활동한 위항인 중심 시사들의 선구이다.

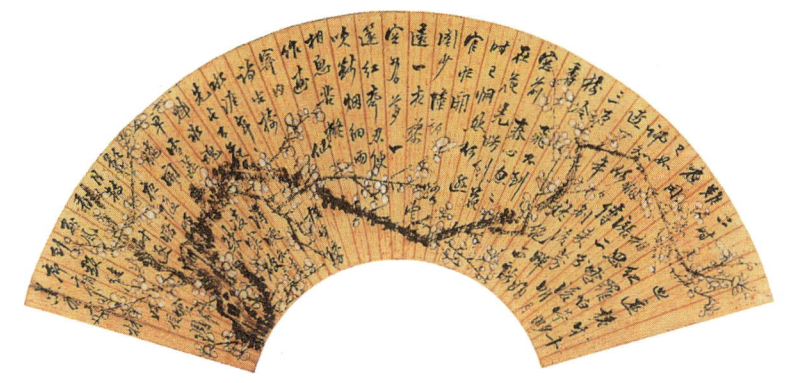

조희룡, 「선면묵매」, 종이, 23.5×69.5cm, 개인 소장.
필법이 스승 김정희에 방불하고 매화와 난초에도 일가를 이루었다.

을 이루었다. 인왕산 언저리는 시사詩社의 본거지가 되었으며, 19세기 전반에 이르러 서원시사西園詩社·비연시사斐然詩社·직하시사稷下詩社 등의 시사가 이 지역에서 일어났다. 조희룡은 1853년(철종 4년)에 조직된 직하시사의 동인이다.

학예 일치의 경지를 이상으로 하는 북학은 시·서·화 겸수의 문인 취미를 추구하는 경향이 강했고, 북학의 수혜자인 중인 계층은 학예일치에 호응할 수 있는 시대 환경을 만난 것이다. 중인 계층에서는 하급 관료의 당연한 기능인 글씨 솜씨와, 도화서 화원이라는 직업적 연관, 위항문학 운동을 통하여 증대한 한시漢詩의 소양을 갖추고 있었다. 따라서 시·서·화 삼절三絶의 수많은 예인이 중인 계층에서 배출되었고, 조희룡은 그 대표적 인물이다.

중인과 위항문학 운동

중인中人이라는 명칭의 성립 배경에는 지역개념설·정치개념설·계급

개념설이 있다. 그들의 집중 거주지가 서울의 중간 지대이므로 중인이라 불렀다는 지역개념설과, 사색 당파에 소속되지 않고 청명을 보존했기에 중인이라 한다는 정치개념설이 있지만, 양반도 평민도 아닌 중간 계층이라는 계급개념설이 가장 타당하다. 중인의 형성 시기는 중인 족보가 한말부터 거슬러 올라가 10대까지 추적되고, 중인 스스로 300년 설을 내세우고 있으므로, 16세기 후반부터 세습화의 길을 걷고, 17세기에 하나의 계층으로 성립한 것으로 파악할 수 있다.

신분의 상승 통로가 막히고 계층적 동질성이 분명해지면 신분 상승 운동이 일어나기 마련이다. 중인 계층이 신분 상승 운동을 전개한 것은 18세기부터이다. 한의사와 통역관 등 의역중인醫譯中人이 중심이 된 경제적 기반 확대를 위한 경제 운동, 서얼 중심의 정치 운동인 통청 운동通淸運動〔양반 사대부와 똑같이 청직(淸職)의 벼슬길을 열어 달라는 요구〕과 함께 중인 계층의 신분 상승 운동이 확산되었다. 기술직 중인이 연행사를 수행하면서 사무역私貿易에 종사하는 등 경제적 성장을 도모한 반면, 서얼들은 영조의 탕평책에 편승하여 일으킨 통청 운동을 사회 운동으로 확산시켰다. 또한 규장각의 서리가 구심점이 된 서울의 이서층은 시단 참여 등 위항문학 운동을 통해 결집하고 지적 성장을 하면서 문화 운동 차원의 신분 상승 운동을 전개했다.

이상의 세 줄기 흐름은, 연대적으로 지지하고 경제적 도움을 주고받으면서 상호 밀접한 연계선 상의 신분 상승 운동으로 발전했다. 통치자나 지배층은 이들의 경제 활동을 지하 경제의 폐단으로 인식하고, 서얼의 통청 운동은 명분의 해이와 체제 위협의 요소로 인식하였다. 그렇지만 위항문학 운동만은 적극 지원을 받았다. 그리고 경제 운동이나 통청 운동도 시대의 요청이라는 명분 아래 점차적으로 수용되었다.

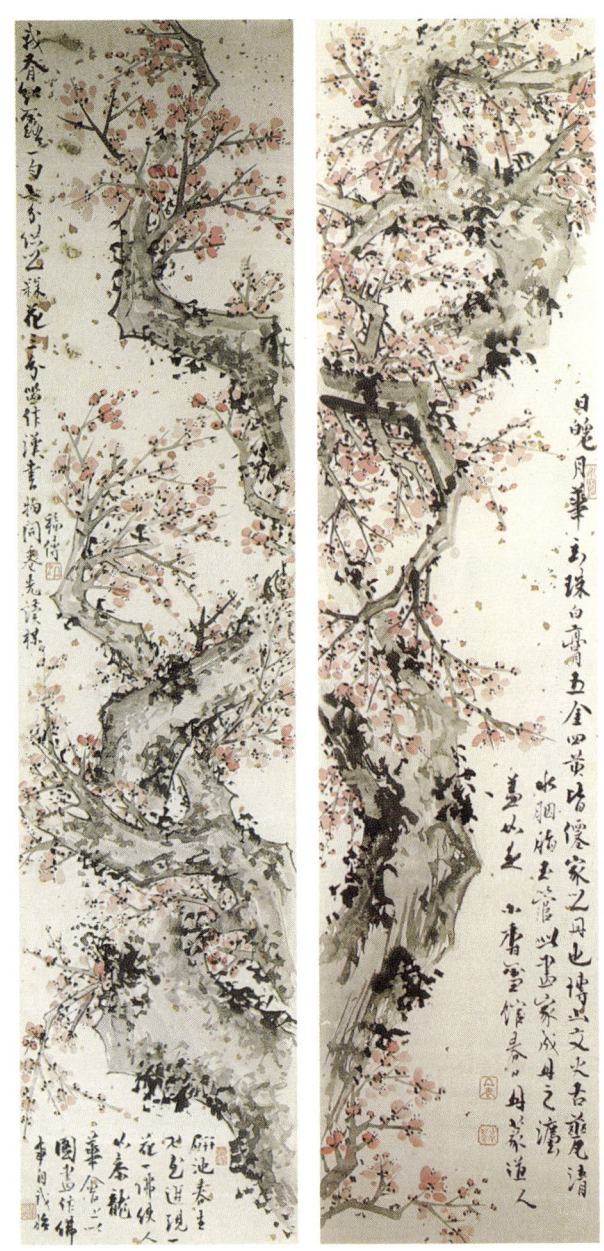

조희룡,「홍매(대련)」, 종이에 옅은 채색, 127×30.2cm, 개인 소장.
조희룡은 매화 그림의 새로운 경지를 개척하였고, 매화를 좋아하여 스스로 매수(梅叟)라 부르기도 하였다.

위항문학 운동이 지배층의 적극적인 지원을 받게 된 것은 지식과 문자의 보급, 문화의 저변 확산이라는 문예 부흥기적 발상 때문이었다. 조선 왕조가 문치주의文治主義를 지향하여 우문정치右文政治를 행했고, 18세기 영·정조대는 이른바 문예 부흥기였던 것이다. 이와 같이 왕조의 기본 성격과 합치되고 체제 위협적 요소가 적으며 중인 계층의 사회 세력화라는 현실을 무시할 수 없다는 현실 인식이 위항문학 운동을 적극 지원하게 된 배경이었다.

중인의 집중 거주지인 서울의 중부 지역도 남부와 북부로 구별되었다. 종로 이남의 광교를 중심으로 하는 지역이 남부이고, 그 이북에서 인왕산 필운대까지가 북부였다. 남부는 기술직 중인이 대대로 살아온 부촌이라 베풀기 좋아하는 풍속이 있었고, 북부는 가난하지만 의협적 기풍이 있어 의기로 교유하는 풍속이 있었다. 인왕산 필운대의 경승지를 중심으로 시인·문사들이 모여 풍류를 즐긴 곳이 바로 북부였고, 이 '필운대풍월'의 전통은 일제강점기까지 지속되었다. 조희룡은 이곳을 중심 무대로 삼은 위항시인이다.

시와 그림에 안분하는 위항시인의 울분

조희룡은 뒤에 이름의 '熙'자를 '羲'자로 고쳐 족보에는 조희룡趙羲龍으로 기재되어 있다. 본관은 평양, 자는 이견而見·치운致雲·운경雲卿, 호는 호산壺山·우봉又峰·창주滄洲·석감石憨·철적鐵笛·단로丹老·매수梅叟 등이다. 스승 김정희의 예인적 기질을 이어받아서인지 호가 많다.

아버지 상연相淵과 어머니 전주 최씨 사이의 3남 1녀 중 맏아들로서 진주 진씨陳氏를 아내로 맞아 성현星顯, 규현奎顯, 승현昇顯의 세 아들과

조희룡, 「군접(群蝶)」(부분), 종이에 채색, 112.9×29.8cm, 국립중앙박물관 소장
조희룡은 남계우보다 한 세대 앞서서 화려하고 섬세한 필치의 나비 그림을 그렸다.

딸 셋을 두었다. 그를 평양사람이라 한 것은 본관이 평양인 데서 와전된 것으로 그의 가문은 훨씬 전부터 중앙에 뿌리박은 듯하다. 선조의 묘소와 자신 및 아들의 묘가 모두 경기도에 있을 뿐만 아니라 그 자신은 1789년(정조 13년) 5월 19일 서울에서 태어났다. 개국 공신 조준趙浚의 15대 손이라 하나 가문이 한미해져서 아버지 상연은 벼슬이 없고 상연의 생부인 덕순德純 역시 벼슬을 못했다. 다만 상연이 양자로 들어간 숙부 덕인德仁이 인산첨사麟山僉使를 지냈을 뿐이며, 그의 벼슬은 오위장이었다. 조희룡의 맏아들 성현은 41세로 사망했고 둘째 아들 규현은 내수사 별제로 통훈대부通訓大夫(정3품)에까지 올랐다.

현손인 한계漢桂가 쓴 조희룡의 전기에 다음과 같은 말이 있다.

"어려서부터 사람됨이 준수하고 재예才藝가 탁월하셨고『호산외사壺

山外史』에 열전을 실은 여러 선비와 더불어 서로 닦고 서로 궁구하시어 교분이 매우 두텁고 정이 따뜻하셨다."

『호산외사』에 실린 인물은 모두 위항의 기재奇才로서 다수가 그와 같은 중인 계층이다.

조희룡은 특히 시·서·화를 즐긴 풍류 군주 헌종의 총애를 받았다. 헌종은 1846년(헌종 12년) 조희룡에게 금강산 그림을 그려 오라는 어명을 내려서 그에게 금강산 유람의 기회를 주었고, 1848년 중희당重熙堂 동쪽 소각小閣에 「문향실聞香室」이라는 편액扁額을 달 때 조희룡에게 그 글씨를 맡겼다. 금강산을 그려 오라는 어명이 내려질 정도로 그림 실력을 인정받았고, 왕궁의 편액까지 썼을 정도로 필명을 떨쳤던 것이다.

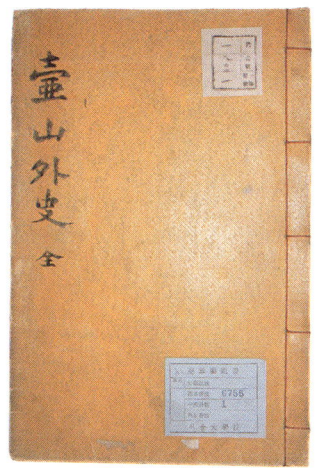

『호산외사』. 위항인들의 열전인 이 책은 조희룡 자신의 처지에 대한 울분을 승화시켜 평민 이하의 계층에 있는 인재들에 대한 강렬한 애착과 애정을 보여 준다.

조희룡의 사람됨과 인생관을 살필 수 있는 어록이 있다.

"평생에 원업冤業을 짓지 않고, 먹을 것이 생기면 먹고 뜻이 다하면 시를 짓는다. 시를 얻지 못하면 모양을 다하여 그림 그리고, 반드시 그림이 안 되면 여기에 잠시 기댈 뿐이다."

평생 안분하면서 시와 그림을 벗삼아 사는 탈속한 인생관을 보여 준다.

"금강산에 노닐 때, 가파른 언덕에 이르면 머리를 들어 앞으로 나가며 곧장 한달음에 도달하려 하였다. 그러나 반도 못 가서 한 발자국도 더 떼지 못할 정도로 피곤해지고, 유흥遊興은 간 곳 없어졌다. 친구 이

조희룡, 「난생유분(蘭生有芬)」, 종이에 수묵, 44.5×16.3cm, 간송미술관 소장.
조희룡은 난초도 환경과 처지에 따라 귀천이 정해진다고 토로할 정도로 마음속에는
자신의 처지에 대한 울분이 있었지만 시와 그림을 벗삼아 분수대로 살아가고자 했다.

학소李鶴巢가 이르기를 '무릇 높고 험한 곳은 일체 쳐다보지 않고 발 아래 한 치 앞만 내려다보면 모두 평지 같다. 이렇게 차츰 나아가면 어느새 꼭대기에 도착하게 된다.' 하였다. 이 말대로 해보니 과연 그러하였다. 이로써 미루어 보면 천하의 모든 일이 다 이와 같다."

등산을 인생길에 비유하여 한걸음 한걸음 착실히 다져 나가는 삶의 방식, 성실한 자세를 일깨우고 있다.

"난초 치는 일이 비록 작은 기예이지만 역시 얻는 바가 있다. 몇 번 붓을 놀린 뒤에는 한 번의 붓질도 더하지 말아야 하는 것이 있는가 하면, 백 번 붓질하고도 한 번의 붓질조차 줄일 수 없는 것이 있다. 난초 역시 정국定局이 있어서 함부로 증감할 수 없는 것이다. 이로 미루어 볼 때 천하의 일은 모두 정국이 있어 정국 밖으로 망상을 달리고도 패하지 않는 자는 드물다."

모든 사람과 사물에는 정국 또는 분수라는 것이 있으므로 이것을 넘

어서 함부로 치달릴 때 낭패하게 된다는 것이다. 시와 그림을 벗삼아, 과욕을 부리지 않고 분수대로 성실하게 살아가는 모습을 확인할 수 있는 조희룡의 어록이다. 그러나 안분을 강조하는 조희룡의 마음속에는 자신의 처지에 대한 울분이 있었다.

"난초도 깊은 산중 잡초에 섞여 있을 때는 땔나무거리밖에 안 되지만 비단 위에 그려져 고당高堂 거벽巨壁에 표구하여 걸어 놓으면 그 고귀함을 함부로 희롱하지 못하게 된다. 난초는 한갓 미물임에도 우遇·불우不遇에 따라 이와 같은데 하물며 사람에 있어서랴."

환경과 처지에 따라 귀천이 정해지는 사물의 이치와 함께 자신의 처지에 대한 자의식을 엿볼 수 있다. 그러나 만년의 그는 가슴속 울분과

조희룡, 「매화서옥」, 종이에 엷은 채색, 45.4×106.0cm, 간송미술관 소장. 유희 삼아 그린 것이지만 자못 기이한 기운이 있다고 스스로 평한 그림이다. 조희룡은 서화는 손끝에 있지 가슴에 있는 것이 아니라며 스승 김정희와 정면으로 대치하는 기예론을 펼쳤다.

반항 의식을 잠재우고 창강滄江 가에서 자연을 벗삼아 살며 유유자적 하였다.

스승 추사(秋史)와 달리한 예술혼

조희룡이 살아 활동한 시대는 조선 왕조의 쇠미기로서 통치 이념인 성리학이 시대 사상으로서의 수명을 다하는 때였고, 따라서 지배 계층인 사대부의 본질마저 퇴색해 간 때였다. 사대부 중심의 양반 체제가 흔들리면서 척족 가문에 권력이 집중되는 비정상적 행태를 노정하는데,

전기, 「매화서옥도」, 19세기, 종이에 채색, 29.4×33.2cm, 국립중앙박물관 소장.
문기가 결여되었다는 평을 들은 조희룡과 달리 같은 위항인 출신의 전기는 김정희의 서화 정신을 예술적으로 구현하려 애썼다.

안동 김씨의 외척 세도 정치가 그것이었다. 이러한 말기적 부정 부패 현상에 대한 저항으로 분출한 것이 도처의 민란이었고, 문화 운동을 통한 중인 계층의 신분 상승 운동이었다.

조희룡은 개국 공신 조준의 15대 손이라 하나 그의 가문은 신분 하락하여 중인 가업을 세습하였다. 그러나 조희룡은 당시의 새로운 사회 문화 운동인 위항문학 운동에 참여하여 위항시인으로서 위치를 확보하고, 타고난 예술적 소양으로 글씨와 그림에 일가를 이루었다. 특히 매화그림에 남다른 경지를 개척하여 스스로 호를 매화노인梅叟이라 하였고, 자신의 거처를 매화백영루梅花百咏樓라 이름지을 정도로 매화를 사랑하였다.

조희룡이 극진히 떠받들고 애써 배운 스승 김정희는 그의 재주는 인정하면서도 "문기文氣가 결여되어 법식法式에 구애된다."는 비판을 하였다. 추사 김정희는 전통적인 사대부로서 '그림이나 글씨가 손끝에서 되는 것이 아니라 가슴속에 만 권의 책이 쌓여서 비로소 문자향文字香이나 서권기書卷氣로 피어나는 것'이라는 예술관을 갖고 있었으니, 문학론에서 도문일치론道文一致論과 같은 맥락의 이론이다.

이에 반해서 조희룡은 기저機杼(글쓰는 솜씨)를 중요시하고 성령론性靈論을 내세워 영혼 내지 영감을 예술의 핵심으로 지적하였다. "서화는 수예手藝이므로 손끝에 있는 것이지 가슴에 있는 것이 아니다."는 주장은 추사의 그것에 정면으로 대치되는 기예론을 말하는 것이다. 여기서 습작과 영감을 중요시하는 예술 경향의 내재적 발아를 엿볼 수 있으며, 현대 예술 풍조의 단초를 발견할 수 있다. 김정희 문하에서 예술가로 성장했지만 사제 간의 신분적 차이가 예술론의 차이로 나타난 것이다. 두 사제에게서 옛 예술론과 새로운 예술론의 교차점을 확인할 수 있다.

화서 이항로(華西 李恒老) 1792년(정조 16)~1868년(고종 5)

위정척사의 정신으로
조선의 정체성을 지킨 재야 선비

    화서 이항로華西 李恒老(1792~1868년)는 조선 문화의 절정기인 18세기 말에 태어나 그 문화의 사양기에 살면서 국가의 영고성쇠를 직접 체험했다. 흔히 이항로와 그의 제자들을 위정척사학파衛正斥邪學派로 규정하는데, 시대의 변화에 적응하지 못한 보수주의자들이라는 낙인은 이들의 평가에 걸림돌이 되고 있다.

    서세동점의 격랑이 동양 사회를 흔들어 놓은 19세기는 조선 왕조가 절정기 후의 쇠미기로 이행한 시기였다. 국내 정치는 세도 정치기에 돌입하여 권력이 소수 벌열 가문에 과점되는 파행성을 보였고, 국제 정치는 서세동점의 대전환기였다. 국가의 위기나 시대적 격변기에 지식인들은 대개 두 가지 부류로 나뉜다. 변화에 발맞춰 적극 변신하려는 부류와 기존의 가치관과 자신의 정체성을 지키려는 부류이다.

    북학 사상을 계승한 지식인들은 지난 시대에 이루어 낸 조선 문화의 토대 위에서 청나라의 고증학과 청에 도입된 서구의 문물을 받아들여야 한다는 입장이었다. 18세기 후반에 시작되어 19세기 전반 추사 김정희에 의하여 학파로 성립된 북학파는 그 변화 논리를 중인 계층에

이항로 초상(사진 한국정신문화연구원 제공)

확산함으로써 대세화하였다. 선진 문물 수입의 통로가 청나라였던 북학파는 19세기 후반에 청의 국세가 기울고 서구 제국주의에 편승한 일본이 서구 문물을 적극 도입하자 서구 문화 수입 통로를 일본과 서구로 돌렸으니, 이른바 개화파의 성립이다.

북학파의 발빠른 행보에 비할 때 이항로로 대표되는 조선 유림은 조선 문화의 정체성을 지켜야 한다는 입장이었다. 외세에 대항하는 이들의 입장은 그 연원을 병자호란 때의 척화론斥和論에 두고 있다. 척화론은 호란 후 북벌론北伐論으로 계승되었고, 북벌론은 무법자 청나라를 토벌하여 복수설치復讐雪恥하자는 응징 논리로서 조선 후기 국민 단합의 구심점으로 기능하였다.

대외적으로는 북벌론의 기치를 세우고 대내적으로는 사회 질서를 바로잡기 위한 예치禮治의 기준을 설정함으로써 조선 후기 사회는 도덕적 문화 국가로서 거듭나게 되었다. 그 과정에서 조선은 명나라를 계승하는 중화 문화의 적통 계승자임을 자부했다. 청이 명을 멸망시켰지만 명의 중화 문화는 조선이 계승했다는 자부심이었던 것이다. 중화 문화의 본래 개념은 지역적으로는 중원, 종족적으로는 한족, 문화적으로는 유교 문화로 규정된 것이었다. 그러나 북벌론 이후의 조선은 중화 문화의 개념을 종족, 지역적 특수성이 아닌 문화적 특수성을 강조한 신개념으로 창안해 낸 것이다. 청이 명을 멸망시키고 그 영토를 차지했다 해도 중화 문화의 주인이 될 수 없고, 명의 문화를 계승한 조선이 중화 문화의 주인이 된다는 이론의 성립이었다.

이제 조선은 도덕적 문화 국가로서, 의리와 명분으로 국민을 설득하고 화합을 이루는 왕도 정치의 실현장으로서, 예치를 구현하는 중화 문화 국가로서 동아시아의 문화 중심에 우뚝 섰다. 이 조선중화주의의

이항로의 생가인 노원정사. 경기도 양평군 서종면 노문리 소재.

자부심이 18세기 진경 문화의 원동력으로 작용하여 조선 문화의 전성기를 구가하게 되었다. 그러나 19세기에 접어들면서 진경 문화를 낳은 조선중화주의의 자부심이 퇴색하였다. 농경 사회가 상공업 사회로 이동하기 시작한 탓이었다. 산업 구조가 농경 사회에서 상공업 사회로 변화하면서 농경 사회를 토대로 하는 성리학은 시대 이념으로서의 생명력을 잃게 되고, 실학 사상 내지 북학 사상이 그 대체 논리로서 형성되기 시작한 것이다.

그러나 조선의 방방곡곡에는 여전히 조선 사회의 버팀목이었던 조선성리학으로 무장한 지식인 군단이 버티고 있었으니, 이른바 재야 유림이다. 이들은 궁사窮士·한유寒儒로 자처하며 개화파로 선회하는 집권층을 비판하고, 한 시대 영화를 구가한 조선 문화의 정체성을 지키려

했다. 당시 이들은 절대 다수였음에도 불구하고 근대 이후 개화 사상 내지 개화파에 무게 중심이 실리면서 시대의 소수파로 왜곡이 되어 왔다. 이때의 현실론자인 개화파가 결국 친일파로 종결된 점을 상기하면 이들의 자존의식은 그 빛이 분명해진다.

조선성리학으로 무장한 재야 유림

이항로는 공자에서 주자를 거쳐 우암 송시열尤庵 宋時烈로 이어지는 도통론道統論을 제기함으로써 기호학파의 학맥을 계승하였다. 16세기 후반 퇴계 이황退溪 李滉이 중심이 된 영남학파와 율곡 이이栗谷 李珥가 중심이 된 기호학파는 각기 이기호발설理氣互發說과 기발이승일도설氣發理乘一途說을 성립하였다. 이기호발설은 이기이원론으로서 주리론적인 입장이고 기발이승일도설은 이기일원론으로서 주기론적인 입장으로 정리된다. 우주와 인간의 심성을 이해하는 원론의 차이였다. 이 양자는 그 차별성으로서 정심精深한 이론을 전개하여 조선성리학을 성립하였다. 그러나 이기·심성에 대한 지나친 사변화의 폐단이 생겨났는데, 18세기 들어서 한 세기에 걸쳐 전개된 호락논쟁湖洛論爭은 그 정점이었다.

화서 이항로는 이러한 사상계의 변천 과정에서 자신의 입지를 율곡-사계-우암의 연계선 상에 세웠지만, 이선기후理先氣後(이가 앞서고 기가 뒤따른다), 이존기비理尊氣卑(이는 높고 기는 낮다), 이주기역理主氣役(이가 주인이고 기는 부림을 당한다)으로 이기론을 이해함으로써 주리론적인 입장을 고수했다. 기氣의 작용으로 세상이 변하고 혼란이 온 시점에서, 영원히 변치 않는 원리로서의 이理를 재확인하려고 한 듯하다. 여기서의 '이'

는 유교 문화의 정수를 간직하고 있는 조선 문화, 또는 조선중화 사상이라고 이해된다.

화서가 세상을 뜬 뒤에 그 제자인 김평묵金平默과 유중교柳重敎 사이에 주리론과 주기론의 논쟁이 일어난 것은 그가 기호학파이면서 주리론적인 입장에 서 있었기 때문이라 생각된다. 화서는 당대 최고의 학술 논쟁인 호락논쟁에 가담하지 않았다. 그 이유는 초연한 도학자로서 근본주의적인 입장을 견지했기 때문인 것으로 파악된다. 그는 17세기 송시열이 춘추 의리 정신에 입각하여 제창한 존화양이尊華攘夷(중화 문화를 존중하고 오랑캐의 야만 문화를 물리친다)의 대의를 고수하여 새로운 외세인 서양 제국주의에 대응했다. 따라서 그의 제자들은 스승의 뜻을 계승하여 한말 국가의 위기 상황에서 사학邪學을 물리치고 정학正學을 보위하려는 척사위정斥邪衛正의 전위 부대가 되었고 의병 활동의 주력 부

이항로의 상소문, 1866년. 이항로는 병인양요 때 노구를 이끌고 상경하여 서양과 화친하지 말고 싸워서 물리칠 것을 상소하였다.

대가 되었으니, 대마도에서 순절한 최익현崔益鉉과 의병대장으로 활동한 유인석柳麟錫이 대표적인 인물이다.

조선중화주의를 등불로 삼아

이항로는 고종이 즉위한 후 1864년 73세에 조두순趙斗淳의 천거로 장원서 별제에 임명되고 전라도 도사, 사헌부 지평, 사헌부 장령 등을 차례로 제수받았지만 사퇴했다. 1866년 병인양요가 일어나자 유명한 「사동부승지겸진소회소辭同副承旨兼陳所懷疏」를 올렸다. 75세의 노구를 이끌고 서울로 올라와 상소한 것이다.

"선비로서 평일에는 사퇴하는 것으로 의리를 삼아야 하지만, 국가에 환란이 있을 때는 즉각 달려가 협력하는 것으로 의리를 삼아야 한다."

벼슬을 사양하는 뜻과 함께, 서양과 화친하지 말고 싸워서 물리치라는 주장을 밝힌 것이다. 그의 제자 양헌수梁憲洙가 강화도에서 프랑스군을 격퇴한 것도 그의 불요불굴의 정신을 이어받은 결과이다. 그는 서양 세력이 밀고 들어오는 이유가 경제적인 데 있다고 갈파하고, 서양의 조악한 공산품과 조선의 생활 필수품을 교역할 때 조선이 안게 되는 무역 역조의 폐단을 역설했다. 그의 주장은 국론화하여 흥선대원군의 쇄국 정책으로 귀결되었다.

이항로와 흥선대원군의 사이가 나빠진 것은 경복궁 중건과 서원 철폐 때문이었다. 흥선대원군이 경복궁 중건 공사를 강행하자 공사 중단을 요구했고, 서원 철폐를 비판했으며, 만동묘萬東廟의 재건을 주장했다. 만동묘는 재야 지식인으로 전락한 처지의 조선성리학자들에게는 자존심의 보루와도 같은 것이었다. 세도 정치라는 소수 가문의 과두

독재 체제에 밀려서 중앙 정계와 유리된 이들에게, 명나라의 의종과 신종을 제사지내는 만동묘는 조선중화주의의 상징과도 같은 것이었다. 조선중화 사상의 상징적 존재인 우암 송시열이 화양동계곡 자신의 화양동서원 옆에 세운 만동묘는 우암을 사숙하고 받든 이항로에게 무엇보다 중요한 유산이었다.

이항로의 척사위정 정신이 국론화하면서 흥선대원군의 쇄국 정책으로 귀결되었듯이 외세에 대한 입장은 이항로와 흥선대원군이 뜻을 같이 했다. 그러나 국내 문제에서는 달랐다. 조선성리학의 자존심을 걸고 흥선대원군의 정책에 정면 도전을 했던 것이다. 그래서 이항로는 생을 마칠 때까지 흥선대원군이 기피한 인물이 되었다. 권력에 추부하지 않는 개결한 선비의 당당한 행로였다.

만동묘 터. 이항로는 흥선대원군에게 송시열의 유지에 따라 조선중화주의의 상징으로 화양동서원 곁에 세워진 만동묘의 재건을 주장하였다. 충청북도 괴산군 청천면 화양리 소재.

그의 저작은 직접 한 것보다 아들이나 제자에게 대작시킨 것으로 남아 있다. 55세에 장남 준埈에게 명하여 『주자대전집차朱子大全集箚』를 편찬하게 하고 자신은 「인심도심설人心道心說」을 지었다. 57세에는 제자 김평묵에게 명하여 『이성전서집의二程全書集疑』를 짓도록 하고, 61세에는 제자 유중교에게 명하여 『화동사합편강목華東史合編綱目』 60권을 수찬하게 했다.

『화동사합편강목』은 이항로가 구상하고 유중교가 전담하여 편찬하면서 김평묵에게 자문을 구한 것이다. 이항로, 김평묵, 유중교 세 사제의 힘으로 저술되고 1907년에 간행된 이 책의 서문에서 제자 유인석은 다음과 같이 적고 있다.

벽계천. 이항로가 출생한 벽계마을 근처의 하천이다. 경기도 양평군 서종면 소재.

"화서선생은 선정先正 우암 송시열 선생의 의리를 계승하셨다."

17세기 양란 이후의 국가 혼란을 우암 송시열이 극복했듯이, 이항로는 19세기의 어려운 상황에서 그 역할을 계승했다는 평가였다. 유인석은 이 서문에서 우암 송시열과 화서 이항로 사이의 200년 도통론적 사제 관계를 일체 생략하였는데, 인적 계승 관계보다 정신적 사숙 관계가 더 중요하다고 본 때문이었다.

『화동사합편강목』은 화이론華夷論에 입각하여 송나라를 화華, 원나라를 이夷로 보는데, 송을 정통으로, 고려를 그 계승자로 자리매김함으로써 송과 원을 명나라와 청나라의 관계에 비유하고 조선이 그 계승자임을 암시하는 데 편사의 목적이 있었다. 중국 역사에서는 송나라와 명나라가 정통이라는 점과, 송나라의 문화는 고려가 계승하고, 명나라의 문화는 조선이 계승했다는 점을 명확히 하려는 의도였다. 조선중화주의의 재천명이었다.

이항로는 1792년(정조 16년) 2월 13일 경기도 양평군 서종면 노문리 벽계마을에서 회장晦章의 아들로 출생했다. 본관은 벽진, 처음 이름은 광로光老이고 자는 이술而述, 호는 마을 동쪽산인 청화산靑華山의 서쪽에서 산다는 의미로 화서라고 했다. 청화산 줄기의 작은 동산인 노산蘆山 아래 생가가 있고 노산의 중턱에 그의 사당인 노산사蘆山祠가 있다. 벽계의 시냇물을 따라가며 그가 직접 바위에 새긴 노산팔경蘆山八景의 명문들이 남아 있어 그의 자취를 생생하게 전해 준다.

그는 3세에 천자문을 떼고 6세에 『십팔사략十八史略』을 배웠으며, 12세에 『상서尙書』를 배울 정도로 학문적 성취가 빨랐다. 1808년 17세에 과거 시험에 합격했으나 과거 부정을 목격하고 벼슬길을 단념했다. 이후 쌍계사, 고달산사 등에 은거하며 학문에 전념했다. 1840년 49세에

노산사 뜰 앞에 있는 제월대 명문. 이항로는 제자를 가르치던 제월대 앞 바위에 마음을 맑고 밝게 가질 것을 경계하는 잠언을 새겼다. 경기도 양평군 서종면 노문리 소재.

학행으로 천거되어 휘경원 참봉에 임명되었으나 사퇴했다. 1847년 56세에 집 동쪽에 제월대霽月臺를 세우고 선비들을 모아 경사經史를 강론했다.

제월대의 명문은 현재 노산사 뜰 앞의 바위에 새겨져 있다.

엷은 구름도 남기지 말고 맑은 빛을 점철되게 하라莫遺微雲 點綴練光

끝까지 비우고 끝까지 밝게 하여 태양과 짝하라極虛極明 以配太陽

마음을 맑고 밝게 가질 것을 경계하는 잠언이다. 노산사는 화서의 문인인 최익현의 뜻에 따라 1950년 마을 주민들이 인근의 동지들을 규합하여 건립했으니, 최익현이 생전에 세운 뜻이 반세기를 뛰어넘어서 계승이 된 것이다.

조선 왕조의 사양을 등에 받으며 쇠미해져 가는 국운의 마지막 등불을 지키려 했던 이항로는 재야 학인의 고단한 생을 1868년 3월 18일에 77세로 마감했다. 뒤에 내부대신에 추증되었고, 문경文敬의 시호를 받았다. 그의 묘소는 생가에서 10리쯤 떨어진 정배리 통정골 야산에 있으며, 후손이 그곳에 살면서 관리하고 있다.

면암 최익현(勉菴 崔益鉉) 1833년(순조 33)~1906년

치열한 저항 정신,
목숨을 건 구국의 실천

면암 최익현勉菴 崔益鉉(1833~1906년)이 살다간 시대는 의식의 지각 변동을 요구한 격변기였다. 동아시아를 '천하'로 알고 살던 조선인들이 서양이 포함되는 세계 질서를 인정해야만 했던 것이다. 18세기 조선 문화 전성기를 구가하던 조선 왕조는 19세기 외척의 세도 정치로 이행하면서 쇠미기에 봉착했고, 이질적인 서구 문명의 강압 속에서 지식인들은 심각한 지적 고민에 직면했다. 조선 문화의 정체성이 흔들리는 시기였다. 최익현은 그러한 시기에 누구보다도 자신의 신념에 충실하고 그 신념을 실천에 옮김으로써 갖은 시련을 겪은 조선 선비다.

유교 문화권의 동양은 농경 사회를 기초로 평화 공존하는 국제 질서, 즉 중화 문화 질서를 형성하였음에 반하여 서양의 제국주의는 무력을 앞세운 약육강식 논리로 세계를 제패했다. 이에 대응하는 지식인 사회의 노선 분립은 개화 사상과 위정척사 사상으로 설명되어 왔다. 18세기 북학 사상에 뿌리를 둔 개화 사상은 지배층의 자기 변화 논리로 기능하면서, 새로운 문명의 수입 통로를 기존의 중국에서 일본으로 전환했다. 이는 서양 중심의 세계 질서에 편입하자는 운동으로서 서양에

채용신, 「최익현 초상」, 비단에 채색, 136×63.5cm, 청양 모덕사 소장.

일찌감치 편입한 일본을 배우자는 것이었는데, 개화파가 친일파로 변신한 계기가 여기서 비롯된다.

반면 재야 학인인 유림 중심의 위정척사 사상은 자기 문화 보존 논리로서 제 몫을 했다. 이들 유림은 성리학자들로서 전국에 분포되어 일반 지식인 군단을 형성하였는데, 조선 왕조에 실현된 성리학적 사회 체제를 수호하려 했다. 이들은 서양 물질 문명의 한계를 직시했고, 평화 공존하는 도덕적 조선 문화의 정체성이 상실되어 가는 시대의 흐름을 우려했다. 또한 이들은 생필품을 자급 자족하는 조선의 경제 체제를 조악한 공산품으로 공략하려는 자본주의의 속성을 예리하게 간파했다. 이들의 상소문에 나타난 양이洋夷(서양오랑캐)의 개념은 북방족이나 왜구에 대한 조선 사회의 인식과 같은 것이었다. 조선을 힘의 논리로 침탈한 북방족이나 왜구를 오랑캐로 인식한 조선 사회 기본적 사고의 연장선 상에 양이가 있었던 것이다. 이러한 시대 상황과 시대 인식 위에서 면암 최익현의 생애가 전개된다.

이항로의 문하에 들어가다

최익현은 1833년(순조 33년) 경기도 포천의 가채리(현재 경기도 포천군 신북면 가채리)에서 지헌 최대芝軒 崔岱의 아들로 태어났다. 본관은 경주, 자는 찬겸贊謙, 호는 면암이다. 그가 태어난 시기에 흉년이 들어 가세가 기울고 국가 정치도 흉흉하게 돌아가자 부친 최대는 익현이 네 살 되는 해에 솔가하여 충청도 단양 금수산 골짜기로 이주를 했다. 이곳에서 최익현은 열한 살이 되는 해까지 김기현金琦鉉에게 수학을 했다.

최익현이 화서 이항로華西 李恒老(1790~1866년)의 제자가 된 것은 14세

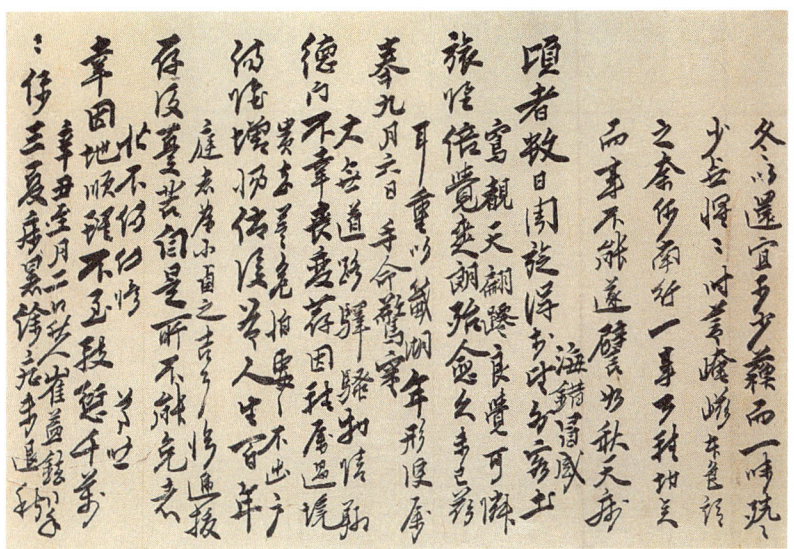

최익현, 「서간」, 1901년, 종이에 먹, 22.2×34.1cm, 서울대학교박물관 소장.

때의 일로서, 부친이 다시 솔가하여 경기도 양근 후곡(현재 경기도 양평군 서종면 서후리)으로 이주하고 그 3년 뒤에 인근의 벽계(현재 양평군 서종면 노문리)에서 강학하는 이항로를 찾아가 배움을 청한 것이다. 이항로는 위정척사 사상을 고수하는 재야 학자로서 중부 지방 유림의 대표적 인물이었다. 이때 최익현과 동문 수학한 인물로는 이항로의 아들인 괴원 이준槐園 李埈과 황계 이복黃溪 李墣을 비롯하여 금천 임규직錦川 任圭直, 완이 이인구莞爾 李寅龜, 중암 김평묵重菴 金平默, 홍암 박경수弘菴 朴慶壽, 성재 유중교省齋 柳重敎 등이 있었다.

이항로는 최익현의 자질을 눈여겨 살핀 뒤에 '존심명리存心明理(마음을 간직하고 이치를 밝히라)' 등의 경구를 써 주면서 격려했고, 15세가 되는 해에는 면암勉菴이라는 두 글자를 써 주었는데, 최익현은 이 면암으로 호를 삼았다. 최익현이 10년 가까이 이항로 문하에서 배운 것은 『격몽

작자 미상, 「대원군 초상」, 종이에 채색, 51.5×27.5cm, 서울대학교박물관 소장.

요결擊蒙要訣』, 『대학장구大學章句』, 『논어집주論語集註』 등을 통한 성리학의 기본 학습 이외에 '임금 사랑을 아비 사랑과 같이 하고 나라 걱정을 내 집 걱정과 같이 하라愛君如父 憂國如家'의 정신, 즉 애군과 호국의 정신이었다.

면암 최익현이 명경과에 급제하여 승문원 부정자로 출사한 것은 1855년(철종 6년), 그의 나이 23세 때였다. 그 후 성균관 전적·사헌부 지평·사간원 정언·이조정랑 등을 거쳤고, 30세 때 신창현감으로 나가서는 백성을 대변하여 충청감사에게 항의하다가 벼슬에서 물러났다. 다시 32세에 벼슬에 나아가 예조좌랑·사헌부 지평을 역임하다가 모친상을 당하여 사직하였고, 모친상을 탈상한 뒤 1868년(고종 5년) 36세에 사헌부 장령에 임명되었다. 이때 최익현은 흥선대원군의 경복궁 중건 사업이 파생시킨 여러 폐해를 지적하고 이를 시정하라는 상소를 올렸다가 삭탈 관직되었다. 이를테면 흥선대원군의 개혁 정책을 비방한 죄였다. 그러나 곧바로 돈녕부 도정, 승정원 동부승지에 임명되었는데, 최익현은 이 자리에 오래 있지 않고 사직하였다.

세상을 바꾼 계유상소

10년 집권 흥선대원군의 세도를 하루아침에 무너뜨렸다고 평가되는 것이 최익현의 「계유상소癸酉上疏」이다. 41세가 되는 계유년(1873년, 고종 10년), 동부승지에 임명되자 최익현은 곧바로 사직상소인 「사동부승지소辭同副承旨疏」를 올렸는데 그 내용은 흥선대원군 집정의 정사가 옛 법도에서 크게 어긋나고 정부는 흥선대원군에게 아부하는 무리로 가득해서 정의가 소멸되었으며 과중한 세금으로 민생이 도탄에 빠졌다는 준엄한 비판이었다. 그러자 흥선대원군을 추종하는 대신들이 최익현의 처벌을 요구했는데 고종은 오히려 그를 옹호하고 벼슬을 더욱 높여서 호조참판에 임명했다. 이에 최익현은 다시 사직상소인 「사호조참판겸진소회소辭戶曹參判兼陳所懷疏」를 올렸는데 그 내용은 지난번 사직상소의 비판보다 더욱 구체적이고 신랄하게 흥선대원군의 정책을 비판한 것이었다.

경복궁 근정전. 최익현은 흥선대원군 집권 초기에 경복궁 중건 사업을 비판한 이후 흥선대원군과 계속 부딪쳤다. 서울특별시 종로구 소재.

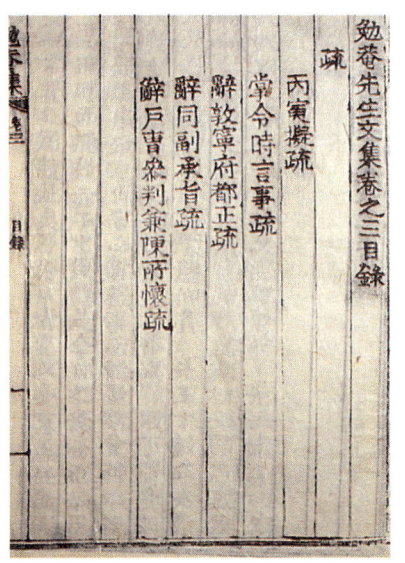

『면암집』 목록. 「사동부승지소」, 「사호조참판겸진소회소」가 보인다. 1873년 최익현이 흥선대원군의 정사를 신랄하게 비판한 두 건의 상소는 흥선대원군의 하야로 이어졌다.

만동묘의 훼철과 서원 혁파의 문제점을 지적하고, 청나라 돈을 사용하는 것은 중화와 이적의 분별을 어지럽히는 것이니 이를 시정하라고 요구했다. 나아가 경복궁 중건 사업을 위해 거두어들인 여러 명목의 세금은 백성과 국가의 재앙이라 지적했고, '친친親親의 열列에 속한 사람(흥선대원군을 지목한 것)'은 지위와 녹을 높여 줄망정 정사에 간여하게 해서는 안 된다고 강조했다. 이를테면 군신의 윤리를 무너뜨리고 사제의 의리를 끊어 놓고 충신과 역적의 분별을 혼동시키고 중화와 이적의 분별을 어지럽히고 백성과 국가의 재앙을 초래한 흥선대원군은 섭정을 거두고 하야해야 한다는 것이었다. 그러자 정부 대신들이 벌떼처럼 들고일어났다. 흥선대원군과 고종의 부자 사이를 이간하는 최익현에게 엄벌을 내리라는 것이었다.

「계유상소」라는 명칭으로 정리되는 두 건의 사직상소가 일으킨 파장의 결말은 최익현의 제주도 유배와 흥선대원군의 하야였다. 그러나 최익현은 패자가 아니었다. 그 이듬해에 고종은 최익현이 요구한 '청나라 돈 사용 금지'와 '만동묘의 복원'을 지시한 것이다. 제주도 유배 생활은 1873년에서 1875년까지 1년 반이었다.

유배가 풀려 제주도에서 돌아오는 길에 최익현은 전라도 장성 하사에 있는 노사 기정진蘆沙 奇正鎭(1798~1879년)을 예방했다. 기정진은 1866년(고종 3년) 병인양요가 일어나자 「병인소丙寅疏〔여섯 조목의 방비책을 제시한 상소여서 육조소(六條疏)로 불리기도 한다〕」를 올린 인물로, 그의 「병인소」는 위정척사 사상의 이론적 기초가 되었다. 유배지에서 돌아오는 길에 기정진을 예방한 것은 최익현의 생애에서 중요한 의미를 갖는다. 유림의 기반을 파괴한 흥선대원군에게 반기를 든 「계유상소」의 주인공이 위정척사 사상의 이론적 기초가 된 「병인소」의 주인공을 예방한 것이다. 위정척사에 바친 최익현 후반기 생애의 분기점이었다.

광화문 앞에서 도끼를 들고

1876년(고종 13년) 2월 강화도에서 병자수호조약이 체결되자 최익현은 도끼를 들고 광화문 앞에 나타났다. 지부상소持斧上疏(도끼를 소지한 상소)를 올리기 위해서였다. 수호통상조약을 강요한 일본 사신 구로다 교타카黑田淸隆의 목을 베라고 상소하면서 도끼를 들고 나타난 것이다. 도끼를 들고 상소한 것은 임진왜란 직전에 지부상소를 올린 중봉 조헌重峯 趙憲(1544~92년)의 예를 따른 것이었다. 조헌은 1591년(선조 24년) 일본의 도요토미 히데요시豊臣秀吉가 겐소玄蘇 등의 사신을 보내어 정명가도征明假道를 강요했을 때 충청도 옥천에서 상경하여 일본 사신의 목을 베라며 지부상소를 올렸다. 도끼를 소지했다는 점만으로도 지부상소는 막다른 수단이라고 할 수 있다. 조헌의 고사로부터 270여 년이 지난 때에 다시 최익현이 수호통상조약을 강요한 일본 사신의 목을 베라며 지부상소를 한 것이다.

병자년(1876년)의 지부상소에서 최익현은 일본과 수호통상조약을 체결해서는 안 될 다섯 가지 이유를 들었다. 첫째, 우리의 힘은 약하고 저들은 강하니 일방적으로 끊임없이 저들에게 필요한 것을 요구할 것이다. 둘째, 통상 조약을 맺으면 생산의 한계가 있는 우리의 농산물과 무한하게 생산할 수 있는 저들의 공산품을 교역하게 될 것이니 우리 경제가 지탱할 길이 없다. 셋째, 왜인은 이미 서양 오랑캐와 일체가 되어 있으니 이들을 통하여 사악한 서양 문화가 들어올 때 인륜이 무너져서 조선 백성은 금수禽獸가 될 것이다. 넷째, 저들이 우리 땅을 자유 왕래하고 살면서 우리의 재물과 부녀자를 마음대로 약탈할 때 막을 수가 없다. 다섯째, 저들은 재물과 여색만 탐하는 금수이므로 우리와 화친

「면암최익현적려유허비」. 최익현은 흑산도에 유배된 뒤 일심당이라는 서당을 세워 후학을 양성하였다. 유허비는 1924년 문하생들이 세웠고 뒤의 지장암에는 '箕封剛山 洪武日月'이라는 최익현의 글씨가 새겨져 있다. 전라남도 신안군 흑산면 예리 소재.

하여 어울릴 수가 없다.

최익현의 「병자지부소丙子持斧疏」는 그 내용과 형식의 과격성 때문에 그를 처벌하라는 정부 대신의 상소가 줄을 이었고, 결국 그는 흑산도에 위리안치되었다. 1879년(고종 16년) 3년 동안의 흑산도 유배에서 풀려날 때 최익현의 나이 47세였다. 그는 이 귀환길에서도 전라도 장성의 노사 기정진을 예방했다. 기정진은 바로 전 해에 문인의 숙소를 위해 장성 하리 월송에 담대헌澹對軒이라는 정사를 지었는데, 최익현이 예방했을 때는 이미 82세의 고령으로서 병이 위중한 상태였다.

흑산도 유배에서 풀려난 이후 최익현의 위정척사 운동은 소강 상태를 보인다. 1881년(고종 18년) 신사척사辛巳斥邪 운동이 일어나 위정척사 사상이 고조될 때 잠시 선봉에 섰고, 1884년 갑신정변 때 대궐 앞까지 달려갔다가 사태가 수습되자 돌아갔고, 1894년(고종 31년) 일본공사가 군사를 대동하고 대궐에 들어가는 일이 있자 동대문 밖에서 통곡하고 돌아가는 등의 활동을 했지만, 을미사변乙未事變(명성황후 시해 사건)이 일어난 1895년까지의 최익현에게서 병자년에 도끼를 들고 상소하던 기백은 나타나지 않는다. 이 시기에 최익현은 은둔하면서 화서학파 문인들 사이의 갈등을 조정하거나 『화서문집華西文集』을 아들과 함께 필사하면서 스승 이항로의 학풍을 계승하는 일에 전념했고 부친상을 당해 3년 거상을 했다. 1894년 갑오경장 초기에 흥선대원군이 잠시 재집권할 때 공조판서에 제수되었지만 나가지 않았다.

항일 의병 운동의 선봉에 서다

최익현은 을미사변이 일어나고 단발령斷髮令이 내려진 1895년에 다시 위정척사 운동의 선봉에 서게 된다. 국모를 시해하고 임금과 선비의 상투를 자르려는 일본의 만행이 그를 은둔에서 운동으로 이끌어 낸 것이다. 「청토역복의제소請討逆復衣制疏」로서 항일척사의 기치를 높이 들고 다시 대중 앞에 나타나 을미의병乙未義兵(1895년에 일어난 항일 의병. 구한말 의병 전쟁의 시초가 된다)을 선동하는 그를 김홍집金弘集 정부의 친일개화파가 가만 둘 리 없었다. 일본과 김홍집 개화 정부는 단발령 반대의 최선봉 최익현의 상투를 잘라 그들의 의지를 강화하려 하였다. 위정척사 유림의 대표자인 최익현의 상투를 자른다는 것은 항일척사의 상징을 제거하는 것이 되고, 상투를 자른 최익현이 항일척사를 외칠 수는 없게 되는 것이다. 그러나 친일개화파의 온갖 협박과 회유에도 최익현은 상투를 지키고 항일척사의 정신을 지킨다. 1896년 고종이 아관파천俄館播

의병 부대의 모습, 1907년. 의병 운동의 시작은 1895년 을미의병이다. 최익현은 국모 시해와 단발령이 일어나자 은둔을 그치고 나와 을미의병을 선동하였다.

遷(러시아 공사관으로 피신하여 친일 개화 정부를 몰아낸 일)을 하고 김홍집 정부의 해산을 선포함으로써 최익현의 상투와 항일척사 정신은 고스란히 살아남게 되었다.

1896년부터 1904년까지 9년 동안 고종은 최익현에게 호조판서·각부군선유대원·경기도관찰사·의정부찬정·궁내부특진관 등의 벼슬을 끊임없이 내렸으나 최익현은 끊임없이 사직소를 올리는, 임명과 사직 상소의 대행진이 전개되는데, 상소의 내용은 오로지 잘못된 정치를 시정하고 일본을 배격하라는 위정척사 사상이 중심이었다.

1905년 최익현의 「청토오적소請討五賊疏」는 '을사보호조약의 무효를 국내외에 선포하고 망국조약에 참여한 박제순朴齊純 등 다섯 매국노를 처단하라'고 주장한 상소이다. 이때 그의 나이 73세였는데, 곧바로 일

대마도. 최익현은 첫 항일 전투에서 패배, 체포되어 이 섬에 감금된 뒤 단식 끝에 순국했다.

본의 한국주차군사령부에 구금되어 심문을 받고 사흘 만에 경기도 포천의 고향집으로 압송되었다. 그러나 최익현은 곧 서울로 올라와서 상소를 준비하다가 일본 헌병대에 체포되고, 이번에는 1900년부터 이주해서 살던 충청도 성산(현재 충청남도 청양군 목면 송암동)으로 보내졌다.

최고령 의병장

1906년 윤4월 최익현은 「창의토적소倡義討賊疏」를 올리고 전라도 태인현(현재 전라북도 정읍시 태인면)에서 의병을 일으켰다. 상소를 통한 위정척사 운동이 집단적이고 무력적인 항일 의병 운동으로 전환이 되는 역사적 의미의 「창의토적소」였다.

「창의토적소」로서 고종에게 창의를 고하고 「포고팔도사민布告八道士

최익현을 제향한 모덕사. 충청남도 청양군 목면 송암리 소재.

民」을 전국 유림에 배포하여 전 국민의 궐기를 선동하는 동시에 일본이 저지른 16조목의 죄를 묻는 「기일본정부寄日本政府」를 발표한 뒤 1906년 전라도 태인현에서 항일 의병을 일으켰을 때 최익현은 이미 74세였고, 그 생애의 마지막 해였다. 최익현의 의병은 첫 항일 전투에서 열악한 무기와 미비한 전투력 탓에 패배를 했고, 전투 현장에서 체포된 그는 서울로 압송되어 한국주차군사령부에 구금되었다가 일본 대마도 이즈하라 위술영 경비대에 이감되었다. 그리고 '왜놈 땅에서 난 곡식은 먹지 않겠다'며 단식을 하다가 대마도로 이송된 지 넉 달 만인 11월 17일에 그곳 감옥에서 순국했다. 그러나 그의 항일 의병 운동은 일제하에 되살아나 독립 운동의 원천이 되었다.

최익현은 선비의 마지막 선택인 무력 항쟁으로 애국을 실천했고, 망국의 고통을 구국 항쟁으로 승화하였다. 타협과 굴절을 외면하고 행동하는 지성으로 투쟁함으로써 조선 선비의 전형을 보여 준 최익현의 치열한 생애는 현실론이 판을 치는 오늘날에 시사하는 바가 있다.

충청남도 청양의 모덕사慕德祠에 제향되고 포천·해주·고창·곡성·화순·무안·함평·광산·구례 등지에서 봉향되어 그의 높은 지조와 절의를 기리고 있으며, 그를 기리는 춘추대의비春秋大義碑가 충청남도 예산군 광시면 관음리에 있다. 1962년 대한민국 건국 공로훈장 중장이 수여되었다.

운양 김윤식(雲養 金允植) 1835년(헌종 1)~1922년

불가불가(不可不可),
번뇌한 망국대부

운양 김윤식雲養 金允植(1835~1922년)이 태어나 활동한 19세기는 우리 역사상 최대의 격변기이자 조선 왕조의 사양기였다. 이 시기의 지식인들은 유사 이래 최초로 직면한 서구 문명의 도전에 어떤 방식으로든 대응하지 않을 수 없는 선택의 기로에 섰다. 조선 사회의 사정만 이러한 것이 아니었다. 동양 사회 전체가 서세동점의 파고에 휩쓸리면서 나름대로 자구책에 골몰한 위기의 시대였다.

청나라는 시대 사상으로서 고증학을 발달시켰고, 중국 황실은 서양 선교사가 종교 전파의 도구로 가지고 온 서구 과학 기술 문명에 관심을 가졌다. 그러나 고증학은 인간 탐구의 원론이라기보다 방법론적 성격이 강했으므로 청나라가 서구에 대응하는 자세에는 응집력이 약했다. 일본은 17세기부터 학문과 문화가 일대 도약을 했는데 16세기 말 임진왜란 때 포로로 데려간 조선인 기술자와 조선의 선진 문물이 그 도약의 발판이었다. 그리고 19세기 전반에 이르면 일본의 국학이 진흥하고, 그 시기에 일본의 국운은 상승세였다.

청과 일본에 비해 조선 사회는 17세기 양란의 후유증 극복 과정을

김윤식 초상(『운양집』 중)

거치면서, 조선이 문화적으로 세계 제일이라는 조선중화 사상을 형성시키고 변방 의식을 완전히 탈피했다. 이런 문화 자존 의식은 18세기 진경 문화를 이룩하고 조선의 전성기를 구가하게 했지만, 성리학의 시대적 역할이 퇴색한 19세기에 이르러서는 조선 사회가 추구한 성리학적 이상 사회의 의미를 상실하였다. 그리고 농경 사회의 시대 사상인 성리학은 상공업 사회의 도래에 조응하는 북학 사상으로 그 시대 사상이 대체되었다.

시대 사상을 교체하자면 그에 대한 명분과 설득력 있는 논리가 있어야 한다. 이때 제기된 것이 추사 김정희의 한송불분론漢宋不分論(한학은 고증학의 원류인 한나라의 훈고학이고 송학은 조선성리학의 원류인 송나라의 성리학이므로, 한학인 고증학과 송학인 조선성리학은 하나로서 상호 보완해야 한다는 논리)이다. 무시해 마지않던 청으로부터 기술 문명을 도입하기 위해 조선의 성리학과 청의 고증학은 서로 뗄 수 없는 관계라는 논리를 설정한 것이다. 한송불분론은 19세기 조선 사회 변화 논리의 구심점이 되고 북학 사상의 질적 발전에 기여하였다.

청나라의 선진 문물을 도입하는 데 사용된 논리인 한송불분론은 19세기에 이르러 서구 문명 수입 논리인 동도서기론東道西器論으로 계승된다. 동도서기론은 도道(사람이 살아가는 도리)는 우리의 것을 계승하되 기器(과학 기술 문명)는 서양의 것을 도입해야 한다는 주장으로서, 조선뿐만 아니라 동양 삼국이 모두 그와 비슷한 논리 체계를 세웠다. 중국에서는 체體는 중국의 것을 지키되 용用은 서양의 것을 받아들여야 한다는 중체서용론中體西用論이었고, 일본에서는 혼魂은 일본의 것을 지키되 재才(재주)는 서양의 것을 이끌어 써야 한다는 화혼양재론和魂洋才論이었다. 전세계적인 지각 변동의 시기이자 서양의 패권주의가 동양을 침식

하는 19세기 후반 서구 문명의 이기利器를 수용하되 자기 정체성을 지키자는 동양 삼국의 생존 논리였다.

동도서기론의 대표적 지식인

조선의 동도서기론은 개화開化와 척사斥邪로 양극화한 지식인 사회를 아우르고 동서양의 장점을 절충하는 장치이기도 했다. 조선 사회에서 소수인 개화파는 일본을 통로로 한 전면 서구화를 구상했고, 전국적으로 분포되어 있는 유림으로서 일찌감치 제국주의의 본질을 간파한 위정척사파는 조선 문화의 정체성을 지키기 위해서라도 서구화에 결사 반대하였는데, 이처럼 분열된 지식인 사회와 국론

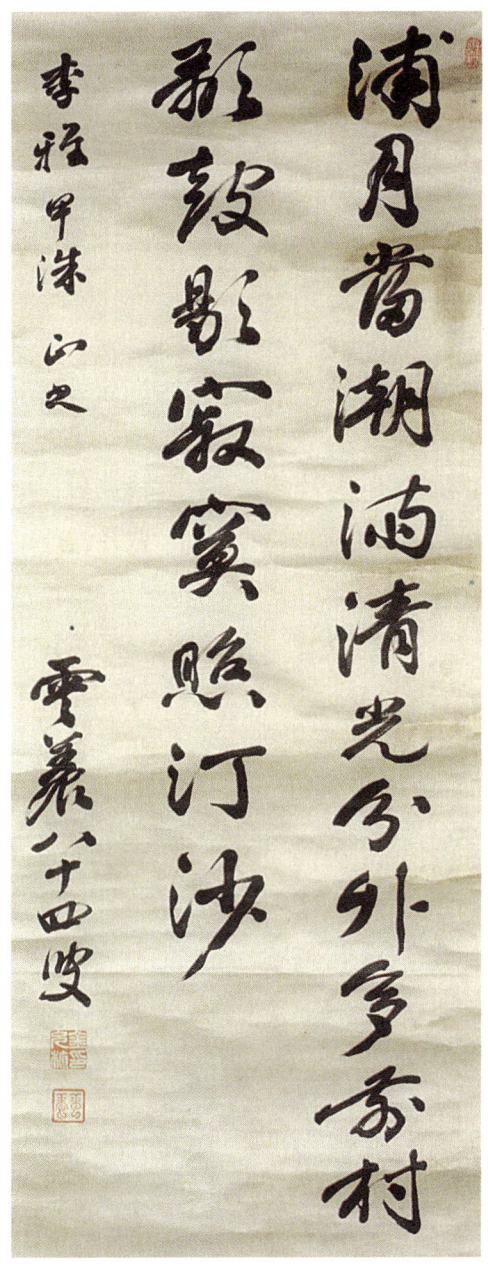

김윤식, 「오언절구」, 37×90cm.

을 통합하기 위한 논리가 동도서기론이었다. 그러나 동도서기론적 입장은 치열한 시대적 고민에도 불구하고 입지가 취약했다. 김윤식은 바로 이 동도서기론의 입장에 섰던 대표적 지식인이다.

김윤식의 삶은 그가 산 시대의 증인이라고도 할 수 있다. 그는 탁월한 문장력으로 철종·고종·순종 등 조선 말기의 세 왕을 섬기며 문장가·외교가로 활약했는데, 풍전등화 같은 국가 존망의 기로에서 그의 삶은 조국의 운명과 부침을 함께 한 고단한 일생이었다. 외세에 의한 국권의 침탈과 전통 문화의 해체, 근대화의 벅찬 소용돌이 속에서 사대부인 그의 개인적 삶에는 국망國亡의 책임까지 얹혀 있었다.

조선 왕조는 19세기에 이르러 탕평 정치의 후유증으로 외척 세도가 나타났다. 17세기 붕당 정치가 18세기 탕평 정치로 이행하면서 붕당의 기초인 사림 사회의 입지가 좁아지고, 탕평 이후에는 권력의 공백을 메울 정치 세력이 실종되었기 때문이다. 능력 있는 한 사람의 지도자가 있어 권력이 그에게 집중되면 일사불란하고 능률적인 통치가 가능하다. 그러나 최고 권력자의 정치적 장악력이 부족하거나 그를 대신할 만한 정치 지도자가 없을 때는 몇몇 외척 가문이 권력을 독과점하는 과두 독재 체제가 생겨나게 된다. 이른바 외척 세도 정치다. 여흥 민씨의 세도는 60여 년 안동 김씨 세도가 흥선대원군의 집권으로 무너지고, 10여 년 흥선대원군의 친족 세도가 1873년 고종이 친정으로 무너졌을 때부터 시작되었다. 김윤식은 바로 이 민씨 정권 아래서 빛을 본 인물이다.

김윤식은 17세기 명재상인 청풍 김씨 김육金堉(1620~80년)의 9대 손으로서 1835년(헌종 원년) 광주의 경강京江 두호豆湖에서 아버지 익태益泰와 어머니 전주 이씨 사이의 1남 3녀 중 외아들로 출생했다. 8세에 부모를 여의고 양근 귀여내歸川에 사는 숙부에게 의탁하여 성장했다. 숙부와 박지원朴趾源의 손녀인 숙모 반남 박씨의 사랑 아래 사촌 형제들과 어울려 교육받으며 집안의 모든 서적을 섭렵했다.

1850년 16세에 당대의 대학자 유신환兪莘煥(1801~59년)의 문하에 들어가 서응순徐應淳, 김낙현金洛鉉, 한장석韓章錫, 남정철南廷哲, 민태호閔台鎬, 민규호閔奎鎬 등 준재들과 동문 수학했다. 1864년 30세로 진사시에 합격했으나 대과에 나아가지 못하고

작자 미상, 「박규수 초상」, 37.7×25cm, 개인 소장.
박규수는 박지원의 손자로 제자 김윤식에게 북학적 소양을 길러 주었다.

귀여내에서 10여 년 동안 학문에만 전념했다. 1859년 유신환이 타계하자 박규수朴珪壽(1807~76년)의 문하에 들어가 북학을 전수받았다. 박규수는 북학 운동의 기수인 박지원의 손자로서 가학으로 북학을 했다. 유신환이 재야에서 제자 양성에 전념한 데 비해 박규수는 정계에서 현실 문제 해결에 투철했다.

김윤식은 1874년 40세에 대과에 합격하여 비로소 벼슬길에 올랐다. 전 해에 고종이 친정을 하게 되자 그 배후 세력인 여흥 민씨의 민태호, 민규호 등이 그를 등용하고 개화 정책의 일익을 담당하게 한 것이다. 이로써 김윤식의 성장기이자 수학기이며 안정기이기도 했던 생애의 전반부가 끝나고 파란만장한 후반부가 시작된다. 불혹의 나이에서 88

세 미수까지 그는 조국의 운명과 같은 궤적을 그리며 영욕이 교차되는 삶을 살게 된 것이다.

유신환의 문하에서 닦은 경학과 문장력, 박규수의 가르침에 힘입은 시무時務(당 시대에 꼭 필요한 일)의 북학적 소양, 그리고 양 선생의 문하에서 이루어진 인맥은 그가 달린 출세 가도의 견인차였다. 1876년에 황해도 암행어사로 파견되었고, 1881년에는 영선사領選使로 중국에 파견되어 초기 개화 정책에 중요한 역할을 했다. 1880년대 전반 초기 개화 운동기에 보인 김윤식의 활동은 눈부셨다. 강화유수, 공조판서, 예조판서, 병조판서 등을 역임하고 개화 정책을 수행하기 위해 신설된 통리기무아문의 여러 요직을 거치면서 구미 제국과의 외교 관계 수립과 신문화 수입에 공헌한 것이다.

급진개화파로 불리는 김옥균 등이 일본을 통한 개화를 모색하면서 과격성을 보인 반면에 김윤식은 어윤중魚允中, 김홍집金弘集 등과 함께 북학의 맥을 이어서 청나라를 통한 부국강병을 도모했다. 따라서 이들

『운양집』. 김윤식은 소신과 지조에 투철하지 못하여 시류에 따르면서도 조선 선비로서의 자존심을 지키려 한 나약한 망국기 지식인의 좌절을 보여 주는 표본이다.

을 온건개화파로 규정하기도 한다. 그러나 김윤식의 「개화설」을 보면 개화파로 단정할 수가 없다.

"나는 일찍이 개화지설開化之說을 매우 이상하게 여겼다. 무릇 개화란 변방의 미개족이 거친 풍속을 구주歐洲의 풍속처럼 점차 고쳐 나가는 것을 말한다. 우리 동토東土는 문명의 땅인데 어찌 다시 개화하겠는가?"

그는 우리 나라가 문화 국가임을 분명히 하였다. 따라서 김윤식을 온건개화론자로 분류하기는 어렵고, 그의 일생 동안의 행적으로 볼 때 동도서기론자로 보는 편이 타당하다. 개화론자로 분류하기는 어렵다고 하나 갑신정변의 실패는 그에게도 화가 되었다. 일본으로 망명한 박영효朴泳孝의 아버지 박원양朴元陽을 장사지냈다는 혐의와, 흥선대원군을 청에서 귀국시키려는 원세개袁世凱와 동조했다는 혐의가 그에게 씌워진 것이다. 실권한 그는 1886년 광주유수로 좌천되었다가 1887년부터 91년까지 충남 면천에 유배되었고, 1894년 김홍집 내각에 참여할 때까지 8년 동안 실의의 세월을 보냈다.

망국대부의 표상

다시 벼슬길에 나선 그의 행로는 더욱 거센 파도에 휩쓸리게 되었다. 청일전쟁의 승리로 동아 질서의 맹주를 꿈꾸게 된 일본은 그 교두보를 조선에 확보하고자 갑오경장을 강요했다. 모든 제도와 문물을 서구화한 일본과 동질화하려는 작업을 진행한 것이다. 다음 해인 1895년에는 명성황후明成皇后 시해 사건이 터지고 1896년에는 국체의 상징인 국왕(고종)이 러시아 공사관에 신변 보호를 요청하고 피난하는 아관파천이 이루어지자 외교 최고 책임자인 김윤식은 그 책임을 모면하기 어려웠다. 곧이어 출범한 김병시金炳始 내각은 그를 맹렬하게 탄핵하였다. 일본의 명성황후 시해 음모를 알고도 묵인했다는 혐의였다. 그는 1년 동안 송파의 방촌에서 대죄하다가 1897년 제주도 종신 유배에 처해졌다. 제주도에서 지도로 옮겨가며 11년 간 귀양살이할 동안 친일 단체 일진회가 김윤식의 사면 운동에 앞장섰지만 좌절되고, 1907년 이완용李完用 내각이 서자 70세 이상된 자는 석방한다는 명분으로 유배에서 풀려났는데 그때 나이 73세였다.

그는 다시 활동을 시작하여 기호학회 회장, 흥사단 단장 등 사회 단체의 장을 맡고 1910년 대제학의 자리에 올랐으나, 8월 22일 일제의 강제 합방 문제에 '불가불가不可不可'라는 대답을 함으로써 해석상의 문제를 야기했다. '불가不可(옳지 않다) 불가不可(옳지 않다)'라고 해석하는 이가 있는가 하면 '불가불 가不可不 可(어쩔 수 없이 찬성한다)'로 해석하는 이도 있었던 것이다. 망국 후에 그가 일본이 은상으로 준 자작의 서훈과 5만 원의 위로금을 받은 사실로 미루어 볼 때 '불가불(어쩔 수 없이) 가(찬성)'했던 것으로 볼 수밖에 없다.

그러나 조선 선비로서의 지조를 쉽게 버릴 수 없었는지 망국 후 그의 행적은 갈등의 연속이었다. 일본 학사원에 가입하는가 하면 1916년에는 경학원經學院의 대제학에 나아갔고, 1919년 고종이 승하하고 3·1만세 운동이 일어나자 이용직李容稙과 함께 「대일본국장서對日本國長書」를 작성하여 총독에게 보냈다. 이 사건으로 2개월 간 투옥되었다가 85세의 고령이라는 이유로 징역 2년에 집행유예 3년을 선고받고 풀려났다. 1922년 1월 22일, 경학원 대제학에서 면직되고 자작의 작위가 삭탈된 상태에서 봉익동 자택에 칩거하다가 88세로 별세했다.

김윤식의 장례에 대한 기사(동아일보, 1922년 1월 23일자)

　동아일보는 사설에서 그의 죽음을 애도하며 "선생의 정치적 생애를 논한다면 우리는 많은 실패와 허다한 흠이 있는 줄 안다."고 전제한 뒤에 기약氣弱한 성품과 청아한 품격을 가진 선비로서 청렴 결백했다고 논평했고, 그의 장례는 "사회장이 거론됐으나 격렬한 반대에 부딪쳐서 취소되고 최남선의 제문이 낭독되고 몇몇 지우만 참석한 가운데 질소質素하고 장엄하게 거행되었다."고 보도했다.

　김윤식은 인생 후반부(40~88세)의 반에 해당하는 20여 년을 유배 생활로 보냈다. 활동의 대부분이 외교 관계 업무였으므로 망국기의 조국이 외세에 의해 침탈당하는 과정을 일선에서 지켜본 책임을 져야 했기 때문이다. 문장력으로 외교관의 자질이 좌우되던 전통 시대에 태어나 한말의 격변기에 외교관으로 활동한 그의 비극이 잉태된 원초적 요인은 문장가라는 데 있었다. 김윤식의 생애는 망국기의 한 나약한 지식인이 시대의 부침과 영욕을 함께 하면서 어떻게 좌절하고 마모해 갔는가를 보여 주는 표본이다. 소신과 지조에 투철하지 못하고 시류에 민감하게 대응하다가 전락한, 그러면서도 한 가닥 조선 선비로서의 자존심을 지키려 한 망국대부의 표상을 그의 후반부 생애가 제시하는 것이다.

의암 유인석(毅庵 柳麟錫) 1842년(헌종 8)~1915년

의병 정신을
　　독립 정신으로 물려준 의병장

　서울에서 춘천을 향해 경춘가도를 달리다가 보면 춘천시 못미처 오른쪽으로 유명한 유원지 강촌이 있다. 강촌으로 들어가 중심가를 지나 계속 달리면 깊은 골 안으로 들어가게 되는데, 여기가 강원도 춘성군 남면 가정리다. 장락산, 수락산, 삼강산, 삼성산에 둘러싸인 동네 입구를 녹요강綠遙江(홍천강)이 가로막아 천연의 요새를 이룬 곳이다. 여기는 고흥 유씨 부학공파副學公派가 일찍부터 터를 잡고 세거하여 유풍儒風이 강한 곳으로서, 일제강점기 순사들도 함부로 들어오지 못할 만큼 반일 감정이 투철한 의병의 진원지였다. 산이 높고 계곡이 깊은 자연 환경은 그만큼 자기 정체성을 지키려는 고집으로 나타나는 것일까. 아녀자들까지 돌을 던지고 저항하는 그 기세에 눌려 일본 순사는 더 이상 들어오지 못했다고 한다.
　조선 왕조 최후의 의병대장인 의암 유인석毅庵 柳麟錫(1842~1915년)은 바로 이 가정리 출신이다. 1842년(헌종 8년) 이곳 우계愚溪에서 중곤重坤의 아들로 태어났으며, 자는 여성汝聖, 호는 의암이다. 14세에 그의 족숙族叔으로 이항로의 제자인 성재 유중교省齋 柳重敎(1832~93년)의 주선

유인석 초상

유인석의 글씨, 독립기념관 소장.

에 의해 화서 이항로華西 李恒老의 제자가 되었다. 이항로의 말제자가 된 그는 큰 스승 사후에 중암 김평묵重庵 金平默(1819~91년)과 유중교를 스승으로 삼아 화서학파 최후의 학자이자 실천가가 되었다.

화서는 양평 벽계에 거주했고 그의 제자들은 경기도 일원에 걸쳐 분포했는데, 춘천 역시 그 생활권으로 가정리의 고흥 유씨 부학공파에서 유중교, 항와 유중악恒窩 柳重岳(1843~1909년), 유인석 등 세 명의 화서학파 석학들이 배출된 것이다. 유인석은 한 살 연하인 족숙 유중악과 더불어 어려서는 유중교에게서 글을 배웠다. 이 화서학파를 비롯하여 의병 활동에 참여한 이들은 대부분 중앙 권력과 일정한 거리를 둔 지방 유생으로서 궁유窮儒, 한사寒士로 자처하는 지식인들이었다.

이들의 의식 구조는 국난에 대처하는 지식인의 대응이라는 점에서 2세기 전 임진왜란과 병자호란의 양란을 겪으면서 형성된 민족 자존 의식에 근거하였다. 이 의식은 조선이야말로 유일한 중화 국가라는 조선

중화 사상으로 형성되어 조선 후기 사회의 시대 정신이 되었다. 조선은 평화를 애호하고 자급 자족하는 문화 국가로서 무력으로 이웃 나라를 침략하고 약탈하는 야만족인 청의 침략을 받아 일시적으로 국체를 손상당했지만, 명나라의 정통을 계승하여 군사 대국인 청에 대응하는 동아시아의 문화 중심 국가로 역할을 수행하게 되었다는 의식이었다.

이러한 문화 자존 의식의 연장선에 서 있던 조선 말의 지식인들은 국민병을 조직한 양란 때의 의병장들을 모델로 삼았다. 조선은 선진 문화 국가로서 인간화의 이상을 실현한 중화 국가라는 자부심이 무력으로 밀고 들어오는 서구 열강과 거기에 편승한 일제의 침략에 대하여 격렬한 거부 반응을 일으켰던 것이다. 조선의 정체성과 조선 문화를 견지하려는 이들의 의지는 의병 활동으로 결집되었고, 전국적으로 일어난 의병 항쟁의 선두에 유인석이 있었다.

유인석이 화서 이항로의 문하에 14세의 어린 나이로 입문하게 된 것은 그의 인생 행로를 가름하는 나침반이 되었다. 그 학파가 지향한 저항 노선은 조국의 망국기에 처한 그의 인생을 풍찬노숙風餐露宿의 고달픈 투쟁으로 내몰았다고 해도 과언이 아니다. 미처 다른 이념이나 노선을 선택할 여지도 없이 어려서부터 학파의 정신을 골수까지 익힌 그는 사문적전斯文嫡傳으로 인정받은 만큼 큰 책임을 맡았던 것이다.

구국의 일념으로 다한 의병장의 일생

유인석의 반침략 투쟁은 1868년 최초의 서양 침략 사건인 병인양요로부터 시작된다. 25세 때 스승 이항로를 모시고 상경하여 스승의 서양 배척 운동을 보좌했고, 그로부터 10년 후인 1876년 일본과 병자수호조약을 체결할 때에는 이미 세상을 떠난 스승 이항로의 유지를 받들어 동문의 유생들과 함께 상경하여 반대 상소를 올렸다. 1895년 국모가 궁중에서 일본 자객의 손에 시해된 을미사변이 일어나고 단발령이 내려지자, 변란에 저한 선비들이 선택할 수 있는 행동 시침 세 가시를 요약處變三事 제시하고 각자 처지에 따라 선택하라고 일렀다.

거의소청擧義掃淸 : 의병을 일으켜 역당을 쓸어 낼 것
거지수구去之守舊 : 은둔하여 옛 것을 지킬 것
치명수지致命遂志 : 목숨을 끊어 뜻을 이룰 것

그는 때마침 어머니의 상을 당하여 우선 '거지수구'하는 방법을 선택했지만, 마침내 가장 적극적인 방법인 '거의소청'으로 선회했다. 영월에서 문인들의 추대로 의병장이 되어 강원도 영서 지역과 충북 지역의 유중교 계열 유생들을 이끌고 강렬한 의병 투쟁에 나서게 된 것이다.

이때는 이항로의 제자이자 그의 스승이었던 김평묵과 유중교도 1891년과 93년에 차례로 별세했기 때문에 화서학파의 운명을 유인석 홀로 질 수밖에 없었다. 일찍이 성재 문하에서 '의리'의 1인자로 지목된 그가 의리를 관철하기 위해 의병장의 일생을 살게 된 것이다.

54세 때인 1895년 12월 8도의 열읍列邑과 내외의 백관들에게 왜적의 만행을 성토하고 복수하자는 격문을 띄운 것으로 시작한 그의 의병 항쟁은 제천, 충주, 단양, 원주 등지를 거점으로 한때 3,000명의 의병을 아우르며 중부 지역을 석권했다. 그러나 일본의 지원을 받은 관군에게 패하여 최후의 거점인 제천을 상실하고 충주, 단양을 거쳐 정선으로 퇴각했다. 재기를 위해 서북 지역인 평안도, 황해도로 이동했지만 여의치 않았다. 다시 서간도로 기지를 옮겨 새로운 재기를 도모했지만 그를 기다린 것은 최악의 상황이었다. 일본의 사주를 받은 중국 관헌의 개입으로 무장해제당하고 의병을 해산하게 된 것이다. 망명 생활의 시작이었다.

통화현 오도구에서 러시아 연해주로 이어지는 망명 생활 중에 그는 두 번 귀국하였다. 1897년 3월 고종의 부름을 받고 일시 귀국했다가 재차 망명한 것, 1900년 의화단의

유인석, 『의암집』, 국립중앙도서관 소장.
(사진 한국정신문화연구원 제공)

난을 피하여 다시 귀국한 것이 그 두 번이다. 두 번째 귀국에서 유인석은 서북 지역을 돌며 존화양이론尊華攘夷論(중화를 존중하고 이적을 물리침)에 입각한 항일 자주 의식을 고취하여서 이진룡李鎭龍, 백삼규白三圭 등의 의병장을 길러 냈다.

항전 기지를 마련하기 위해 문인과 동지를 이끌고 러시아의 연해주로 향한 것은 1908년, 그의 나이 67세 때 일이다. 각기병과 중풍에 시달리면서 전통적으로 익숙한 중국도 아닌 러시아 땅으로 떠난 것이다. 러시아 연해주에서 유인석은 이상설李相卨, 이범윤李範允 등과 함께 분산된 항일 세력을 통합하여 1910년 의병의 집합체인 13도의군十三道義軍을 결성하고 그 총수인 도총재에 추대되었다. 그리고 「통고13도대소동포通告十三道大小同胞」라는 통고문을 반포하여 전국민이 일치 단결하여 항일 구국 운동에 동참할 것을 호소했다. 그러나 13도의군이 미처

행동을 개시하기도 전인 1910년 8월 조선은 일제에 강제 합방당하고 조선 백성은 망국 백성으로 전락했다. 일본은 러시아에 외교 교섭을 하여 연해주의 항일 운동 세력에게 일대 탄압을 가했고, 마침내 13도 의군은 와해되고 말았다.

한일합방 후 유인석은 고종에게 연해주로 파천하여 세계의 공의公義를 일으키고 국권 회복을 도모할 것을 상소했고 국내의 지사들에게는 만주로 망명하여 항일전을 계속하라고 촉구했다. 그리고 만주로 망명할 국내 지사들을 맞이하기 위해 연해주를 떠나 만주로 갔지만 그 뜻을 이루기에는 이미 고령인데다 지병인 각기병과 중풍의 증세가 심상찮았다. 그는 1915년 먼 타국에서 74세를 일기로 한 많은 생을 마감했다. 1895년 54세부터 20년 간, 그의 종반부 생애는 병고 속에서도 오로지 구국 일념과 항일 투쟁으로 일관한 것이었다. 국가 위기 상황에서 선비가 지켜야 할 도리를 다한 신념의 일생이었다.

일본의 침략 방법을 꿰뚫은 통찰력

유인석은 우암 송시열尤庵 宋時烈의 학통을 계승했다고 자부한 화서 이항로의 가르침을 평생 실천했다. 이 학파에서 가장 존숭한 경전이 『춘추』인데, 이 경전의 핵심인 존왕천패尊王賤覇(왕도를 존중하고 패도를 천하게 여김) 사상과 일통대의一統大義(하나의 정통을 고수하는 대의)의 이론은 그가 가진 사상 체계의 핵심이었다. 그의 생애는 자신이 계승하고 신봉한 성리학적 이념의 퇴락과, 그 이념을 국시로 한 조선의 멸망이 동시에 진행된 시대에 그 둘을 동시에 지키기 위해 혼신의 투쟁을 한 것이라고 평가할 수 있다.

그는 일본의 침략 방법을 꿰뚫고 있었으니, 일본이 나라를 빼앗는 방법은 서법西法으로 일관하고 있다는 인식이었다. 먼저 '서법'을 사모하는 마음을 심어서 '개화'를 하고, 다음에 '독립'을 하게 하고, 그 다음에 '보호'를 하고, 최후에 '합방'하리라고 그 과정을 분석했다. 처음에는 이익으로 유혹하고 나중에는 무력으로 위협하며 온갖 술수를 부린다는 것이었다. 그의 '서법망국론'은 결국 '개화망국론'으로 귀결되었다. 그의 분석이 한 치의 오차도 없이 그대로 들어맞은 것이다. 그는 "한 나라가 남의 나라를 빼앗을 때 먼저 인심을 빼앗는데, 인심을 빼앗으면 토지를 빼앗는 일이 어렵지 않다."고 했다.

이와 같은 분석을 할 만큼 그는 학자로서도 일가를 이루었다. 그의 문집인 『의암집毅庵集』 가운데 1913년에 지은 「우주문답宇宙問答」은 그의 서양 인식을 일목 요연하게 보여 준다. 여기에서 유인석은, 동양이 형이상의 도덕적 요소에 치중하는 데 비해 서양은 형이하의 물질적 요소에 치중하는 문명이라고 규정했다. 그는 동양의 도덕주의적 입장에서 서양의 근대 교육을 비판하면서도 부분적으로 서양 문명을 인정하고 수용할 것을 주장하기도 했다.

"우리가 장점으로 하고 있는 것을 더욱 돈독히 하고, 그들이 장점으로 삼고 있는 것을 취해야 한다. 취하는 것은 부득이 한 것이다. 그러나 그들에게서 본받을 만한 것은 기계의 발달에 지나지 않는다."

우리 나라가 지켜야 할 전통적 가치관인 동도東道는 지키되 서양의 이기利器는 수용해야 한다는 동도서기론과 거의 유사한 사고이다.

사농공상士農工商의 위계 질서를 지키던 조선의 멸망으로 정반대인 상공농사商工農士의 위계 질서가 생겨나고 물신의 시대가 도래하였다. 재물이 최고 가치가 된 유물주의 시대가 시작한 것이다. 전 시대 이념

유인석의 묘소. 강원도 춘천군 남면 가정리 소재.

의 마지막 신봉자인 선비들은 이제 천민의 위치로 전락하는 위기에 봉착하였다. 자본주의든 공산주의든 간에 물적 가치를 최고 기준으로 한다는 점에서 두 이념 모두 유물론으로 규정할 수 있다. 세계를 그 유물론의 시대로 통합하기 위한 방법으로 제국주의가 한 시대를 풍미하면서 조선은 바로 이웃 일본의 식민지로 전락한 것이다. 재력을 최고 가치로 하는 물신 시대의 도래를 감지한 조선 지식인들은 지식과 도덕을 최고 가치로 한 문치文治의 나라 조선 왕조와 함께 침몰하는 자신들의 처지에 대하여 체념하는 상황이었다. 그러나 유인석은 그 운명을 거스르면서 최후까지 투쟁을 한, 그야말로 이론과 행동을 일치시킨 학자이자 투사였다.

현재 가정리에 있는 유인석의 묘역은 비교적 잘 가꾸어져 있다. 고故 박정희 대통령의 한국적 민주주의에 힘입은 것으로서 역사의 아이러니다. 강변에서 조금 떨어져 있는 주산周山의 언덕에는 성재 유중교, 의

유인석을 모신 사당인 주일당. 유인석은 국가 위기 상황에서 선비가 지켜야 할 도리를 다한 신념의 일생을 살았다.

암 유인석, 항와 유중악 세 사람의 위패와 영정을 모신 주일당主一堂이 자리잡고 있다. 19세기 이후 한 세기 동안 해체되어 온 정체성을 추스리는 장소로서, 후세에게 민족 자존의 정신을 가르치는 학습처로서, 일신의 안위를 돌보지 않고 무너져 가는 국가와 정체성을 보존하고자 자신의 일신을 초개같이 던져 버린 선조의 삶을 돌아보는 장소로서 가정리의 주일당을 비롯한 역사 유적은 깊은 의미를 던져 준다.

운미 민영익(芸楣 閔泳翊) 1860년(철종 11)~1914년

세계사적 격변기
비운의 세도가

운미 민영익芸楣 閔泳翊(1860~1914년)은 조선이 쇠미해 가는 19세기 후반에 태어나 풍전등화 같은 조국의 현실을 정치 일선에서 감당한 비운의 세도가였다. 근대사의 전개 과정에서 개화 사상은 절대적인 위상을 확보하였고, 이에 반하는 사상은 보수 사상으로 비판의 대상이 되어 왔다. 개항 이후 조선 사대부를 개화파가 아니면 수구파로 규정하는 이분법에 의하여 민영익은 수구파로 분류되었는데, 과연 그가 개화파와 정면 충돌을 했는지는 의문스럽다. 개화 사상 우월주의에 대한 반성이 제기되는 현시점에서 볼 때 민영익은 재평가 대상 제1호이다.

주지하는 바와 같이 민영익은 조선 왕조 교목 세가인 여흥 민씨 출신으로 비명에 간 명성황후明成皇后의 친정 조카이다. 여흥 민씨 가문은 17세기 숙종 계비 인현왕후의 아버지 민유중閔維重과 그의 형인 민정중閔鼎重이 우암 송시열尤庵 宋時烈의 제자로서 사림의 촉망을 받으며 권력의 핵심에 진입한 이래 18세기에도 대대로 인재를 배출한 노론 핵심 가문이다. 19세기에 이르러 여흥 민문이 영락한 것은 안동 김씨 세도 정치에 비판적인 입장이었기 때문이다.

1882년 미국에 보빙사로 파견된 민영익(왼쪽), 서광범(가운데), 홍영식(오른쪽).

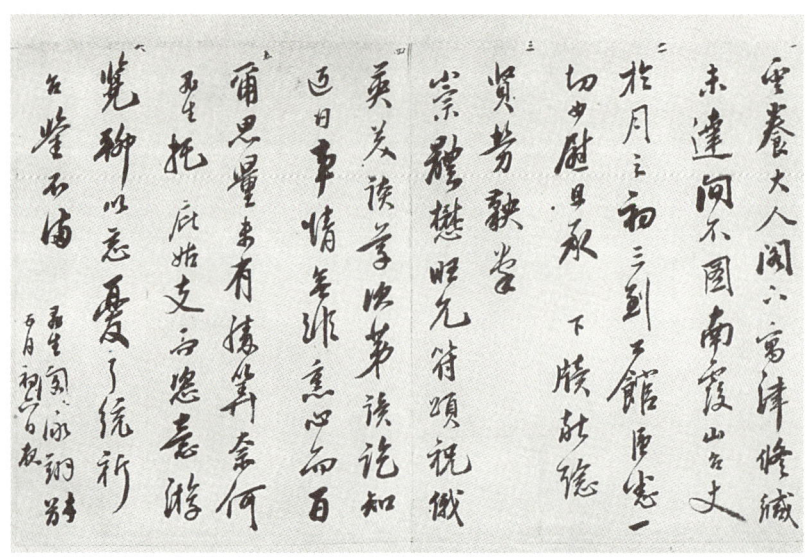

민영익, 「서간」, 초서, 19세기, 종이에 먹, 24.5×40cm, 성균관대학교박물관 소장. 민영익이 김윤식에게 보낸 편지이다.

명성황후 탄강구리비. 명성황후 민씨는 여흥 민씨 세도의 근거였다. 경기도 여주군 여주읍 능현리 소재.

19세기 전반 60여 년에 걸친 안동 김씨 세도 정치기에도 비판 세력은 존재했다. 추사 김정희秋史 金正喜를 비롯하여 그의 친구 권돈인權敦仁, 고종의 즉위에 결정적인 역할을 한 조대비의 친정 풍양 조씨의 조인영趙寅永 등이 그들이다. 풍양 조씨는 세자였던 익종이 대리 청정한 10여 년 간 안동 김씨의 대체 세력으로 세도 정치를 하기도 했다. 익종이 왕위에 오르기 전에 사망하자 안동 김씨에 의하여 철종이 왕위에 올랐고, 풍양 조씨는 그 왕위 계승의 정통성을 문제 삼았다. 그때 여흥 민씨도 기본적으로 풍양 조씨와 입장을 같이 했다.

1863년 철종이 승하한 뒤 조대비의 협조로 어린 고종이 즉위하고 아버지인 흥선대원군이 권력을 장악하자 민영익의 가문도 점차 가세를 만회하기 시작했다. 그의 아버지 민태호閔台鎬(1834~84년)와 숙부 민겸호閔謙鎬가 모두 흥선대원군과 함께 추사 김정희 문하에서 배웠으므로 북학이라는 기본적인 공감대를 갖고 있었다. 또한 흥선대원군의 부인이자 고종의 어머니가 민문 출신이었고, 고종의 비로 민치록閔致祿의 딸이 간택되었던 것이다.

고종의 비 명성황후는 부모형제 없는 친정의 후계자를 세우는 과정에서 민태호의 아들인 15세의 민영익을 선택했고, 이로써 민영익은 명성황후의 친정 조카로 출계를 했다. 이때가 1874년(고종 11년)으로 고종이 장성하여 친정해야 한다는 명분과 쇄국 정책이 시의성을 상실했다는 비판에 몰린 흥선대원군이 10년 세도를 끝낸 시점이었다. 흥선대원군이 실각한 뒤 고종과 명성황후를 핵으로 하는 민씨 정권은 개화 정책으로 선회했다. 1876년 일본과 병자수호조약을 맺고 개항한 이래 1880년대 초기 개화 운동은 이들이 중심이 되어 추진되었다. 민영익은 이러한 정책을 추진할 젊은 역군으로 명성황후에 의해 의도적으로 키워졌다.

갑신정변 이전에 한자리에 모인 개화파 인사들. 민영익(앞줄 가운데), 서광범(앞줄 오른쪽에서 두 번째), 유길준(뒷줄 왼쪽에서 두 번째)의 모습이 보인다.

청년 세도가의 개화 정책

민영익은 17세에 문과급제를 하고 빠르게 승진하여 1878년(고종 15년)에 19세의 나이로 조정의 인사권을 장악하는 이조참의가 되었다. 그는 고종과 명성황후의 사랑을 독차지하여 매일 세 번씩이나 입궐했다고 한다. 그래서 죽동 그의 집 사랑에는 그에게 추부하는 무리가 구름같이 모여들었다.

뒷날 개화파의 맹장으로 활약한 김옥균金玉均, 홍영식洪英植을 비롯하여 이중칠李重七, 조동희趙同熙, 김흥균金興均, 홍순형洪淳馨, 심상훈沈相薰, 어윤중魚允中 등 쟁쟁한 노론 가문의 후계자들이 그의 사랑방에 모여 서화를 연마하고 시사를 토론하며 국정을 논했다. 이들 여덟 명을 세상에서는 죽동팔학사竹洞八學士라 불렀고, 이들의 보좌로 민영익의 소

영월루에서 바라본 남한강. 언덕 아래 강가에는 여흥 민씨 발생 설화로 잘 알려진 마암이 있다.
경기도 여주군 여주읍 상리 소재.

년 세도는 날로 확장되었다. 1880년대 개화 정책은 민영익을 비롯한 이른바 죽동팔학사가 주축이 되고 추사 김정희 문하에서 북학을 학습한 중인 계층이 호응함으로써 추진되었다. 중인 계층은 변화하는 사회에서 적응할 수 있는 전문직을 가졌을 뿐만 아니라 시대의 변화에 민감하여 개화 정책의 행동대 역할을 했다. 1884년 갑신정변 때의 행동대원들은 거의 이들이었다.

민영익은 1880년(고종 17년) 김홍집金弘集이 일본에 수신사로 갔다 와서 보고한 일본의 서구화에 지대한 관심을 보였다. 이때 김홍집이 가지고 온 일본 주재 청나라 공사 황준헌黃遵憲의 『조선책략朝鮮策略』은 조야에 관심과 물의를 일으켰다. 이는 외교 전략에 관한 책자로서 지방 유생들의 격렬한 반대 상소를 촉발시켰다. 같은 해 12월 기존의 삼군부를 혁파하고 개화 정책 추진 기관인 통리기무아문을 설치한 것은

『조선책략』의 영향 때문이었다. 다음 해(1881년) 2월 민영익은 통리기무아문의 실권을 장악하고 개화 정책을 적극 추진하면서 4월에 신식 군대인 별기군을 창설하여 교련당상의 직책을 맡았다. 이보다 앞서 1월에는 조준영趙準永, 박정양朴定陽, 어윤중 등 12명의 조사에게 각기 통역관과 수행원을 붙여서 일본에 파견을 했다. 개화 정책 추진의 기초 자료를 수집하기 위해 조선 정부가 비용을 부담하면서 보낸 자주적인 사절단이었다. 이들 신사유람단은 일본의 각 기관을 나누어 시찰하고 돌아와 상세한 보고서를 올렸다.

청나라에 영선사를 파견한 일도 초기 개화 정책의 중요한 성과로 꼽을 만하다. 젊은 학도와 공장工匠들을 천진에 보내 서구의 이기들을 학습하게 한 것이다. 영선사로는 김윤식金允植을 임명했다. 신사유람단이 일본을 통한 서구 문물 수용의 시도라면, 영선사의 파견은 청나라를 통하여 선진 문물을 수용하던 기존의 통로를 계승한 것이다. 신사유람단이 개화 사상의 소산이라면 영선사는 북학 사상의 연장인 것으로 이해된다. 이 해에 청나라의 주선으로 미국, 영국과 통상 조약을 체결하게 된 것도 영선사가 활약한 성과였다.

민씨 세도가 개화 정책에 편승하여 10여 년 간 지속되자 권좌에서 밀려난 흥선대원군은 1882년의 임오군란으로 복권하였다. 신식 군대인 별기군과 옛 군영 군인의 차별이 군란의 원인이었고, 민씨 정권이 통리기무아문·별기군 등 개화 정책 기관을 세도의 기반으로 이용함으로써 일반 지식층의 비판과 도전을 받게 된 결과였다. 군란 중에 명성황후는 충주로 피신했고, 민영익은 승려로 변장하여 양근으로 피난했다가 돌아왔다.

군란이 끝난 뒤 민영익은 청나라에 다녀왔고, 1883년에는 조선보빙사 전권대신으로서 부사 홍영식, 종사관 서광범徐光範과 함께 미국으로 떠났다. 미국 각지를 시찰한 뒤 미국 대통령의 특별 배려로 미군 함정을 타고 유럽의 여러 나라를 순방했다. 1884년(고종 21년) 4월 귀국하자마자 그는 이조참판으로 승진하고 금위대장과 신군좌군영관을 겸임하여 인사권과 군사권을 장악했다. 그리고 기기국총판까지 맡음으로써 명실 상부한 세도 재상이 되어 개화 정책을 주도했다.

미국의 발전상에서 느낀 바가 많았던 민영익은 서울에서 만국박람회를 개최할 계획을 세웠다. 그러나 동지들의 배신으로 일어난 갑신정변은 그의 개화 의지를 좌절시키고 말았다. 10월 17일 저녁 홍영식이 총판으로 취임한 우정국의 개설 연회에서 그는 심한 자상을 입고 생사의 기로를 헤매게 되었는데, 동석했던 독일인 외교 고문 묄렌도르프의 도움과 미국인 의사 알렌의 치료로 겨우 생명을 건졌다. 죽동팔학사로

우정국. 우정국을 무대로 이루어진 갑신정변은 안동 김씨 출신 김옥균 등과 당대의 세도 가문 출신 민영익이 확연히 다른 길을 걷게 될 것을 확인시켜 준 사건이다. 서울특별시 종로구 견지동 소재.

민영익, 「석죽」, 종이에 수묵, 82.0×150.5cm, 간송미술관 소장. 1895년 명성황후 시해 사건 후 모든 희망을 포기한 뒤 한묵을 즐기며 난초와 대나무로 상하이의 예원을 압도하였다.

서 개화 의지를 함께 했던 김옥균이 자신의 제거를 주도하고, 미국에도 함께 다녀온 홍영식과 서광범 등이 자신의 제거 음모에 가담할 줄을 민영익은 예상하지 못했다.

김옥균은 안동 김문 출신으로서 연하의 세도 재상인 민영익에게 일말의 경쟁 의식을 가졌던 것 같다. 그들은 1870년 후반부터 민영익의 죽동 사랑에 모여 개화 의지를 함께 한 사이였다. 그러나 김옥균에게는 안동 김씨 60년 세도에 대한 향수와, 안동 김씨 세도 복구의 의무가 자신에게 있다는 부담이 있었다. 안동 김씨 가문에는 문중에서 가장 똑똑한 젊은이로 후계자를 삼는 관행이 있었고, 그 관행에 따라 김옥균은 강릉부사 김병기金炳基의 양자가 되어 충청도 공주에서 상경했다. 안동 김씨 세도 복구의 임무를 떠 안은 것이다. 김옥균의 기대는 개화 정책을 안동 김문 재기의 발판으로 삼을 생각이었다. 그러나 그의 기대는 어긋났다. 개화 정책이 민씨의 세도 구축에 이용되었던 것이다. 그래서 김옥균의 마음은 조급해지기 시작했고, 그것을 일본공사 다케조에 신이치로竹添進一郎가 눈치채게 되었다.

일본공사 다케조에 신이치로는 민영익이 미국과 유럽을 돌아보는 사이에 김옥균을 부추기며 개화파의 분열을 획책했다. 일본에게 조선의 자주적 개화와 그에 따른 부국강병이란 바람직하지 않을뿐더러 위험하기까지 한 것이었다. 일본공사의 공작은 김옥균의 권력 의지를 일깨웠고, 결국 갑신정변으로 낙착되었다.

순탄치 않은 인생 역정

갑신정변은 삼일천하로 끝났고, 김옥균·박영효·서광범 등은 일본으

민영익, 「노근묵란도」, 조선시대 말, 종이에 수묵, 128.5×58.4cm, 호암미술관 소장. 나라를 잃으면 난을 그리면서도 흙은 그리지 않는다는 남송의 유민 정사초(鄭思肖)의 고사에 따라 뿌리를 드러내어 자신의 심경을 토로하였다.

로 망명하고 고종의 곁을 차마 떠날 수 없었던 홍영식은 죽음을 당했다. 민영익은 천신만고 끝에 간신히 목숨을 건졌으나 믿었던 동지들의 배신에 치를 떨었다. 그의 아버지 민태호가 그들에게 죽임을 당했기 때문에 그의 상실감은 극도에 달했다. 민영익은 25세의 패기만만한 청년으로서 이 세상에 두려운 것이 없다가 비로소 인생의 고뇌에 눈뜬 것이다.

이후 민영익의 행보는 순조롭지 못했다. 갑신정변의 실패로 개화는 반역시되고 동지들은 흩어졌다. 임오군란 후에 주둔하기 시작한 외국 군대인 청군과 일본군의 간섭도 거추장스러웠다. 이후 그가 추진한 친러정책이 청나라 주둔군 사령관 원세개袁世凱에게 발각되어 민영익은 조선을 떠났다. 중국의 상해, 홍콩, 소주 등지에서 인삼 무역으로 정치 자금을 확보하고 대외 정보를 수집하며 객지 생활을 했다. 일시 귀국하여 관직도 역임했으나 이미 국운이 다하고 외세에 따라 부침하는 정치 상황에서 그는 더 이상 뜻을 펼 수 없었다. 다시 상해로 가서 칩거하는 동안 1894년 갑오경장의 소식에 접하자 반대의 뜻을 전보로 고종에게 상주했다. 상해에서 왕권 회복과 세도 탈환을 꿈꾸며 돌아갈 날을 기다리던 민영익은 1895년 명성황후의 죽음으로 모든 희망을 포기하게 되었다.

그는 상해에서 천심죽재千尋竹齋라 이름한 집을 마련하고 서화에 매진했다. 그가 상해에 칩거한 것은 국제 무역 도시로 변화하는 그곳에 서화를 생업으로 하는 예술인들이 모여들고, 그의 재정적 기초인 홍삼 판매도 용이했기 때문이다. 그는 이곳에서 시·서·화를 벗삼고 중국의 지식인들과 교류하면서 망해 가는 조국과 무너진 가문의 영광에 대한 울분을 삭였다.

안중근 의사의 유언 장면. 상하이로 건너 간 뒤 민영익의 활동 중 가장 두드러진 것은 안중근 의사에 대한 구명 활동이었다.

　1905년 러·일전쟁에 승리한 일본이 을사보호조약을 강제로 체결하여 국권을 탈취하자 민영익의 신분은 그야말로 멸망한 나라의 망명인으로 전락하고 말았다. 1909년 안중근安重根 의사가 을사조약의 원흉 이토 히로부미伊藤博文을 여순에서 저격 살해하고 체포되자 홍삼 무역으로 예치한 자금 4만 원을 들여 프랑스와 러시아 변호사를 동원하여 석방 운동을 벌였지만 그 노력도 수포로 돌아가고, 1910년 8월 22일 한일합방으로 이름만 남아 있던 조선은 일본에 강제로 병합되고 말았다. 이로부터 민영익은 망국의 통분을 술로 달래며 4여 년을 괴로워하다가 1914년 이역만리에서 한 많은 일생을 마감하니 55세의 한창 나이였다. 그의 유해는 중국 여인에게서 얻은 아들 정식庭植과 본국에서 달려온 동생 민영기, 민영선 등에 의해 상해에서 고국으로 운구되어 경기도 여주군 가남면 안금리 선영에 안치되었다.
　민영익은 1860년(철종 11년) 서울 매동에서 출생했으며, 아버지는 민태호이고 어머니는 파평 윤씨(1833~65년)이다. 본관은 여흥, 자는 우홍

遇鴻, 호는 운미芸楣·죽미竹楣·원정園丁·천심죽재千尋竹齋이다. 조선의 개국 공신 민제閔霽(태종비인 원경왕후의 아버지)가 원조이다. 추사秋史에 연원하여 가학으로 전수된 글씨와 그림에 능하여 행서와 묵란墨蘭에 일가를 이루었다.

아마도 때를 잘 만났다면 민영익은 타고난 능력과 가문 배경으로 안락한 인생을 살았을 것이다. 그러나 세계사적 격변기였던 그의 시대 배경은 이러한 조건들을 무색하게 만들었고 그의 삶을 힘겹게 했다. 동양의 정신 문명이 서양의 기술 문명에 압도당하고 세계 질서가 서구 중심으로 재편되는 시점에서 유교 정신을 신봉한 동양의 지성인 민영익은 서세西勢와 이를 등에 업은 일본 세력의 격랑에 침몰하고 만 것이다.

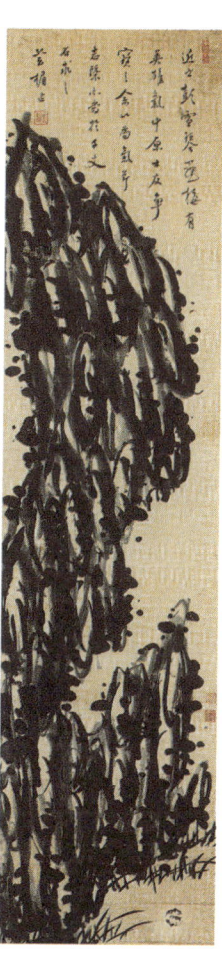

민영익, 「괴석도」, 종이에 수묵, 129×31.7cm, 고려대학교박물관 소장. 영웅의 기절이나 지기를 찾으려면 천 길 바위가 으뜸이요, 말을 못하는 돌이야말로 천하의 괴로운 사람을 위로해 줄 것이라는 제발이 있다.

선비의 실상

정선, 「독서여가」, 1740~41년, 비단에 채색, 24.1×16.9cm, 간송미술관 소장.

선비의 하루

오전

2~4시 계명鷄鳴 : 기상(여름철). 앎과 느낌을 개발하는 공부.
4~6시 매상昧爽 : 기상(겨울철). 새벽 문안. 뜻을 세우고 몸을 공경히 하는 공부.
6~8시 일출日出 : 자제들에게 글을 가르침. 독서와 사색.
8~10시 식시食時 : 식사. 마음을 가다듬고 고요히 살핌.
10~12시 우중禺中 : 손님 접대. 독서.

오후

12~2시 일중日中 : 일꾼들을 살핌. 친지에게 편지. 경전과 역사의 독서.
2~4시 일질日昳 : 독서 또는 사색. 여가를 즐기거나 실용 기술을 익힘.
4~6시 일포日晡 : 식사. 여유있는 마음으로 독서.
　　　　　　　성현의 기상을 본받는 묵상.

밤

6~8시 일입日入 : 가족과 일꾼의 일을 점검함. 자제들 교육.
8~10시 황혼黃昏 : 일기·장부 정리. 자제 교육. 우주와 인생,
　　　　　　　자기 행동에 대한 묵상.
10~12시 인정人定 : 수면. 심신을 안정시키고 원기를 배양함.
12~2시 야반夜半 : 깊은 잠. 밤기운으로 심신을 북돋움.

〈전거 : 윤최식尹最植, 『일용지결日用指訣』, 1880년.〉

선비의 독서

이이의 독서론

학자는 선비의 행동으로 몸을 바로한 후 독서와 강학講學으로 의리를 밝히고 학문하는 과정에 나아가 추구할 바를 잃지 않아야 한다. 스승에게서 공부할 때 배우는 것은 반드시 널리 하고, 질문은 반드시 깊이 살피며, 생각은 반드시 신중히 하고, 판단은 반드시 밝게 하여 마음으로 체득하여야 한다. … 독서의 순서는 먼저 『소학』으로써 근본을 배양하고, 다음에 『대학』 및 『근사록』으로써 그 규모를 정하며, 다음에 『논어』, 『맹자』, 『중

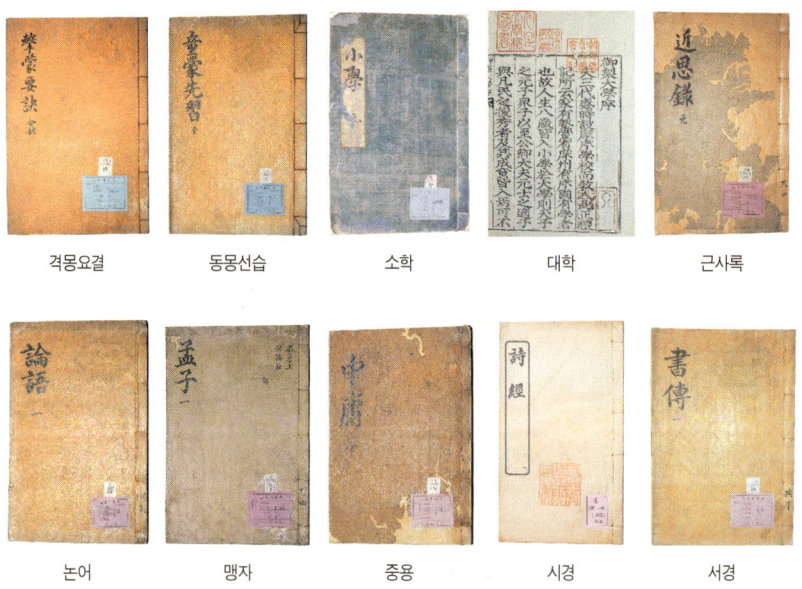

격몽요결   동몽선습   소학   대학   근사록

논어   맹자   중용   시경   서경

용』, 오경을 읽고 그 사이에 『사기史記』 및 선현의 성리서性理書로 의취意趣를 넓히고 식견을 정밀하게 하되, 성인의 책이 아닌 것은 읽지 말며 무익한 문장은 보지 말라. 독서하는 여가에는 때때로 유예遊藝, 즉 가야금타기·활쏘기·투호投壺 같은 것을 즐기되, 각기 법도가 있으니 때가 아니면 하지 말라. 장기나 바둑 같은 잡기에 정신이 팔려 실공實功을 방해해서는 안 된다.
〈전거 : 이이, 『학교모범學校模範』 제3조 「독서」의 일부분〉

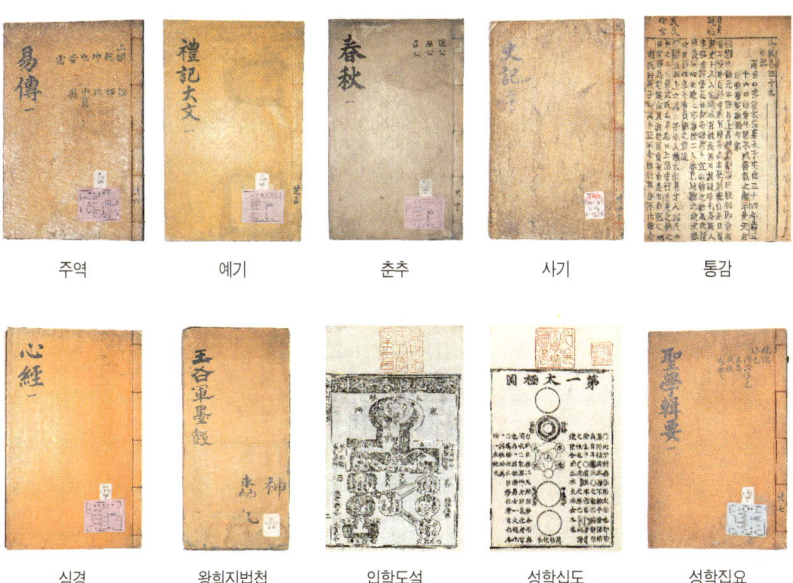

주역　　예기　　춘추　　사기　　통감

심경　왕희지법첩　입학도설　성학십도　성학집요

선비의 사랑방

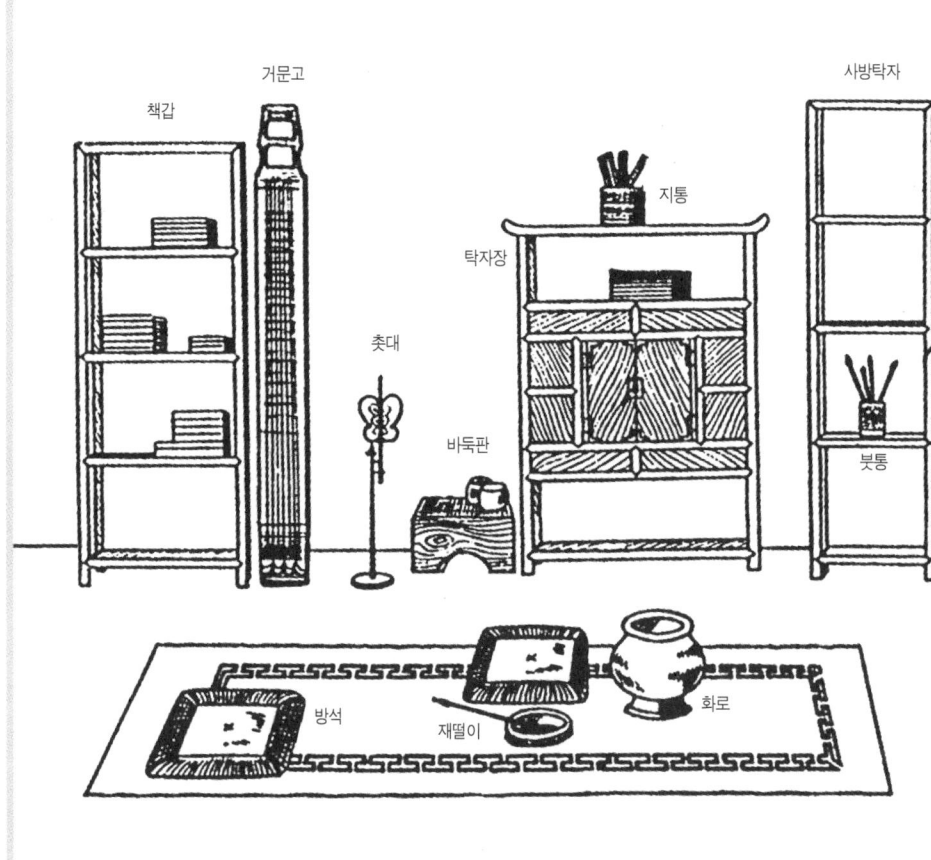

선비가 사용하던 물품들

오층사방탁자, 19세기, 높이 117.8cm, 65.5×31.5cm, 국립중앙박물관 소장.

삼층서탁, 19세기, 높이 108.5cm, 58.1×32.2cm, 개인 소장.

문갑, 19세기, 높이 39.0cm, 94.3×30.0cm, 국립중앙박물관 소장.

목침, 19세기, 12.8×6.1cm,
국립중앙박물관 소장.

팔걸이, 19세기, 높이 29.5cm,
길이 48.5cm, 호암미술관 소장.

경대, 19세기, 높이 17.5cm,
36.5×26.5cm, 개인 소장.

연상, 19세기, 높이 22.3cm, 30.0×18.3cm, 개인 소장.

서안, 19세기, 높이 19.2cm, 53.2×10.8cm, 서울대학교박물관 소장.

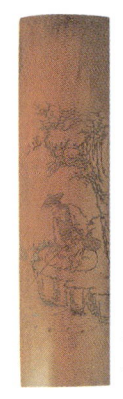

죽제 손목받침, 19세기, 6.9×27.3cm, 서울대학교박물관 소장.

어사명책갑, 19세기, 높이 8.9cm, 22.2×15.5cm, 개인 소장.

죽제고비, 19세기, 높이 82.6cm, 폭 21.1cm, 개인 소장.

문진, 19세기, 15.0×2.0cm, 두께 1.4cm, 삼성출판박물관 소장.

목제지통, 19세기, 높이 19.8cm, 지름 20.2cm, 개인 소장.

붓걸이, 19세기, 67.0×17.8cm, 국립중앙박물관 소장.

먹통, 19세기, 높이 3.9cm,
지름 3.4~2.4cm, 개인 소장.

먹, 19세기, 7.3×9.2cm, 개인 소장.

붓통, 19세기, 지름 3.8~5.0cm,
길이 32.2cm, 삼성출판박물관 소장.

붓, 19세기, 길이 36.5cm,
개인 소장.

화룡문벼루, 18~19세기, 19.8×13.3cm,
높이 3.2cm, 개인 소장.

선비가 사용하던 물품들 405

 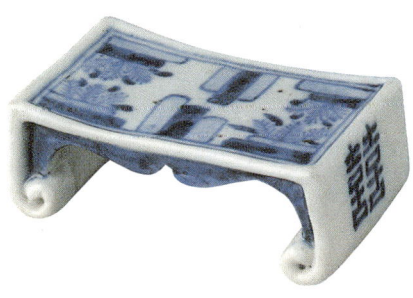

백자투각연화문필통, 19세기, 높이 12.1cm, 입지름 9.4cm, 밑지름 9.3cm, 개인 소장.

청화백자파초문먹상, 19세기, 높이 2.7cm, 7.6×4.4cm, 호암미술관 소장.

청화백자초화문보주형연적, 17세기, 높이 4cm, 몸지름 5.5cm, 밑지름 3.5cm, 호암미술관 소장.

청화백자모란문묵호, 19세기, 높이 3.7cm, 입지름 3.8cm, 밑지름 7.2cm, 개인 소장.

청화백자부채형필가, 19세기, 높이 4.2cm, 길이 7.1cm, 개인 소장.

청화백자산수문산형필격, 19세기, 높이 7.5cm, 길이 13.7cm, 개인 소장.

담뱃대받침, 19세기, 높이 4.3cm, 6.4×6.4cm, 서울대학교박물관 소장.

담배합, 19세기, 높이 5.3cm, 11.2×6.1cm, 서울대학교박물관 소장.

담뱃대, 19세기, 길이 73.6cm, 국립중앙박물관 소장.

백자촛대, 19세기, 높이 11.6cm, 받침지름 4.2cm, 국립중앙박물관 소장.

재판, 19세기, 높이 8.2cm, 63.9×30.7cm, 국립중앙박물관 소장.

곱돌화접문사각화로, 18세기, 높이 13.7cm, 23.2×21.0cm, 국립중앙박물관 소장.

선비가 사용하던 물품들

도장, 19세기, 지름 7.7cm, 높이 4.4cm, 지름 5.7cm, 높이 3.4cm, 지름 4.5cm, 높이 2.6cm, 지름 4.1cm, 높이 2.3cm, 지름 3.7cm, 높이 2.5cm, 삼성출판박물관 소장.

인궤, 18~19세기, 높이 4.1cm, 4.0×3.0cm, 고려대학교박물관 소장.

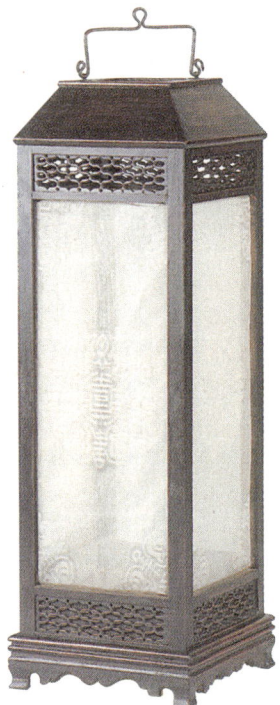

좌등, 19세기, 높이 77.4cm, 22.8×26.8cm, 국립중앙박물관 소장.

안경, 19세기, 안경폭 12.3cm, 다리길이 15.0cm, 고려대학교박물관 소장.

안경집, 19세기, 길이 15.0cm, 폭 6.5cm, 고려대학교박물관 소장.

찾아보기 _ 일반 용어 외

가사문학 256
가학 85
갑술환국 66, 233, 234
갑신정변 355, 367, 385, 387, 389, 391
갑오경장 60, 367, 391
갑인예송 65, 186, 188, 217~219, 222, 223, 273
갑자사림 107
갑자사화 52, 100, 107
강경 84
강남 77
강남 문화 43, 79, 257
강론 41
강목체 189
강진 302
강화도 156, 168, 176, 180, 340, 353
강화도조약 292
개신유학 84, 85
개유와 77
개혁 95
개화 363, 377, 389
개화 사상 59, 87, 89, 311, 346, 380
개화 운동 89, 366, 383
개화 정권 87
개화 정책 366, 383~387, 389
개화론자 367
개화망국론 377
개화사 245, 247
개화산 245
개화파 292, 336, 337, 348, 367, 380, 384, 389

거경궁리 45
건륭 문화 77, 79
격물 46
격물치지 23, 46
경 122, 123, 225
경경위사 15, 21
경명행수 185
경복궁 중건 340, 350, 352
경세론 304
경세지학 84
경세치용학파 192
경신환국 66, 190, 193, 220, 222, 273
경연 78, 260
경인환국 223
경장 62, 138, 161
경제지학 275
경학 84~86, 275, 294, 366
경학 사상 296
경학 연구 304
경학원 368
경화세족 278
계부당 126
계지술사 74
계축옥사 152
고거지학 84
고달산사 343
고문 251, 289
고문체 188
고유 문화 308
고유색 257
고증학 83, 84, 282, 285, 311, 319, 334,

360, 362
고학풍 188, 190, 192
공거제 276
공론 202
공리주의 57, 277, 279
공리주의적 현대사학 211
공산주의 56
공서 175
공의 29
과거 25
과거 제도 276
과두문자 191
과천 318
과학적 세계관 305
관학풍 48
광교 327
광석 231
광화문 353
교목세가 81, 310
구도장원공 138
구미 열강 89
구본신참 15
구사 22
구용 22
국학 41, 86, 285, 360
국학 연구 281
군사 260, 270
군신의 의리 196, 204
군자 39
궁리 45, 46
궤장 191

찾아보기 409

귀암서원 145
규장각 74, 77, 78, 81, 83, 284, 288, 298, 303, 322
규장각 사검서 311
균전론 296
극기복례 33
근기남인 80, 85, 184, 190, 192, 228, 279, 280, 297
근기남인 실학파 274
근기남인학파 274, 281, 305
근대 기술 문명 306
근대사학 211
금강산 236, 258, 259, 262, 263, 265, 267, 329
금석문 83, 314, 319
급진개혁파 46, 49
급진개화파 366
기 43, 54, 111, 112, 338
기년 218, 220
기년복 219, 220
기년설 186, 219, 220
기로소 180, 238
기묘명현 53, 134
기묘사림 52, 107
기묘사화 53, 92, 98, 100, 122, 138
기발이승일도설 338
기사환국 66, 224, 231, 233, 234
기예론 333
기자동래설 40
기전체 189
기질지성 44
기축봉사 215
기해예송 65, 186, 217~220
기호사림 140
기호학파 55, 132, 141, 161, 203, 223, 225, 338, 339

기호학회 368
김병시 내각 368
김홍집 내각 367
낙랑 40
낙론 79, 230, 242, 249, 284
낙하 230
남명학파 116, 130
남산 244, 245
남인 62, 66, 85, 116, 130, 186, 186, 188, 190, 192, 219, 220, 222~224, 228, 231, 234, 272, 273, 275, 278, 300, 303
남인 시파 300
남인 실학파 228, 284
남천 65
남한산성 176, 196, 206, 210
노론 66, 78, 79, 203, 222~224, 226, 228, 233, 236~238, 240, 253, 274, 276, 284, 304
노론 벽파 288, 289, 300
노론 북학파 294
노론 사대신 236, 237, 265
노론계 학자 304
노론청류 300
노론학계 79
노론학파 249
노비종모법 222
노산 343
노산사 343, 344
노산팔경 343
노원촌 167
노장 185
뇌룡사 126
다산정 302
단발령 355, 356, 374
담대헌 355

당서 77
당시 231
당쟁 66, 67, 276, 277
당파 67
대경장 144
대공 220
대공설 186, 220
대과 25
대동사회 33, 77, 142
대마도 128, 340
대명의리론 65, 217, 272
대보단 67, 226
대부 21, 55, 144
대북 172
대빈 234
대청명분론 240
대청복수론 65, 272
덕수궁 61
덕치 12, 40
도 49
도가 184, 185
도가적 세계관 190
도가적 우주관 185
도가적 인생관 185
도기론 23
도기서원 157
도당 유학생 41
도문일치론 37, 48, 49, 307, 333
도봉서원 103
도산서원 115
도산촌사 238
도심 112
도쿠가와 막부 114
도통론 55, 338, 343
도학 96
도학파 96, 97

410

독립 377
독서기 74
돈암서원 157
동국진경 265
동국진체 71
동기창체 181
동도서기론 15, 285, 311, 362~364, 367, 377
동인 55, 132, 141, 144, 184, 223
두미암 247
러·일전쟁 392
러시아 376
마재 297, 302, 303
만국박람회 387
만동묘 226, 340, 341, 352
만주 62, 196, 376
망국대부 369
맹씨행단 32
메이지유신 89
명 58, 62, 63, 146, 162, 163, 167, 172, 194, 196, 207, 212, 217, 254, 272, 290, 336, 343, 373
명경 41
명분론 86, 280
명분주의 57
명성황후 시해 사건 367
명성황후 시해 음모 368
모덕사 359
목석헌 176
묘정 115
무신 집권기 41
무신정권 41
무오사림 107
무오사화 52, 95, 100, 107
무위자연 190
무이구곡 141

무진봉사 120
무징불신 83
문 49
문·사·철 37, 48
문묘 69, 103, 115, 145, 226
문사 48
문승 48
문예 부흥기 327
문인 48
문자향 37, 317, 333
문장 37, 48, 49
문체반정 251, 288, 289, 307
문치주의 78, 106, 327
문폐 251
문풍 96, 307
문풍복고 251
문학 85
문한 48
문헌서원 231
문형 48, 140, 237
문호 개방 87
문화 자존 의식 240, 362
문화적 캐릭터 59
물성 79
미강서원 193
미국 386, 387
미발 44
미천서원 193
민권 사상 296
박기후인 29
반정 61, 107, 154
반정 공신 97, 98, 175
발해 296
방외별국 189
백과 사전류 279
백악산 242, 243

백악시단 243
백자 37
백제 296
백제사 296
법고 80, 291
법고창신 15, 290
법성현 53
법치 12, 39
벽계 349
벽돌 284
변통론 225
별기군 386
병인양요 340, 353, 373
병자수호조약 87, 353, 373, 383
병자호란 27, 38, 60, 62, 63, 69, 180, 194, 196~198, 201~204, 207, 209, 211, 212, 214, 223, 254, 258, 282, 336, 372
보빙사 386
보산성 206
보호 377
복수설치 149, 215, 217, 336
본연지성 44
봉은사 321
부국강병 306, 389
부급 233
북경 288
북벌대의 65, 211
북벌론 65, 79, 178, 180, 194, 197, 215, 230, 240, 272, 282, 290, 336
북송의 오자 43
북악산 242
북인 61, 116, 130, 167, 168, 184, 185, 223
북청 168, 169, 317, 319
북촌 89

북학 81, 83, 87, 89, 284, 305, 306, 310,
　　　313, 322, 324, 365, 366, 383, 385
북학 사상 78, 79, 83, 84, 89, 282, 285,
　　　290, 294, 305, 308, 311, 334,
　　　337, 346, 362, 386
북학 운동 38, 78~81, 282, 284, 310
북학론 284
북학론자 80
북학자 89
북학파 89, 276, 282, 284, 286, 288,
　　　298, 303, 310, 334, 336
북한산 진흥왕 순수비 319
분당 162, 223
불가불가 368
불교 136, 160
불교계 321
붕당 66, 130, 162, 182, 186, 270, 288
붕당 정치 67, 182, 192, 222, 270,
　　　277, 364
붕당론 276
비연시사 324
사 39, 40, 49, 55, 104, 144, 228,
　　　293, 296
사가독서 138, 170
사검서 81
사기 57, 209
사단 44, 112
사단칠정 44
사단칠정 논쟁 54
사단칠정론 112
사단칠정설 150
사대부 21, 34, 37, 38, 55, 80, 144, 145,
　　　182, 209, 211, 237, 243, 293,
　　　302, 313, 314, 316, 332
사랑채 37
사론 203, 204, 211

사류 52, 145
사림 23, 49, 51, 52, 55, 56, 101, 104,
　　　107, 108, 112, 113, 115, 116,
　　　118, 129, 132, 140, 144, 156,
　　　158, 160, 161, 164, 182, 197,
　　　211, 227, 230, 270, 296
사림 정권 62
사림 정부 209
사림 정치 207
사림파 92, 96, 107, 116, 158, 161, 162
사문적전 373
사색 223
사서 122
사양지심 44
사업 153
사우 69
사육신 51
사장 48, 49, 51, 84
사장지학 84
사장파 96
사장학 275
사학풍 48
사화 56, 92, 106, 107, 116, 158
사화기 160
산당 225
산림 25, 27, 28, 63, 80, 153, 182, 186,
　　　190, 192, 215, 233
산천재 123, 131
산해정 119, 125
삼강 45
삼강오륜 77
삼경 236
삼군부 385
삼두회 278
삼전도 196
삼조석덕지사 186

삼창 170
삼창 172
삼학사 194~211
삼황 65
상해 391
상현서원 103
생생자 77
생원 203
서간도 375
서고 77
서교 80
서궁 61
서권기 37, 317, 333
서당 77
서리망국론 120
서법 377
서법망국론 377
서세동점 15, 58, 334, 360
서얼 81
서얼허통 222
서연 78, 260
서원 69, 77
서원 철폐 340
서원 혁파 352
서원시사 324
서인 55, 61, 62, 66, 132, 140, 141, 143,
　　　144, 149, 150, 156, 156, 175, 186,
　　　190, 203, 219, 220, 222, 223, 228,
　　　230, 231, 234, 240, 272, 273
서학 80, 85, 87, 280, 281, 304
서향각 77
석담 141, 151, 231
석봉체 257
석실서원 181
석자 41
석전 41

412

선공후사 33
선교일체론 160
선비 14, 21, 25, 28, 29, 33~35, 37, 39,
　　46, 49, 59, 74, 104, 114, 182, 192,
　　227, 281, 293, 314, 340, 359,
　　368, 369
선비 정신 39, 56, 57, 316
선유봉 247
선학 136
성 44, 45, 145, 225
성균관 69
성리설 44
성심 145
성정 49
성제설 299
성즉리 44
성찰궁리 45
성학 111, 151, 260
성호장 278
성호학파 275, 276, 294, 303
세도 63, 182
세도 재상 387, 389
세도 정치 313, 340, 346
세미 146
소격서 96
소과 25
소론 66, 203, 222~224, 228, 236~238,
　　274, 300, 304
소북 172, 184
소북계 188, 190
소악루 247
소중화 204
소행와 237
소현서원 231
송 128, 257, 285, 311, 343, 362
송담서원 145

송설체 256, 257
송학 285, 362
쇄국 정책 340, 341, 383
수구파 380
수기 104
수기치인 40, 55, 78, 139
수레 284
수렴청정 300
수사학 274
수신사 385
수양산 231
수오지심 44
수원성 299
수학 85
수호통상조약 353
순정 문제 307
순정 성리학자 197
순정문 251
순정성리학자 55
순화방 242
숭도의 53
숭사 69
숭유중도 74
시·서·화 37
시단 322, 325
시대 사상 332
시무 366
시무육조계 140
시문 188, 289
시비지심 44
시사 23, 324
시세 279
시속문 290
시조설화 190
시파 297
시화상간 259

시화상간화 248
시화상보 265
시화일치 265
시회 23, 243
식민사관 60, 67
식민사학 211
신권 222
신담대의 63
신라 296
신무문 98
신분 상승 운동 325, 333
신사유람단 386
신사척사 운동 355
신유사옥 300
신유학 43, 46
신임사화 234, 236, 265
신지식층 46
신진 사류 53
신진 사림 118
신체문 288, 289
실리론 86, 280
실리주의 57
실사구시 83
실용주의 57
실증주의적 학풍 296
실학 80, 84, 275, 303, 305
실학 사상 192, 270
심 44, 45
심성 45 .
심성론 44, 112, 150
심양 63, 178, 180, 208, 209, 214
심통성정 44, 45
십만양병설 140
13도의군 375, 376
쌍계사 343
아관파천 356, 367

안동 김문 259, 260, 317, 318, 389
안동 김씨 313, 333, 364, 383, 389
안동 김씨 세도 정치 380, 383
압록강 288
약사사 245
약육강식 346
양당 정치 체제 130, 270
양당 체제 223
양란 224, 240, 254, 258, 343, 360, 372, 373
양반 체제 332
양이 348
양천 247, 267
양천현 244
억강부약 33, 175
에도 시대 114
여순 392
여씨향약 96
여진 61, 62, 146, 148, 199
여진족 58, 194, 196, 197
여학 51
여흥 민씨 364, 380, 383
역사 86
역성 혁명 61
연대문학 304
연변 296
연산 157, 212
연암협 288
연해주 375, 376
연행사 278, 282, 325
열고관 77
열하 288
영국 386
영남 학인 106
영남사림 55, 92, 95, 106, 140
영남학파 54, 55, 113, 114, 116, 126,
130, 132, 140, 161, 185, 223, 338
영물시 265
영선사 366, 386
영업전 276
예 150, 217
예론 151, 152
예빈시 30
예서 152
예송 152, 65, 66, 188, 190, 217, 219, 220, 222, 272
예송논쟁 275
예치 65, 148, 149, 186, 217, 272, 336
예치사회 222
예학 152, 225
오 177
오경 41
오경박사 41
오랑캐 58, 63, 146, 148, 197, 348, 354
오륜 45
오상 45
오성대감 158, 168
오성부원군 164
옥계시사 322
온건개량파 46
온건개화파 367
온고이지신 15
온양 32
와신상담 63, 177, 215
왕권 220
왕도 12
왕도 정치 40, 96, 99, 138, 142, 279, 294
왜구 128, 148, 348
왜란 146, 148, 150, 223, 226
외유내강 33
외척 세도 정치 333, 364
요동 296

용거 284
용벽 284
우문정치 78, 300, 327
우문지치 77
우정국 387
우주론적 이기론 111
우파 280
운산 236
운양호사건 87
원 43, 46, 257, 343
원시유학 39, 46, 80, 87, 188, 190, 192, 228, 274, 305
월 177
위례성 296
위정척사 59
위정척사 사상 346, 348, 349, 353, 355, 357
위정척사 운동 355, 356, 358
위정척사파 363
위정척사학파 334
위항 329
위항문학 322, 325
위항문학 운동 327, 333
위항시인 327, 333
위항인 322
위훈삭제 97
유가 41
유교 39, 146
유림 348
유물주의 56
유배 34
유서학 51
유일 118, 127, 185
유학 39, 40
육경 122, 189, 190, 228, 289
육경 고문 188

육경고학 80
육경학 188, 192, 274, 305
6두품 41
육창 263
육학 51
육향지제 304
율곡학파 149
은거당 191
은병정사 141, 142
은일 28, 185
을미사변 355, 374
을미의병 356
을사보호조약 357, 392
을사사화 110
음양기법 258
음직 28
의 122, 123, 150
의리론 290
의리지학 38, 48, 84, 96, 106, 192, 275
의병 61, 156, 176, 370
의병 운동 355
의병 항쟁 373, 374
의병 활동 339
의병장 164, 373, 374
의사 204
의정부 78
이 43, 44, 54, 111, 112, 338, 343
이괄의 난 155
이기 논쟁 126
이기론 43, 111, 112, 150, 338
이기이원론 54, 111
이기호발설 54, 111, 338
이념산수 248
이선기후 338
이승 48
이완용 내각 368

이용감 306
이용후생 286, 288, 290, 306
이용후생학파 286
이인좌의 난 238
이적 63, 79, 194, 352
이존기비 338
이주기역 338
인곡정사 269
인물성동론 230
인물성동이론 56
인물성이론 79, 230
인삼 무역 391
인성 79
인성론 45, 56
인심 112
인심도심설 56, 112, 140, 150
인왕산 324, 327
인욕 45
인조반정 60, 61, 173~175, 184, 185,
    197, 199, 203, 207, 209, 222, 223
일본 58, 89, 114, 146, 148, 162, 212,
    292, 348, 356, 357, 360, 362,
    366~368, 373, 376, 378, 383,
    386, 391, 392
일본 학사원 368
일음일양지위도 214
일정설 160
일진회 368
일통대의 376
임오군란 386, 391
임오화변 298
임진왜란 27, 38, 58, 60, 61, 63, 69, 114,
    129, 148, 161~163, 169, 170, 194,
    196, 212, 258, 353, 360, 372
입승대통 154
입춘첩 308

자본주의 56
자운산 145
자운서원 145
자제군관 288, 311
자해자득 129
작인지화 77, 78
장기 302
재야 유림 337
재야 지식인 270, 278
재야 학인 274, 277, 278, 345, 348, 349
재야사림 130
재조지은 58, 194, 217
전리방축 160
전장 48
전장 제도 51
절두산 247
정 44, 45
정리자 77
정명가도 162, 353
정묘호란 156, 196, 199, 208
정미환국 237
정법 48
정유서얼허통절목 81
정유자 77
정인심 53
정전제 276
정축의 하성 196
정파 25, 27, 55
제국주의 339, 346, 363, 378
제너럴 셔먼호 292
제술 41
제왕학 14, 139, 151, 260
제월대 344
제자백가서 185
제주도 219, 224, 313, 314, 317,
    319, 368

찾아보기 415

조벽 284
조선 고유 문화 69, 71, 226, 254
조선 고유화 현상 240
조선 문화 339
조선 선비 59
조선 오현 103
조선 중화 217
조선 후기 60
조선성리학 22, 38, 55, 67, 69, 71, 79,
　　80, 83, 84, 101, 188, 189, 192,
　　226, 228, 240, 258, 275, 285,
　　311, 338, 341, 362
조선성리학자 340
조선중화 사상 258, 339, 341, 362, 373
조선중화주의 38, 71, 189, 217, 240, 242,
　　282, 336, 337, 341
조선학 275
존왕천패 376
존주대의 215, 226
존주론 65, 194, 197, 215, 217
존천리거인욕 45
존화양이 339
존화양이론 375
종사 69
종정시 74
좌파 280, 281
주 128, 194, 215
주기론 54, 338, 339
주례 39
주리론 54, 111, 114, 339
주산 378
주서 236
주일당 378
주자성리학 43, 46, 48, 54, 55
주초위왕 98
주화론 63, 176, 178, 180, 197, 207, 211

주화론자 210
죽동팔학사 384, 385, 387
죽림칠현 41
죽수서원 103
중농학파 85, 192, 275, 279, 284, 294
중상학파 80, 284
중쇠기 138
중인 314, 316, 322, 324, 325, 327, 333,
　　334, 385
중종반정 52, 92, 94, 97, 107, 118, 158
중체서용론 362
중화 67, 79, 352
중화 국가 372, 373
중화 문화 43, 194, 215, 336
중화 문화 질서 58
중화 사상 43
중화조선 224
중화주의 46
중회당 329
지리학 85
지부상소 353
지치 52, 96
지치주의 52, 225
직 225
직산 296
직하시사 324
진경 256
진경 문화 243, 253, 254, 267, 310,
　　337, 362
진경 예술 260
진경산수 244, 248, 257, 313
진경산수 화법 71
진경산수화 38, 71, 240, 243, 249,
　　253, 256
진경시 242, 243
진경시대 71, 254, 260, 262, 270,

　　282, 308
진경시화 257
진경풍속화 243
진사 203
집현전 51, 104, 106
참위불경 189
창강 332
창덕궁 67
창선방 184
창신 80, 291
척사 363
척사위정 339, 341
척족 가문 332
척화 208
척화론 63, 176, 180, 197, 198, 204,
　　207, 211, 336
척화론자 178, 210, 211
척화소 206
천도책 138
천리 45, 225
천목 190
천심죽재 391
천인합일 33
천인합일설 138
천주교 87, 281
천주학 300
천학 87, 281
철인 군주 78
철인정치 53
철조 239
청 58, 62, 63, 77, 79, 80, 89, 149,
　　176~178, 180, 194, 196, 197, 204,
　　206~208, 210~212, 214, 238,
　　254, 256, 272, 278, 282, 285, 289,
　　290, 310, 311, 313, 314, 319, 334,
　　336, 343, 352, 360, 362, 366, 373,

386, 391
청남 190
청렴 29
청류 57
청명 57
청백리 29, 30, 57, 169
청빈 230
청서 175
청서파 175
청요직 57, 138, 170, 202, 203, 300
청의 57, 182
청일전쟁 367
청직 165, 201
청풍계 260
청화산 343
초계문신 78, 298, 303
추사문하삼천사 89
추사체 313, 319
춘추 의리 339
춘추대의비 359
출사 69
측은지심 44
치국화민 41
치인 104
치지 46
친러정책 391
친일개화파 356
친일파 348
친족 세도 364
칠정 45, 112
칭제 204
칭제건원 199
탁남 190
탑산 247
탕평 67
탕평 정책 300

탕평 정치 67, 224, 364
탕평대신 263
탕평론 67, 228, 276, 277, 325
탕평책 67
태학 40
토계 113
토속어 251
토착화 257
통리기무아문 366, 385, 386
통청 운동 81, 325
통화현 375
퇴계학파 116, 130, 184
파고다공원 286
파룽 247
파산 247
패관소설 290
패도 12
패도 정치 99, 142
폐모론 168, 173
폐모살제 61
풍류 35, 37
풍속화 71
풍양 조씨 383
필운대 327
하학 86
학가산 176
학문 48
학예 일치 12, 37, 313, 324
학예 진흥 정책 51
학인 48
학자 군주 14, 260
학파 25, 27, 55, 67, 182
학행 일치 29
한 285, 311, 362
한구자 77
한국적 만주주의 378

한국적 지식인상 59
한국주차군사령부 358, 359
한글 소설 77
한당유학 106
한당유학풍 41
한문 231, 236
한사군 40
한송불분론 83, 285, 311, 313, 362
한시 231
한일합방 392
한전론 276
한학 285, 362
합방 377
항일 구국 운동 375
항일 운동 세력 376
항일 의병 359, 358
항일 자주 의식 375
항일척사 356, 357
해동제일통유 319
해례난류 154
행주산성 245
현량과 97
현룡 134
현절사 181
형이상학 84, 280
형이하학 84, 86, 280
형제의 의리 186, 204
호락논쟁 79, 228, 230, 275, 338, 339
호락시비 79
호란 146, 148, 150, 197, 211
호론 79, 230, 249
호발 54
호서 230
호성일등공신 164
호포법 222
홍문관 106

홍문록 202
홍삼 무역 392
화 343
화곡서원 145
화담학 184
화서학파 355, 372, 374
화암사 321
화양동서원 226, 341
화의 태반 95
화이론 63, 79, 194, 197, 343

화친론자 211
화혼양재론 362
환국 66, 222, 228
환국기 67
황구소아 207
황탄비속 190
회원서원 193
후금 146, 196, 204
훈고학 83, 285, 311, 362
훈구 55

훈구 관료 99
훈구 대신 98
훈구 세력 49, 52, 160
훈구파 51, 92, 95, 96, 98, 106, 107, 116, 118, 158, 161, 162
흑산도 355
흥사단 368
홍지치 53
희니시비 224

찾아보기 _ 인명

강서 185
강수 41
강위 89
강익 129
강홍립 199
겐소 353
견훤 41
경빈 박씨 98
경종 224, 236, 237, 260
계운궁 155
고종 352, 356, 364, 365, 368, 376, 383, 384, 391
고흥 41
공자 39, 122, 189, 314, 316, 338
곽재우 129
광종 41

광해군 61, 125, 152, 154, 167, 170, 172, 175, 184, 185, 223
구로다 교타카 353
궁예 41
권근 48
권돈인 313, 318, 319, 383
권부 193
권상하 226
권습 53
권시 226
권우 48
권율 165~167
권일신 86, 281
권철 165
권철신 86, 281, 303
기대승 53, 54, 112

기정진 353, 355
기준 97
길재 48, 55, 95, 106
김경여 225
김계휘 150, 151
김굉필 51, 55, 92, 94, 95, 103
김구 97~99
김극효 170
김기현 348
김낙현 365
김노경 308
김대유 125
김대효 170
김류 175
김림 199
김매순 304

김병기 389

김병선 322

김상용 170, 180

김상헌 156, 170~181, 201, 203, 208

김석주 251

김석준 322

김성일 114

김수항 263

김숙자 55

김시습 185

김식 52, 97~99

김안국 52

김옥균 89, 292, 366, 384, 389

김우옹 129

김육 364

김윤식 360~369, 386

김익태 364

김익환 321

김익희 225

김일손 37, 51

김자점 206

김장생 103, 143, 146~157, 214, 225

김전 99

김정 52, 97~99

김정국 52

김정희 83, 89, 285, 303, 308~322, 327, 333, 334, 362, 383, 385

김제남 168

김종서 30, 37, 51, 55, 95

김진강 143

김집 143, 156, 214, 225

김창업 263

김창집 236, 263, 265

김창협 226, 231, 233, 234, 249~251, 253, 242, 243, 249, 250, 253, 263, 265

김춘추 41

김평묵 339, 342, 349, 372, 374

김한신 308

김홍집 356, 357, 366, 385

김효원 129

김홍균 384

남곤 98, 99

남일성 202

남정철 365

노경린 136

노진 129

능양군 172

능창군 172, 173

다케조에 신이치로 389

단군 189

단종 69, 106

덕흥군 161

도요토미 히데요시 162, 353

두보 247

맹사성 30, 31, 48

맹자 44

명 신종 226, 341

명 의종 226, 341

명성황후 355, 380, 383, 384, 386, 391

명종 53, 108, 138, 160, 161

문익성 129

문정왕후 110, 128, 138, 160

민겸호 383

민규호 365

민영기 392

민영선 392

민영익 380~393

민유중 380

민정식 392

민정중 380

민제 393

민치록 383

민태호 365, 383, 391, 392

박건 164

박경수 349

박규수 89, 292, 365, 366

박명원 288

박사유 291

박상 52, 97

박선수 292

박세희 98

박순 143

박승종 170, 172

박시량 174

박여룡 143

박영효 89, 292, 367

박원양 367, 386

박정희 378

박제가 81, 83, 285, 286, 303, 310, 311, 322

박제순 357

박제인 129

박종의 292

박종채 292

박주수 292

박지원 15, 78, 80, 81, 89, 276, 282~293, 303, 311, 365

박지화 185

박필균 292

박희원 292

방희용 322

백삼규 375

백파 321

변계량 48

보우 160

봉림대군 63, 214, 215, 218

사도세자 297

찾아보기 419

사마천 286
서경덕 53, 184, 185, 188, 190
서광범 89, 387, 389
서응순 365
서이수 81, 311
서재필 89
선조 54, 61, 101, 132, 138, 145, 154, 161~164, 167~169, 223
설총 41
성수침 53, 121
성우 125
성운 121, 125
성종 52, 106, 128, 140, 158
성혼 142, 151, 181, 203
세조 106
세종 30, 51, 104, 106, 128
소옹 43
소현세자 63, 214, 215, 218, 219
송갑조 212
송시열 63, 103, 143, 156, 182, 186, 188, 198, 200, 211~227, 338, 339, 341, 343, 376, 380
송익필 143, 150
송인수 125
송준길 212, 225
수양대군 106
숙경공주 263
숙의 장씨 224
숙종 66, 67, 69, 74, 188, 191, 193, 220, 227, 254, 260, 270, 380
순조 300
순종 364
신경준 86, 280
신계성 125
신관호 319
신명화 134

신사임당 134, 136, 259
신위 319
신작 304
신종 67
신헌 89
신후담 86, 280
심상훈 384
심정 98
안당 95
안정복 85, 86, 280
안중근 392
양방형 163
양헌수 340
어윤중 366, 384, 386
연산군 52, 94, 107
영조 67, 69, 71, 74, 228, 237, 238, 254, 260, 262, 263, 265, 267, 270, 297, 300, 308, 325
영창대군 61, 168
오건 129
오경석 89, 322
오달제 176, 194, 198, 201~203, 206~208, 211
오왕 부차 177
오윤겸 174, 201, 203
오윤해 201
옹방강 311
완원 304, 311
왕건 41
왕망 99
왕인 41
용골대 204
용골타 209, 210
우홍성 231
원경왕후 393
원경하 263

원세개 367, 391
원종 155, 173
월왕 구천 177
유계 225
유관 30~32
유득공 81, 83, 286, 311
유성룡 114
유신환 365, 366
유인석 340, 342, 370~379
유중곤 370
유중교 339, 342, 349, 370, 372, 374, 378
유중악 372, 378
유형원 85, 279
유홍기 89
유희분 170, 172~175
윤계 200, 201, 207
윤근수 181
윤동규 86, 280
윤두서 298
윤문거 225
윤박 302
윤선거 223~225
윤선도 298
윤섬 200, 201
윤원형 110, 160
윤이건 231
윤이선 201
윤이징 201
윤자임 98
윤증 222~224, 226
윤집 176, 194, 198, 200~203, 206, 208, 210, 211
윤형갑 200
윤황 208
윤휴 226

의종 67
이가환 85, 193, 279, 300, 303
이간 230
이건명 236
이경여 178
이구환 85, 279
이귀 143, 156
이기양 86, 281
이단하 226
이덕무 81, 83, 286, 303, 311
이덕형 165, 168
이맹휴 85, 279
이몽량 164
이백 231
이번 136
이범윤 375
이벽 86, 281, 304
이병연 240~253, 259, 263, 265
이병휴 85, 279
이보천 286
이복 349
이삼환 85, 279
이상설 375
이상적 314, 322
이색 48
이서구 286
이선 136
이성계 48
이세백 230, 231, 233, 234, 236
이수실 231
이순신 163
이승훈 86, 281, 300, 303
이식 113
이양천 286
이언적 53, 55, 126
이용직 368

이용휴 85, 193, 279
이우 108, 136
이원 125
이원수 134
이원익 184
이유청 99
이유태 225
이의현 228~239
이이 22, 54, 55, 61, 62, 101, 103, 112, 132~145, 161, 203, 222, 225, 226, 257, 338
이이명 236
이이첨 167, 170, 172
이익 85, 192, 270~281, 294, 303
이인구 349
이잠 273, 274
이재성 286, 288
이정구 199, 203
이정악 230
이제신 129
이제현 48, 164
이준 342, 349
이준경 122, 125
이중칠 384
이중환 85, 279
이진룡 375
이창원 291
이천보 265
이토 히로부미 392
이하응 319
이하진 273, 278
이학로 330
이항로 334~345, 348, 349, 355, 370, 372~374, 376
이항복 158~169
이혜 231

이황 53~55, 62, 101, 103~116, 126, 127, 129, 130, 132, 134, 136, 161, 182, 184, 225, 227, 257, 338
이회장 343
이희안 125
이희조 226
인목대비 61, 168
인선왕후 186, 217, 219
인조 148, 153~156, 172, 173, 176, 199, 204, 206~208, 214, 215, 217~219, 227
인종 53
인현왕후 66, 234, 380
임규직 349
임제 184
자의대비 217~220
장재 43, 122
장현 174
장희빈 66, 234, 236, 274
전기 319, 322
정광필 99
정구 114, 129, 184, 193
정도전 46, 48, 49
정두경 185
정렴 185
정몽주 46, 48, 55, 95, 106, 230
정상기 86, 280
정선 71, 240, 242~244, 247~249, 253~269
정순왕후 300
정시익 262
정약용 86, 193, 281, 294~307
정약전 86, 281, 303
정약종 86, 281, 300, 303
정약현 303
정여창 37, 51

찾아보기 421

정엽 143
정온 208
정원군 153~155, 173
정유성 230
정이 43
정인홍 129
정작 185
정재원 298
정조 74, 77, 78, 81, 83, 226, 249, 251,
　　　254, 270, 284, 288, 289, 297, 298,
　　　300, 303, 307, 322
정철 143, 256
정탁 129
정호 43, 122, 226
정희량 185
조광조 52, 53, 55, 56, 92~103, 112,
　　　129, 138, 162, 225
조규현 327, 328
조대비 186, 383
조덕순 328
조덕인 328
조동희 384
조두순 340
조맹부 257
조면호 319
조목 136
조상연 327, 328
조성 53
조성현 327, 328
조속 257
조승현 327
조승훈 163
조식 53, 116~131, 184
조언경 122
조언형 118

조영석 243
조온 94
조욱 53
조원강 94
조인영 313, 319, 383
조종도 129
조준 328, 333
조준영 386
조충남 185
조태채 236
조한계 328
조헌 143, 353
조희룡 319, 322~333
주돈이 43, 122
주자 44, 122, 141, 220, 224, 225, 338
주희 43, 111
중종 53, 96, 98, 107, 108, 138, 161
진덕수 54
진종 74
창빈 안씨 138, 161
채제공 300, 304, 308
철종 318, 364, 383
청 태종 148, 196, 207~210
초의 321
최남선 369
최대 348
최명길 176, 178, 180, 204,
　　　206~208, 211
최영경 129
최익현 340, 344, 346~359
최치원 41
하성군 138, 161
하항 129
한원진 230
한윤명 138, 161

한장석 365
한호 256
허교 184, 185
허균 172
허목 85, 182~193, 218, 274, 279
허유 319, 322
허적 190
허조 48
허후 184
현종 186, 188, 219, 220, 227, 329
홍경주 98
홍국영 286
홍대용 78, 276, 284, 286, 293, 311
홍석주 304
홍수원 199
홍수인 199, 200
홍순형 384
홍영식 89, 384, 387, 389, 391
홍우석 201
홍이성 199
홍익한 176, 194, 198~201, 203,
　　　204, 206, 208, 209, 211
화순옹주 308
황사영 300
황신 143
황준헌 385
황치경 200
황희 30
효종 63, 65, 180, 181, 185, 186,
　　　215, 217~219, 227, 263
후지하라 114
흥선대원군 319, 340, 341,
　　　350~352, 355, 364, 367,
　　　383, 386

찾아보기 _ 책·작품·글

가례 220
가례집람 151~153
강목 231
격몽요결 22, 139, 212, 349
경교명승첩 244, 262, 267
경서변의 153
계유상소 351, 352
과농소초 289
과정록 292
광문자전 292
국조오례의 220
군서표기 77
근사록 54, 108, 150, 153
금강전도 262
금석과안록 83, 319
기묘록 212
기묘명현록 100
기언 189
기일본정부 359
김신선전 292
남명집 131
남명학기류편 131
논어 108, 122, 189, 231, 233, 236
논어집주 350
단성소 127
대일본국장서 368
대학 22, 122, 125, 153, 231, 236
대학장구 350
동국사략 125
동사 188, 189
동호문답 138

만언봉사 138, 139
맹자 122, 231, 236, 286
무진육조소 110
묵매도 191
문향실 329
민옹전 292
백탑청연기 286
병인소 353
병자지부소 355
봉산학자전 292
북학의 81, 310
사고전서 77
사기 231, 286
사동부승지겸진소회소 340
사동부승지소 351
사략 231
사서오경구결 48
사호조참판겸진소회 351
삼학사전 198, 200, 211
상서 303~305, 343
서경 122, 236
서기 41
성학십도 111
성학집요 22, 139
성호사설 279
세한도 314, 319
소학 21, 22, 54, 107, 108, 139, 153, 231, 236
속대전 69
속두류록 37
송자대전 226

시경 122, 236
시전 231
신묘년풍악도첩 263, 267
심경 54, 108, 125, 153
십삼경교감기 304
십팔사략 343
안설 289
양반전 292
여유당전서 307
역학대도전 292
연암집 292
열하일기 81, 288, 289, 292
영남첩 265
예기 122, 236
오경천견록 48
완당선생전집 321
우주문답 377
유두류록 37
육조소 353
을묘사직소 127
의례 188
의암집 377
이륜행실 141
이정전서집의 342
인심도심설 342
인왕제색도 259
입학도설 48
장자 231
전례문답 155
조선책략 385, 386
주례 122, 304

찾아보기 423

주역 122, 123, 236

주자가례 151, 152, 186

주자대전 54, 224

주자대전집차 342

주자대전차의 224

주자어류 224

주자어류소분 224

중용 122, 153, 236

진북학의소 285

창의토적소 358

천주실의 304

청사열전 185

청토역복의제소 356

청토오적소 357

초사 231

초충도 259

춘추 122, 376

통고13도대소동포 375

포고팔도사민 358

하학지남 85, 280

한민명전의 289

한서 231

해악전신첩 267

허생전 292

호산외사 328, 329

홍재전서 78

화동사합편강목 342

화서문집 355

효경 231